‘뉴밀레니엄’, 進一步한 韓國 命理 理論書의 決定版

滴天髓 스펙트럼 Ⅰ

李修 著

장서원
도서출판

| 序에 대신하여 |

세간(世間)에는 스스로 공부(工夫)하여 통(通)하기를 마다하고, 물심(物心) 양면으로 천박한 술수(術數)를 쫓아 세월(歲月)을 허비하는 부류가 많다. 알고 나면 지천(地天)에 널린 지식의 편린(片鱗)들을 비법(秘法)으로 여기고, 이를 쓸어 담는데 열중하는 헛짓은 속히 멈추는 게 좋다. 진리(眞理)란 엄연히 일반(一般)으로 존재하는데, 다만 사람들은 그것을 알아보지 못한다. 따라서 실체가 분명한 비기(秘機)의 보고(寶庫)를 찾아 치열한 학습으로 자신만의 선명한 지식체계를 갖추도록 노력하는 것만이 곧 학문(學文)의 정법(正法)이자, 왕도(王道)라 할 수 있다.

친애하는 명리학도들.

A4 용지 한 장에 불과한 '적천수' 원시(原詩)를 분명히 이해하게 되면 비로소 명리(命理)가 보이게 된다. 자평(子平)의 3대 고서(古書)는 말은 달라도 원리는 같다. 무릇 명학(命學)의 학습자라면 반드시 '자평진전(子平眞詮)'과 '난강망(欄江網)'을 마스터한 연후, '적천수(滴天髓)'를 물 흐르듯 깨쳐야 한다. 그런데 진소암(陳素庵)이나

임철초(任鐵樵), 서락오(徐樂吾)의 주해(註解)만으로는 원서(原書)의 오의(奧義)를 간파(看破)하기에 부족하다. 하물며 이보다 급수가 낮은 근, 현세의 위인들이 팔자학(八字學)의 참모습을 찌그러뜨린 졸작(拙作)들이야 더 말할 나위가 없다. 독자들은 이제 유기(劉基)와 심효첨(沈孝瞻), 여씨(余氏)의 원작(原作)에 충실히 접근해야 한다. 나아가 낙녹자(珞祿子)와 이허중(李虛中)의 고법(古法)까지 섭렵(涉獵)하고 바른 이치를 터득해 나가면 어느 순간 세련(洗練)된 명리학가(命理學家)의 면모를 갖추게 된다. 게다가 팔자술(八字術) 절정의 '마에스트로'를 꿈꾸는 자라면 마땅히 온고지신(溫故知新)을 새겨 독보(獨步)적 지경에 올라야 할 것인데, '적천수'에 녹아든 진리(眞理)의 정수(精髓)에서 전파되는 영묘(靈妙)한 감응(感應)을 하나도 놓칠 수는 없는 법. 무한대의 지식 창고를 다 헤집어 풀어 보고, 종내 정교하고 치밀한 한 페이지의 핵심으로 머릿속에 담아야만 대가(大家)의 반열에 오를 것이다.

분투(奮鬪). 견인불발(堅忍不拔).

속진(俗塵)의 굴레에서 번민(煩悶)타가 다다른 명리구(命理區). 이곳에서만은 한번쯤 집중된 정신적 환희(tense mental ecstasy), '인스퍼레이션'을 실감해 봐야 하지 않겠는가. 이를 모르고 어찌 명리(命理)를 논할 수 있으랴.

신(神)과 하나 되는 자신의 천재성을 확인하고 정화(淨化)를 만끽해 보기를.

그리고 몹시 겸손(謙遜)하게 영혼(靈魂)의 자유를 구가하길.

丙戌, 立春 이수 씀

| 목 차 |

券 一

卷 二

| 일러두기 |

이 책은 원서(原書)의 오의(奧義)에 가장 충실한 접근을 전제로, 종래의 주해(註解)와 비교해서 최신작(最新作)이 갖추어야 할 이론의 선진성과 독창성을 담아내는데 주력하였습니다. 또한 장황(張皇)하지 않으면서도 팔자학(八字學)의 온전한 '텍스트'를 지향(志向)했습니다. 원시(原詩)는 진소암(陳素庵)의 '적천수집요(滴天髓輯要)'를 준(準)했고, 원문(原文)의 순서에 따라 사유(思惟)해서 중단 없이 작문(作文)했으므로 혹 간과한 부분이 있을지도 모르겠습니다. 책을 쓰기 전에 재독(再讀)한 '적천수' 관련 서적은 다음과 같습니다. 여타의 서책에서 습득한 지식은 가급적 생각나는 대로 본문의 해당 내용에서 출처를 밝히고 있습니다.

- 적천수집요(滴天髓輯要) *진소암(陳素庵)
- 적천수천미(滴天髓闡微) *임철초(任鐵樵)
- 적천수보주(滴天髓補註) *서락오(徐樂吾)
- 적천수적요(滴天髓摘要) *이수(李修)
- 현대파역적천수(現代破譯滴天髓) *종의명(鐘義明)
- 사주추명술오의(四柱推命術奧義) *좌등육룡(佐藤六龍)

通天論 통천론

Original

욕식삼원만물종, 선관제재여신공
欲識三元萬物宗, 先觀帝載與神功.

곤원합덕기함통, 오기편전정길흉
坤元合德機緘通, 五氣偏全定吉凶.

대천리지인위귀, 순즉길혜패즉흉
戴天履地人爲貴, 順則吉兮悖則凶.

욕여인간개롱외, 순패지기수리회
欲與人間開聾聵, 順悖之機須理會.

이승기행기유상, 진혜퇴혜의억양
理承氣行豈有常, 進兮退兮宜抑揚.

배합간지자세상, 단인화복여재상
配合干支仔細詳, 斷人禍福與災祥.

오양개양병위최, 오음개음계위지
五陽皆陽丙爲最, 五陰皆陰癸爲至.

오양종기부종세, 오음종세무정의
五陽從氣不從勢, 五陰從勢無情義.

COMMENT

우주 만물의 근본을 알고자 하면 먼저 제제(帝載)와 더불어 신공(神功)을 관(觀)하라.

곤원(坤元)과 합덕(合德)의 기함(機緘)은 통(通)하여 오기(五氣)의 편전(偏全)으로 길흉이 정해진다.

대천리지(戴天履地) 중에 인간이 가장 귀(貴)하니 순(順)하면 길

(吉)하고, 패(悖)하면 흉(凶)하다.

인간(人間)들에게 농외(聾聵)를 열어 주고자 한다면 순패(順悖)의 전기(轉機)를 이해하고 회득(會得)해야만 한다.

이(理)를 승(承)하고, 기(氣)가 행(行)함에는 상칙(常則)이 있으니 진퇴(進退)에 따라 억양(抑揚)함이 마땅하다.

배합간지(配合干支)를 자세히 살피면 사람의 화복재상(禍福災祥)을 단정(斷定)할 수 있다. 다섯 가지 양간(陽干) 가운데 丙이 최양(最陽)하며, 다섯 가지 음간(陰干) 가운데 癸가 가장 지극(至極)하다.

양간(陽干)은 사계(四季)의 기(氣)에 종(從)하고, 주위의 세(勢)를 따르지 않으나, 음간(陰干)은 세(勢)에 종(從)하니 정의(情義)가 없다.

***Spectrum**

욕 식 삼 원 만 물 종 , 선 관 제 재 여 신 공

欲識三元萬物宗, 先觀帝載與神功.

천지인(天地人) 만물의 근본을 알고자 하면 먼저 신공(神功: 하늘의 뜻)과 제재(帝載: 만물을 얹은 땅의 작용)를 관찰해야 한다. 즉 천간(天干)과 지지(地支)의 작용을 자세히 살펴야 한다는 얘기다.

곤 원 합 덕 기 함 통 , 오 기 편 전 정 길 흉

坤元合德機緘通, 五氣偏全定吉凶.

곤원(坤元: 땅)과 합덕(合德: 하늘)의 기함(機緘: 묶여 작용함)은 한 몸이 되어 오행(五行)의 치우침과 온전함으로 길흉(吉凶)이 나뉘는 것이다.

대천리지인위귀, 순즉길혜패즉흉

戴天履地人爲貴, 順則吉兮悖則凶.

대천리지(戴天履地: 하늘을 받들고 땅을 밟고 선 것) 중에 인간이 가장 귀(貴)하니 순(順)하면 길(吉)하고, 패(悖)하면 흉(凶)하다. 순패(順悖: 순하고 어그러진 것)는 '자평진전'에서 거론하는 용신(用神: 격국)의 순잡(順雜)을 말하는 것이다. 즉 길순흉패(吉順凶悖)란 격국(格局)의 성패(成敗)로 귀천(貴賤)이 구분됨을 뜻한다. 따라서 이 대목에서 '진소암'이 적천수집요(滴天髓輯要)에서 언급한 오행구전(五行俱全)을 논할 필요는 없다.

욕여인간개롱외, 순패지기수리회

欲與人間開聾聵, 順悖之機須理會.

사람들에게 깨우침을 주고자 한다면 모름지기 순패(順悖)의 이론 체계부터 확실하게 터득해야 한다. 순패지기(順悖之機)란 팔자(八字)의 귀천(貴賤)과 고저(高低)를 한눈에 파악하는 이론 틀을 말하는데 이것은 곧 격국(格局)의 성패(成敗)와 기후(氣候: 조후)를 살피는 팔자술(八字術)의 베이식을 뜻하는 것이다. 오늘날 많은 인사들이 자평(子平)의 근간이 되는 이기(理氣)와 체용(體用)을 잘 분간하지 못하고, 격국용신(格局用神)조차 알지 못한다. 최소한 '자평진전'의 원문은 마스터한 연후에 명리학(命理學)의 본격적인 학습에 임해야 타당하다.

이승기행기유상, 진혜퇴혜의억양

理承氣行豈有常, 進兮退兮宜抑揚.

이승(理承)은 오행(五行)의 생극제화(生剋制化) 일반을 의미하고, 기행(氣行)은 사시(四時)의 순환(循環)을 말하는 것이다. 이기(理氣)에는 상칙(常則: 일정한 법칙)이 존재한다. "진퇴(進退)에 따라 억양

(抑揚: 누르고 치키다)함이 마땅하다"는 구절을 사전적 의미로만 살피면 얼핏 강약(强弱)에 따른 부억용법(扶抑用法) 일반만을 뜻하는 것으로만 받아들이기 쉬우나, 사계절에 따른 진기(進氣)와 퇴기(退氣)를 살펴 최선의 글자 조합을 추리하는 수순(手順)까지 포괄하는 내용을 다루는 것이다. 가령 辰月 甲木은 목기(木氣)가 다하여 먼저 경금(庚金)으로 억(抑)하고, 차선으로 임수(壬水)를 용(用)하는 인경용살격(印輕用殺格)을 최상격(最上格)으로 보는 식이다.

배합간지자세상, 단인화복여재상
配合干支仔細詳, 斷人禍福與災祥.

오행(五行)의 일정한 법칙과 사시(四時)의 순환에 따른 진퇴(進退)를 간지(干支)에 배합(配合)하여 잘 살피면 능히 한 개인의 길흉화복(吉凶禍福)을 판단할 수 있는 것이다.

오양개양병위최, 오음개음계위지
五陽皆陽丙爲最, 五陰皆陰癸爲至.

오양오음(五陽五陰)은 십간(十干)을 음양(陰陽)으로 나눈 것인데 '甲, 丙, 戊, 庚, 壬'은 양(陽)에 속하고 이중 가장 양(陽)의 특성이 강한 것으로 丙火를 들 수 있다. '乙, 丁, 己, 辛, 癸' 중 가장 음(陰)의 특성이 강한 것은 癸水라 할 수 있다. 음양간(陰陽干)의 특성 중 가장 두드러지는 점은 칠살(七殺)과의 관계로 설명될 수 있다. 가령 양간(陽干)은 대개 칠살(七殺)의 제복(制伏)을 기뻐하지만, 음간(陰干)은 상관(傷官)의 설기(洩氣)를 기뻐할 뿐 칠살(七殺)의 극(剋)을 반기는 법이 좀체 없다. 이렇게 보면 癸水보다 辛金이 오히려 음(陰)의 특성이 강한 것으로 여겨질 법도 하지만, 원론적으로 기후(氣候)의 화양수음(火陽水陰)에 빗대면 癸水가 대표적인 음간(陰干)인 것이다.

✍ **Note**

1. 양간(陽干)은 칠살(七殺)의 제복(制伏)으로 대개 귀격(貴格)을 이루나, 음간(陰干)은 파격(破格)이 되기 쉽다.

   庚 丙 壬 壬
   寅 午 寅 子

   신살양왕(身殺兩旺)의 귀격(貴格). '조화원약평주'에 총독(總督)의 팔자(八字)로 예시.

   癸 癸 己 辛
   亥 丑 亥 酉

   살인상생(殺印相生)의 귀명(貴命)인 듯하나 己土는 水를 제지하지 못하고 오히려 혼탁(混濁)하게 만드는 하격(下格). '조화원약평주'에 순음(純陰)으로 구성된 승도(僧徒)의 명(命)으로 예시.

2. 음간(陰干)이 강하면 상관(傷官)으로 설기(洩氣)하는 격국(格局)이 최선일 때가 많다.

   癸 辛 壬 甲
   巳 卯 申 午

   壬水 상관(傷官)이 투간(透干)하여 상관생재격(傷官生財格)을 이룬 귀명(貴命)이다. '조화원약평주'에 사림(詞林)에 오른 팔자(八字)로 묘사되어 있다.

오 양 종 기 부 종 세　오 음 종 세 무 정 의
五陽從氣不從勢, 五陰從勢無情義.

오양간(五陽干) 중에 丙이 최양(最陽)하며, 오음간(五陰干) 중에

癸가 가장 지극(至極)하다. 양간(陽干)은 사시(四時) 계절의 기(氣)를 따르니 월령(月令)에 좌우되지만, 음간(陰干)은 세(勢)를 따르니 월령(月令)의 중요성은 상대적으로 약해진다. 이 말은 일간(日干)의 강약(强弱)을 조율할 때 양간(陽干)의 경우에는 계절이 몹시 중요하지만, 음간(陰干)일 때는 계절보다 타간지(他干支)의 오행(五行)에 좌우되는 것으로 응용할 수 있다. 또 양간(陽干)이 동일한 오행(五行)의 계절에 속하면 종격(從格)이 되는 법이 없지만, 음간(陰干)은 종격(從格)으로 성립될 여지가 있는 것이다. 이를테면 辰月 甲木의 춘목(春木)은 종재(從財)가 성립되는 법이 없지만, 辰月 乙木은 지지(地支) 토국(土局)를 보아 기명종재(棄命從財)를 이루기도 한다.

✍ **Note**

1. 丙火와 癸水는 지지(地支)에 통근(通根)되지 않아도 타간(他干)과 달리 제 역할을 다하는 특징이 있다.

丙癸와 丁壬은 서로 다르다. 丙火는 태양의 불이니 자연적인 양기(陽氣)고, 丁火는 등불과 같으니 기세가 쇠약하다. 까닭에 丙火를 보아 귀격(貴格)이 되는 팔자(八字)가 丁火를 보면 그만 못하고, 이때는 丙火가 암장(暗藏)된 지지(地支)에 丁火가 통근(通根)해야만 귀(貴)를 논할 수 있게 된다. 마찬가지로 癸水는 우로(雨露)의 공(功)이고, 壬水는 관개(灌漑)의 공(功)이니 윤택함은 같으나 자연적인 것과는 비교가 되지 않는다. 이것은 마치 여름철의 논밭에 저수지 물을 대는 것과 단비가 내리는 차이와 같은 것으로 만일 癸水를 보아 귀격(貴格)을 이루는 명(命)이 壬水를 대신 본다면 기대만큼 귀(貴)에 미치지 못하고 의록(依祿)이 있을 뿐이다. 즉 丙과 癸는 신공(神

功)의 자연적인 파워를 지니므로 비록 지지(地支)에 뿌리를 내리지 못해도 자체적인 힘을 잃었다고 볼 수 없는 것이다.

戊 乙 戊 癸
寅 卯 午 未

상관격(傷官格)에 인수(印綬) 癸水를 용(用)하는데 戊土가 癸水를 합(合)하여 성중유패(成中有敗)로 파격(破格)된 명(命)이다. 그럼에도 불구하고 '조화원약평주'에 군장(軍將)에 오른 사람으로 서술되어 있다. 음간(陰干) 癸水는 지지(地支)에 뿌리를 내리지도 못했고, 戊土로 인해 더욱 곤(困)하게 되었다. 그래도 癸水는 최소한의 윤택함을 잃지 않는다. 만일 차명(此命)이 戊대신 丙을 보았다면 귀(貴)함이 더욱 커졌을 것이다. 하목(夏木)이 丙癸를 다 같이 보면 불청불우(不晴不雨)로 귀명(貴命)을 이룬다고 했다.

2. 팔자(八字)의 세력(勢力)을 살펴 강약(强弱)을 판별할 때, 양일간(陽日干)은 지지(地支)의 통근(通根) 여부를 살펴 강약(强弱)의 셈에 포함시키지만, 음간(陰干)일 때는 셈에서 제외한다.

戊 丙 甲 戊　　戊 丁 甲 戊
申 寅 寅 戌　　申 卯 寅 戌

양간(陽干) 丙日 생은 월지(月支) 寅에 인비(印比)가 공히 통근(通根)하여 신강명(身强命)이다. 반면 음간(陰干) 丁日 생은 일간(日干)을 배제한 인수(印綬) 甲木만 월지(月支)에 통근(通根)하여 공히 월지(月支)에 통근(通根)한 편재(偏財), 양(兩) 戊土의 세력에 미치지 못하므로 신약명(身弱命)이 된다.

天干論[천간론]

☝ **Original**

甲木

갑목참천, 포태요화, 춘불용금, 추불용토,
甲木參天, 胞胎要火, 春不容金, 秋不容土,

화치승룡, 수탕기호, 지윤천화, 식립천고.
火熾乘龍, 水蕩騎虎, 地潤天和, 植立千古.

乙木

을목수유, 규양해우, 회정포병, 과계승후,
乙木雖柔, 刲羊解牛, 懷丁抱丙, 跨鷄乘猴,

허습지지, 기마역우, 등라계갑, 가춘가추.
虛濕之地, 騎馬亦憂, 藤蘿繫甲, 可春可秋.

丙火

병화맹렬, 기상모설, 능하경금, 봉신반겁,
丙火猛烈, 欺霜侮雪, 能煆庚金, 逢辛反怯,

토중성자, 수창현절, 호마견향, 갑래분멸.
土衆成慈, 水猖顯節, 虎馬犬鄕, 甲來焚滅.

丁火

정화유중, 내성소융, 포을이효, 합임이충,
丁火柔中, 內性昭融, 抱乙而孝, 合壬而忠,

왕이불렬, 쇠이불궁, 여유적모, 가추가동.
旺而不烈, 衰而不窮, 如有嫡母, 可秋可冬.

戊土

무토고중, 기중차정, 정흡동벽, 만물사명,
戊土固重, 旣中且正, 靜翕動闢, 萬物司命,

수왕물생 화조희윤 약재곤간 파충의정
水旺物生，火燥喜潤，若在坤艮，怕沖宜靜.

己土

기토비습 중정축장 불수목성 불외수왕
己土卑濕，中正蓄藏，不愁木盛，不畏水旺，

화소화회 금다금명 약요물창 의조의방
火少火晦，金多金明，若要物昌，宜助宜幫.

庚金

경금대살 강강위최 득수이청 득화이예
庚金帶煞，剛强爲最，得水而清，得火而銳，

토윤즉생 토건즉취 능승갑형 수어을매
土潤則生，土乾則脆，能勝甲兄，輸於乙妹.

辛金

신금연약 습윤이청 외토지첩 요수지영
辛金軟弱，濕潤而清，畏土之疊，樂水之盈，

능부사직 능구생령 열즉희모 한즉희정
能扶社稷，能救生靈，熱則喜母，寒則喜丁.

壬水

임수왕양 능설금기 강중지덕 주류불체
壬水旺洋，能洩金氣，剛中之德，周流不滯，

통근투계 충천분지 화즉유정 종즉상제
通根透癸，沖天奔地，化則有情，從則相濟.

癸水

계수지약 달어천진 득룡이운 공화사신
癸水之弱，達於天津，得龍而運，功化斯神，

불외화토 불론경신 합무견화 화근내진
不畏火土，不論庚辛，合戊見火，化根乃眞.

COMMENT

약(略). 'Spectrum'편에서 정리.

甲木

갑 목 참 천　포 태 요 화

甲木參天, 胞胎要火,

甲木이 천간(天干)에 있으면 포태(胞胎: 가을과 겨울)에 火를 필요로 한다.

원시(原詩)의 포태(胞胎)는 일부에 탈태(脫胎)로 표기되어 십이운성(十二運星)의 태궁(胎宮)을 탈출(脫出)하는 의미로 해석된다. 즉 장생궁(長生宮)을 뜻하는 바 亥月 甲木으로 동목(凍木)이 火를 기뻐한다는 것인데, 甲木은 비단 동월(冬月)에만 火를 요(要)하지 않으므로 추동(秋冬)을 포괄하는 포태(胞胎)로 인식해도 무방하다. 추목(秋木)과 동목(冬木)은 丁火를 용(用)하여 성격(成格)되어야 상격(上格)을 이루고, 亥月 甲木의 경우도 마찬가지다. 이때 조후(調喉)로 쓰는 丙火는 일선(一線) 丁火 다음으로 쓰이는 차선(次善)의 용(用)이 된다. 추금(秋金)은 丙丁火를 함께 보아 관살혼잡(官殺混雜)이 되어도 귀격(貴格)으로 손색이 없다는 특징이 있다. 이때 丁火는 연금(鍊金)하기 위해, 丙은 조후(調喉)로써 각각의 역할을 수행하는 것인데, 이 같이 丙丁을 다 같이 용(用)하는 경우가 더러 있다. 동목(冬木)이 丙丁을 같이 쓰는 경우도 같은 맥락이다. 따라서 酉月 甲木에 丁丙庚이 모두 투(透)하면 최상격(最上格)이 된다.

庚 甲 丁 丙
□ 子 酉 □

亥月 甲木은 인수격(印綬格)인데 庚을 쓰면 인봉관살(印逢官殺), 丁을 쓰면 인용식상(印用食傷), 戊를 쓰면 인다용재(印多用財)로 격국(格局)이 성격(成格)된다. 丙火를 용(用)하면 한목향양(寒木向陽)

하여 귀격(貴格)을 이룬다.

丙 甲 己 丙
□ □ 亥 □

春不容金, 秋不容土,

봄철의 甲木은 金을, 가을철의 甲木은 土를 꺼린다.

춘불용금(春不容金)이란 '목화통명(木火通明), 불리견관(不利見官)'을 말하는 것이다. 원래 甲木은 庚金으로 기물(器物)을 이루고, 丁火로 통명(通明)하여 庚丁이 양투(兩透)하면 상격(上格)을 이룬다. 그러므로 봄철의 甲木이 金을 용납하지 않는 경우는 寅月 甲木의 록겁격(祿劫格)에 식상(食傷)의 수기(秀氣)로 성격(成格)되는 목화통명(木火通明)에 한해서만 유효한 내용이라 할 수 있다. 가령 다음과 같은 경우로 직접적인 파격(破格)의 요인은 되지 않는다.

庚 甲 丙 □
□ □ 寅 □

추목(秋木)은 사목(死木)으로 이미 진신(眞神) 金이 용신(用神)으로 귀격(貴格)이 되기 쉽다. 이때는 丁火가 존신(尊神)이 되는 상관가살격(傷官駕殺格)의 귀명(貴命)을 이루는데 추불용토(秋不容土)란 戊己土로 인해 격국(格局)이 훼손되는 경우를 말한다. 그러나 土가 水를 제극(制剋)하여 丁火를 보존하거나, 식상생재(食傷生財)로 성격(成格)되면 능히 부귀격(富貴格)을 이룬다. 따라서 '춘불용금(春不容金), 추불용토(秋不容土)'는 팔자술(八字術) 실전에서는 잘 통하지 않는 대목이기도 하다.

火熾乘龍, 水蕩騎虎,

火가 치열하면 용(龍: 辰土)에 오르고, 水가 넘치면 호(虎: 寅木)에 올라탄다.

화치승룡(火熾乘龍)이란 '계장병투(癸藏丙透), 명한목향양(名寒木向陽)'을 일컫는 말이다. 丙寅月 甲辰日에 丙과 辰이 훼손당하지 않으면 한목향양(名寒木向陽)으로 대부귀(大富貴)를 의심할 여지가 없다.

□ 甲 丙 □
□ 辰 寅 □

한목향양(寒木向陽)이라, 동목(冬木)은 인수봉관(印用逢官)으로 성격(成格)된 명(命)이 火 식상(食傷)을 보아도 파격(破格)되지 않고 기후(氣候)를 적합케 하므로 오히려 좋은 것이다. 이때 지지(地支) 寅을 보면 병무(丙戊)가 암장(暗藏)되어 최상격(最上格)을 이루는데, 지지(地支) 수국(水局)을 이룬 경우 수탕기호(水蕩騎虎)라 할만하다.

癸 甲 庚 丙
□ 寅 子 申

地潤天和, 植立千古.

지지(地支)에 癸水의 뿌리가 되는 亥나 辰이 있고 천간(天干)에 丙火가 적당하면 오랜 세월동안 뿌리를 내린다.

이 또한 한목향양(寒木向陽)의 '포맷'으로 이해하면 좋다. 가령 亥月 甲木은 인수격(印綬格)인데 庚을 쓰면 인봉관살(印逢官殺), 丁을 쓰면 인용식상(印用食傷), 戊를 쓰면 인다용재(印多用財)로 격국

(格局)이 성격(成格)된다. 丙火를 용(用)하면 한목향양(寒木向陽)하여 귀격(貴格)을 이룬다.

丙 甲 己 丙
□ □ 亥 □

乙木

을목수유　규양해우
乙木雖柔, 刲羊解牛,

乙木은 비록 유(柔)하다고 하나, 未와 丑은 찌르고 가르는 힘이 있다.

乙木은 본성이 유약하여 토재(土財)를 감당하기가 쉽지 않으나 未와 丑의 장간(藏干)에는 乙木과 癸水가 있어 생의(生意)가 있다. 특히 未月 乙木의 핵심은 癸水가 되는데 굳이 재격투인(財格透印)으로 성격(成格)되지 않아도 팔자(八字)에 丙火를 보면 축궁(丑宮) 癸水를 용(用)해 상격(上格)이 되는 경우가 적지 않다. 다음은 시랑(侍郎)에 오른 팔자(八字)다.

己 乙 己 丙
卯 丑 未 亥

서북운(西北運)에 부귀격(富貴格)을 이룬 명례(命例)의 유형이다. 寅中 丙火가 있어 수운(水運)에 발(發)한 것이다.

□ 乙 己 戊
□ 卯 未 寅

회정포병　과계승후
懷丁抱丙, 跨鷄乘猴,

丁이나 丙을 품으면 계(鷄: 酉金)을 타넘고, 후(猴: 申金)를 업신여긴다.

고서(古書)에 이르길, 추월(秋月) 乙木이 金을 만나면 가난하거나, 요절(夭折)을 면키 어렵다고 했다. 비단 추월(秋月) 뿐만 아니라 乙木은 대개 丙癸만을 반겨 귀격(貴格)을 이룬다. 만일 癸水가 없는데 火까지 없으면 병(病)이 된다. 따라서 乙木은 늘 金에 상할 염려가 있으므로 丙丁火는 최후의 보루가 되는 셈이다.

□ 乙 丁 丙
□ 亥 酉 申

살용식제(殺用食制)의 유형으로 최소한의 격(格)을 이룬 셈이고, 해궁(亥宮) 癸水로 귀(貴)를 함유한다.

허 습 지 지 기 마 역 우
虛濕之地, 騎馬亦憂,

지지(地支)가 습(濕)하여 뿌리가 썩을 정도면 마(馬: 午火)에 올라도 역시 우환(憂患)이 있다.

삼동(三冬) 乙木은 丙火를 얻어 발영(發榮)함을 기뻐하니 한목향양(寒木向陽)이 된다. 특히 축월(丑月)에는 일양해동(一陽解凍)이라 하는데 만일 丙火가 없으면 매우 춥기 때문에 木이 얼어붙으므로 빈천(貧賤)하거나 요절(夭折)하기 쉽다. 丙을 보지 못하면 戊土로 水를 억제하여 뿌리를 튼튼하게 하는 것이 급선무다. 丙火가 출간(出干)하지 못하고, 암장(暗藏)되면 생원(生員)에 불과하고 끝내 빈한한 선비가 된다.

□ 乙 癸 □
□ 亥 丑 □

비록 재격투인(財格透印)으로 성격(成格)된들 火가 없어 가난한 유림(儒林)에 그치고 만다. 남방운(南方運)에 한시적인 의록(依祿)을 기대할 수 있다.

등라계갑, 가춘가추

藤蘿繫甲, 可春可秋.

등라(藤蘿: 乙木)이 甲木과 연계하면 가춘가추(可春可秋)라, 계절에 구애됨이 없이 뿌리가 뽑히는 법은 없다.

甲 乙 乙 乙
申 酉 酉 酉

종살격(從殺格)으로 상서(尙書)에 오른 팔자(八字)다.

丙火

병화맹렬, 기상모설

丙火猛烈, 欺霜侮雪,

丙火는 맹렬(猛烈)하여 눈과 서리를 얕보고 업신여긴다.

한 마디로 丙火는 壬水를 만나면 귀(貴)가 된다. 겨울철에도 丙火는 능히 壬水를 용(用)하여 격(格)을 이룬다.

□ 丙 辛 壬
□ 寅 亥 申

칠살봉재무제(七殺逢財無制)라도 파격(破格)이 아니라 귀격(貴格)이 된다.

능하경금, 봉신반겁

能煆庚金, 逢辛反怯,

능히 庚金을 녹이지만, 辛金을 보면 반대로 겁낸다.

하월(夏月) 丙火는 壬庚을 보면 문명(文明)의 상(象)을 이루어 높은 벼슬에 오른다. 辛金을 반기지 않는 것은 庚金이 丁火를 기뻐하는 조합을 제외하고는 양간(陽干)이 모두 다 같다.

壬 丁 辛 己
辰 午 未 卯

식재관(食財官)이 모두 투(透)했지만, 庚金이 壬水를 상생(相生)하지 않는 한 귀(貴)가 크지 않다. '조화원약평주'에는 己土가 설기(洩氣)하고 辛金이 상합(相合)하여 모두 병(病)이 되는 것으로 묘사하고 있다.

土衆成慈(토중성자), 水猖顯節(수창현절),

土가 무리를 이루면 자애(慈愛)가 있고, 水가 넘치면 절개(節概)를 나타낸다.

土는 火를 어둡게 하지만 토중(土重)해도 식다용인(食多用印)이나 식신생재(食神生財), 혹은 식신대살(食神帶殺)로 성격(成格)되기만 하면 거부(巨富)를 이룰 가능성이 높아진다.

戊 丙 丙 戊
子 辰 辰 子

甲木을 보지 못해 귀격(貴格)을 이루지는 못했으나 子辰 회국(會局)으로 조상(照象)을 이룬 부명(富命)이다. 저명한 화상(華商)의 명(命)이다.

丙 丙 壬 丙
申 申 辰 戌

대가(大家) 서락오(徐樂吾)의 팔자(八字). 재투칠살(財透七殺)의 파격(破格)이나 수창현절(水猖顯節)로 학자의 절개와 고매한 정신은 표출되었다.

호 마 견 향 갑 래 분 멸

虎馬犬鄉, 甲來焚滅.

호마견(虎馬犬: 寅午戌)이 있는 곳에 甲木이 오면 분멸(焚滅)된다.

甲木이 火를 용신(用神: 격국)으로 삼으면 반드시 북방운(北方運)으로 흘러야 한다. 화운(火運)으로 향하면 목화성회(木化成灰)라 해서 반드시 죽음에 이른다고 했다.

辛 甲 甲 丙
未 戌 午 寅

여명(女命)의 상관견관(傷官見官)으로 고목(枯木)이자, 庚金이 없는 후목(朽木)으로 천박한 팔자(八字)가 되었다.

丁火

정 화 유 중 내 성 소 융

丁火柔中, 內性昭融,

丁火는 부드러운 가운데 내성(內性)은 소융(昭融)하다.

丁火는 여타의 음간(陰干)과 달리 극제(剋制)하는 힘이 있으므로 인비(印比)가 가세(加勢)하면 재관(財官)을 기뻐하고, 인수격(印綬格)은 재(財)로 귀격(貴格)을 이룬다.

金 丁 □ □
□ □ 卯 □

抱乙而孝, 合壬而忠,

乙을 품어 효(孝)하고, 壬을 합(合)해 충(忠)한다.

乙木이 왕금(旺金)을 만나면 빈천(貧賤)해지기 쉬운데 이때 丁火로 金을 제복(制伏)하면 귀(貴)가 있다.

□ 乙 丁 辛
□ □ 酉 巳

壬水는 청(淸)해야 하는데 己土가 있으면 니사(泥沙)가 잡(雜)되어 간사한 위인이 된다. 이때 丁은 壬을 합(合)하여 암암리에 목기(木氣)를 띠므로 己土의 해(害)를 방지하는 역할을 한다.

□ 壬 丁 己
□ 午 丑 丑

丁이 乙壬의 보호막 역할을 하는 차원과 달리, 午月 丁火가 壬水를 보고 록겁용관(祿劫用官)으로 성격(成格)되면 충효(忠孝)가 나타난다.

□ 丁 壬 庚
□ □ 午 □

旺而不烈, 衰而不窮,

왕(旺)해도 강렬하지 않고 쇠(衰)하여도 궁(窮)하지는 않다.

丁火는 음유(陰柔)하므로 왕지(旺地)에 임(臨)해도 여간해서 비중(比重)으로 보지 않는다. 특히 장하천금첩첩격(長夏天金疊疊格)의 재왕신강(財旺身强)을 높은 격국(格局)으로 보는 것도 같은 맥락이다.

乙 丁 辛 庚
巳 巳 巳 酉

동월(冬月)의 丁火라도 甲木이 있으면 金水가 많아도 상격(上格)을 이루고, 비록 과갑(科甲)이 아니어도 선비의 우아함과 풍류(風流)는 잃지 않는다. 丁火는 거의 계절과 무관하게 庚金이 없으면 벽갑(劈甲)할 수 없고, 甲木이 없으면 인정(引丁)할 수 없어 목화통명(木火通明)이 되지 않는다.

庚 丁 丁 乙
□ □ 亥 卯

如有嫡母, 可秋可冬.
(여유적모, 가추가동)

만일 친어머니가 있으면 가추가동(可秋可冬)하다.

丁火가 甲木을 떠날 수 없는 것은 본성이 쇠갈(衰竭)하기 때문이다. 추동(秋冬)에도 丁日 생(生)이 甲木을 보면 대개 부귀공명(富貴功名)을 이룬다.

甲 丁 甲 甲
辰 □ 戌 □

戊土

戊土固重, 旣中且正,
(무토고중, 기중차정)

戊土는 단단하고 무거우며 원래 치우침이 없고 또 곧고 바르다.

戊土는 일단 중후(重厚)할수록 좋다. 따라서 전왕지(專旺地)로 들어가도 火로 생(生)해야 한다. 만일 火가 죽으면 토왕(土旺)해도 뜻을 이루지 못한다.

丙 戊 戊 甲
辰 □ 辰 □

靜翕動闢, 萬物司命,
(정흡동벽, 만물사명)

정(靜)해도 합(合)하고, 동(動)하면 열리니 만물(萬物)의 목숨을 주관한다.

정흡(靜翕)의 의미는 실로 심오하다. 이제껏 정(靜)해도 화합(和合)하는 戊土의 속성을 제대로 설명해 놓은 교재를 본 일이 없을 정도다. 이것은 戊子가 상하로 상합(相合)하려는 속성과 암장(暗藏)된 戊土의 암합(暗合) 파워가 타간(他干)과는 비교되지 않을 정도로 강렬함을 의미하며 그것으로 격(格)을 이룰 정도다.

戊 戊 丙 丁
午 子 午 未

무계화화격(戊癸火化格)으로 총독(總督)에 이른 명(命)이다. 반면

丙 戊 丙 丁
辰 寅 午 丑

丑中의 일점(一點) 수기(水氣)는 寅中 戊土로 암합(暗合)되고, 辰中 戊癸 암합(暗合)으로 증발되는 배상(配像)이라, 장님이 되었다.

동벽(動闢)이란 형충(刑沖)으로 개고(開庫)된 戊土 장간(藏干)이 타간(他干)을 간합(干合), 기반(羈絆)하는 작용력으로 이해하면 된다. 다만 팔자(八字)의 원국에서 지지(地支) 土의 형충(刑沖)은 직접적인 파격(破格) 요인이 되지 않고 土의 정상적인 기능을 수행하는 특징이 있다. 이를테면 정관격(正官格)은 월지(月支)의 형충(刑沖)이

곧 파격(破格) 요인이 되지만 토관(土官)은 예외가 된다. 가령 다음과 같은 丑月 壬水의 팔자(八字)에서 수왕(水旺)한데 지지(地支)의 戌중 戊土는 능히 제방(堤防)의 역할을 수행하고, 丑戌 형(刑)으로 정관격(正官格)의 파격(破格)을 거론할 필요는 없다는 얘기다.

□ 壬 □ □
□ 戌 丑 □

수 왕 물 생　화 조 희 윤
水旺物生, 火燥喜潤,

水가 왕(旺)하면 만물이 생(生)하고, 火가 조열(燥熱)하면 자윤(滋潤)을 기뻐한다.

戊土는 대개 수재(水財)를 만나면 길하다. 다음은 등소평(鄧小平)의 팔자(八字)다.

壬 戊 壬 甲
戌 子 申 辰

무릇 土는 火에 의지하지만 화염토조(火炎土操)는 곤란하기 짝이 없다.

壬 戊 庚 己
子 戌 午 未

午戌 회국(會局)에 壬水가 출간(出干)하여 귀격(貴格)을 이루었다.

약 재 곤 간　파 충 의 정
若在坤艮, 怕沖宜靜.

만약 곤간(坤艮)에 뿌리를 두면 충(沖)을 두려워하고 의당 고요함을 원한다.

팔괘(八卦)의 곤간(坤艮)은 동북(東北)과 남서(南西)의 이귀문

(裏鬼門)으로 불길하게 여겼다. 곤방(坤方)에는 丑寅이 배속되고, 간방(艮方)에는 未申이 속하는데 이들의 글자 조합은 모두 충(沖)하거나 귀문(鬼門)이 성립된다. 원시(原詩)가 말하는 곤간(坤艮)을 丑未로 보는 경우가 있는데 토충(土沖)은 붕충(朋沖)으로 격국(格局) 자체를 허물어뜨리는 법이 없다고 했다. 따라서 곤간(坤艮)은 寅申충(沖)의 흉의(凶意)를 시사하는 것이다. 가령 丑月 戊土가 지지(地支)에 未土를 본다고 해서 귀(貴)를 훼손당하는 직접 요인은 되지 않는다. 반면 寅月 戊土가 申을 보면 일단 정관격(正官格)의 파격(破格)으로 높은 벼슬을 기대하기 어려운 것이다.

□ 戊 甲 戊
□ □ 寅 申

己土

己土卑濕, 中正蓄藏.

(기토비습, 중정축장)

己土는 낮고 습(濕)하며 치우침이 없어 곧고 바른 기운을 축장(蓄藏)한다.

戊土는 고항(高亢)한 土로 건토(乾土)라 하고, 己土는 전원(田園)의 흙이니 습토(濕土)라 하여 용신(用神)을 취하는 방법이 크게 다르다. 己土는 음습(陰濕)하여 사시(四時)를 막론하고 대개 丙火로 돕는 것을 대지보조(大地普照)라 해서 기뻐한다. 다음은 미국 제16대 대통령 링컨(Abraham Lincoln)의 팔자(八字)다.

癸 己 丙 己
酉 未 寅 巳

불수목성, 불외수왕
不愁木盛, 不畏水旺,

木이 성(盛)함을 걱정하지 않고, 水가 왕(旺)함을 두려워하지 않는다.

己土는 동월(冬月)을 제외하고 대개 癸水와 甲木의 재관(財官)을 용(用)하여 귀격(貴格)을 이루기 쉽다. 아래는 프로이트(Sigmund Freud) 의 두터운 신임을 얻어 수제자로 인정되었던 융(Carl Gustav Jung)의 팔자(八字)다.

甲 己 癸 乙
戌 丑 未 亥

화소화회, 금다금명
火少火晦, 金多金明,

火가 적으면 불이 어두워지고 金이 많은 즉 금이 빛난다.

火가 적으면 丙이 쇠하고, 金이 많으면 庚이 빛을 낸다. 즉 己土는 火와 金이 많을수록 좋으며 상관패인(傷官佩印) 혹은 인용식상(印用食傷)으로 귀격(貴格)을 이룬다.

庚 己 庚 丁
午 巳 戌 亥

약요물창, 의조의방
若要物昌, 宜助宜幇.

만약 물(物)을 창성하게 하려면 조방(助幇)해야 마땅하다.

己土를 왕성하게 하여 생의(生意)를 발(發)하려면 돕고 막아야 한다. 대지보조(大地普照), 경련상배(硬煉相配)의 십간(十干) 조합으로 돕는 것은 丙火, 막는 것은 戊土를 말한다.

戊 己 丙 □
□ □ 子 □

庚金

庚金帶煞，剛强爲最，
(경금대살 강강위최)

庚金은 살기(殺氣)를 띠며 강강(剛强)하기로는 최고다.

庚金은 강철과 같이 굳세므로 丙丁火의 관살혼잡(官殺混雜)을 두려워하지 않을 정도다. 보통 추금(秋金)과 동금(冬金)은 丙丁火를 공히 기뻐한다. 이때 丁은 연금(鍊金)하기 위해, 丙은 조후(調喉)로 용(用)하므로 관살(官殺)이 혼잡(混雜)되어야 상격(上格)을 이루게 된다고 보지만, 이는 원래의 성질이 받침이 되기 때문이다. 다음은 엘리자베스 2세(Queen Elizabeth II), 영국 여왕의 팔자(八字)다. 辰月 庚金으로 거살유관(去殺留官)의 상격(上格)을 이루었다.

丁 庚 壬 丙
丑 辰 辰 寅

得水而淸，得火而銳，
(득수이청 득화이예)

水를 얻으면 맑아지고 火를 얻으면 예리해 진다.

庚金은 壬水를 얻으면 청(淸)해지고, 丁火를 얻으면 날카로워진다. 금수쌍청(金水雙淸)과 화련진금(火煉眞金)은 이를 말한다. 특히 하월(夏月) 군금(群金)은 원무(元武)가 있어야 묘(妙)하므로 壬癸水가 있어야 하고, 추금(秋金)은 예리하면 가장 묘하므로 丁火로 단련(鍛鍊)하면 큰 기물(器物)을 이룬다. 다음의 카이사르 시저(Gaius Newton)의 명(命)이다.

壬 庚 癸 庚
午 午 未 子

토윤즉생, 토건즉취
土潤則生, 土乾則脆,

土가 윤택하면 생(生)을 얻고 土가 건조하면 취약해진다.

土가 水를 함유하면 金이 생(生)하고, 土가 메마르면 金이 약해져 묻히는 상태가 된다. 土가 金을 낳는 것도 습(濕)이 조(燥)로 변화하는 과정에서 응축된 물질을 이룬 것이다. 양기(陽氣)는 진기(進氣)하므로 건조(乾燥)한 기운이 성할 무렵 취약(脆弱)을 논하게 된다. 십간(十干)의 관계에 국한한다면 己土는 금광(金光)하게 하지만, 건토(乾土) 戊土는 금매(金埋)하기 쉽다. 만일 庚金은 하나밖에 없는데 戊土가 많으면 반드시 매몰되어 하천(下賤)한 명(命)이 되어 게으르고 어리석다.

戊 庚 戊 丙
寅 □ 戌 □

능승갑형, 수어을매
能勝甲兄, 輸於乙妹.

갑형(甲兄)은 능히 이겨도 을매(乙妹)에게는 애쓴다.

庚은 甲을 극(剋)하지만, 乙은 극(剋)하지 못하고 합(合)한다. 甲을 형(兄)으로 乙을 매(妹)로 비유한 것은, 甲과 乙이 남매(男妹) 관계로 甲의 입장에서 볼 때 庚은 자신의 적(敵)이었지만, 누이 乙과 결혼하면서 자신을 해치지 않는 상황으로 전개되었음을 의미한다. 즉 가장 긍정적인 탐합망극(貪合忘剋)의 상황으로 '甲, 庚, 乙'의 관계를 들 수 있다. 이를테면 추목(秋木)에 庚金이 출간(出干)하여 신약(身弱)이 지나쳐 죽을 지경에 이르면 이때 乙木이 있어 庚을 합

(合)할 때 한결 안전한 명(命)이 된다는 얘기다. 다음은 '조화원약평주'에 안으로는 참정(參政)이요, 밖으로는 태수(太守)의 팔자로 예시된 명(命)이다. 설명하기를, 乙庚 살인(殺刃)이 상합(相合)하여 유정(有情)하고, 丁火가 높이 떠서 비추니 제(制)함을 얻어 추목(秋木)이 성(盛)하니 관살운(官殺運)으로 흘러도 길하다고 묘사했다.

丁 甲 乙 庚
卯 子 酉 寅

辛金

辛金軟弱, 濕潤而淸,

辛金은 연약(軟弱)하며 습윤(濕潤)하면 청(淸)해진다.

辛金은 壬水 상관(傷官)에 씻겨지는 것을 기뻐한다. 辛과 壬의 도세주옥(淘洗珠玉) 조합은 사시(四時)를 막론하고 언제나 바람직한 관계가 형성되기 쉽다. 취성자(醉醒子)에 이르길, 辛金은 음(陰)에 속하고 마치 수은(水銀)과 진주(珍珠)의 모양과 같아 금백수청(金白水淸)이 되어 순수한 것이 좋다고 했다. 다음은 미국의 여우(女優) 조디 포스터(Jodie Foster)의 팔자(八字)다.

壬 辛 辛 壬
辰 酉 亥 寅

畏土之疊, 樂水之盈,

土가 겹쳐지는 것을 두려워하고, 水가 가득 차는 것을 좋아한다.

土의 자부(滋扶)가 지나치면 金이 빛을 잃을 염려가 있다. 이때는 壬水를 용신(用神)으로 삼아 씻어 내면 광휘(光輝)가 나타난다. 이를테면 인용상관(印用傷官)으로 성격(成格)되는 경우를 말한다. 아래는 한선교(韓善敎) 한나라당 국회의원의 명(命)이다.

壬 辛 辛 己
辰 亥 未 亥

능부사직 능구생령
能扶社稷, 能救生靈,

능히 사직(社稷)을 떠받치며 능히 생령(生靈)을 구(救)한다.

辛은 丙의 신하로 丙과 합(合)하여 水로 화(化)하면 임금인 丙火의 조상(祖上)인 木을 보호하므로 사직(社稷)을 떠받치는 것이다. 또한 辛의 백성이 되는 甲木을 살리니 생령(生靈)을 구하는 것이다. 다음은 청나라 태종(太宗)의 명(命)이다. '서락오'는 다음의 사주(四柱)를 두고 화기격(化氣格)을 이루나, 甲木이 해궁(亥宮)에 장생(長生)하여 木火의 기(氣)가 움직인다는 다소 난해한 설명을 덧붙이고 있다.

丙 辛 辛 壬
申 亥 亥 辰

열즉희모 한즉희정
熱則喜母, 寒則喜丁.

더운 즉 인수(印綬)를 기뻐하며, 차가운 즉 丁火를 기뻐한다.

하월(夏月) 辛金에 火가 많으면 己土를 얻어 화기(火氣)를 흡수하고 생금(生金)하기를 바란다. 동월(冬月)에는 水가 왕(旺)한데 丁火가 있으면 물을 따듯하게 하니 金을 길러 주기 때문에 丁火를 좋아한다. 열즉희모(熱則喜母)의 인수(印綬)는 습토(濕土)를 거론한 것이고, 한즉희정(寒則喜丁)은 음화(陰火)를 말한 것으로 戊土와 丙火를 꺼리는 내용으로 받아들이기 쉬운데, 꼭 그렇지만은 않다. 辛金이 기뻐하는 십간(十干)은 대체로 '壬水, 丙火, 戊土'의 순(順)으로 정해진다. 동월(冬月) 辛金이 丁 대신 丙을 보면 丙辛이 합(合)하여 한습(寒濕)함이 가중되므로 부득이하게 丁火를 용(用)한다는 설(說)이 있는데, 丙을 보아 귀격(貴格)을 이루는 사례가 더 많다는 점을 염두에 둘 필요가 있다. 아무튼 일간(日干)이 辛金이라면 열즉희기(熱則喜己), 한즉희정(寒則喜丁)의 속성을 먼저 떠올려야 한다. 금수상관(金水傷官)은 火를 기뻐하므로 丁火의 상관대살(傷官帶殺) 역시 귀(貴)한 것이다.

□ 辛 丁 □
□ □ 亥 □

壬水

壬水旺洋(임수왕양), 能洩金氣(능설금기),

壬水는 왕양(旺洋)하니 능히 금기(金氣)를 설(洩)한다.

'적천수'의 다른 원서(原書)에는 임수왕양(壬水旺洋) 대신 임수통하(壬水通河)로 흐르는 강물과 같이 묘사된 경우가 많다. '임철초'와 '서락오'는 통하(通河)를 천하(天河)를 뜻하는 것으로 보고 은하수(銀河水)로 묘사했다. 庚金이 중동(仲冬)에 태어나면 水가 설(洩)하는데, 이때 지지(地支)에 수국(水局)이 있으면 격국(格局)이 변해 금수윤하(金水潤下)가 된다. 다음은 정란차격(井欄叉格)이다.

庚 庚 壬 壬
辰 申 子 子

강중지덕, 주류불체
剛中之德, 周流不滯,

강(剛)한 가운데 덕(德)이 있으며 주류(周流)하여 막힘이 없다.

서방(西方)의 숙살(肅殺)하는 살기(殺氣)를 설(洩)하고 천지만물을 자랄 수 있게 하므로 강(剛)한 가운데 덕(德)을 지녔다고 한 것이고, 두루 흘러 막힘이 없는 것이다. 아래는 본인의 팔자(八字)로 金水가 기세(氣勢)를 얻은 종기격(從氣格)이다. 덕(德)이 있다고 했는데 과연 선(善)에 대한 의지(意志)와 그것을 실현하는 항상적(恒常的) 지향심이 있는지는 늘 의문이다.

庚 壬 甲 乙
戌 子 申 巳

통근투계, 충천분지
通根透癸, 沖天奔地,

癸水가 통근(通根)하여 투(透)하면 하늘을 찌르고 땅을 내딛는다.

충천분지(沖天奔地)란 물이 범람(氾濫)하여 우환(憂患)이 발생함을 뜻하는 말이다. 만일 지지(地支)에 수국(水局)을 짓고 癸水가 투출(透出)하면 비록 戊己土가 있어도 흐름을 막지 못하고 강제로 막으려 하면 도리어 무서운 수해(水害)를 입게 된다. 이때는 木을 써서 설기(洩氣)해야만 순응(順應)한다. 따라서 대운(大運)이 목향(木鄕)하면 이롭고, 戊己의 관성(官星)을 만나면 왕신(旺神)인 壬水가 격노(激怒)하여 흉화(凶禍)가 발생하기 쉽다. 고서(古書)의 왕자의설불의극(旺者宜洩不宜剋)은 바로 이를 두고 이른 말이다. 무릇 水의 강왕격(强旺格)으로 범람할 태세면 매사 지나칠 때가 있는 것이다. 다음은 리관유(李光耀) 전 싱가포르 총리의 명(命)이다. 임기용배격(壬騎龍背格)의 일종으로 寅木이 왕신(旺神)을 설(洩)한다.

壬 壬 辛 癸
寅 辰 酉 亥

化則有情, 從則相濟.

화(化)한 즉 유정(有情)하고, 종(從)한 즉 상제(相濟)한다.

壬이 丁을 합(合)하면 木으로 변해 火를 생(生)하니 丁이 꺼지지 않아 유정(有情)하다고 했다. 또 火土로 종(從)하면 서로가 돕는 공(功)이 나타나는데, 이 대목의 해설은 쉽지 않다. 壬水는 진종(眞從)으로 격(格)을 이루어도 그 자체로 귀격(貴格)을 논하지 않고, 언제나 상제(相濟)의 공(功)을 이룬다고 말할 수 없다. '임철초'는 하월(夏月) 壬水에 火土의 글자가 출간(出干)하고 金水의 도움이 없는 상태라고 한다면 종재격(從財格)이 되거나 종살격(從殺格)이 되어서 서로 화합(化合)한다고 했다. 그런데 壬水가 火土를 많이 보아 고갈(枯渴)되어 종재(從財), 종살(從殺)을 이룬다면 만물(萬物)이 메말라 죽음에 이르기도 하는 것이다. 이를 두고 '서락오'는 종격(從格)을 이루더라도 윤택(潤澤)하고 조화(調和)를 이루어야 수화상제(水火相濟)의 공(功)을 이룰 것이라는 중도적인 관점을 피력했다. '난강망'은 午月 壬水가 지지(地支)에 화국(火局)을 이루고 金水가 전무(全無)하면 재다신약(財多身弱)으로 부옥빈인(富屋貧人)의 팔자(八字)가 되니 종재론(從財論) 자체를 짓지 않는 것으로 설명한다. 더욱이 목다(木多)한데 火는 있고 水가 없으면 승도(僧徒)의 명(命)에 지나지 않는다는 것이다. 다시 말해 午月은 丁火가 영(令)을 잡으므로 양간(陽干) 壬水가 음(陰)을 종(從)하는 법은 없다는 얘기다. 그런데 신취팔법(神趣八法)의 화상절(化象節)에는 午月 壬水가 기명(棄命)하여 오궁(午宮) 丁火를 종(從)한다고 했다. 이 정도면 도무지 종잡을 수 없는 얘기가 된다. 그러나 丁火가 壬水를 합(合)하는 것은 부부(夫婦)와 같아 복상(伏象)이 되는데, 지지(地支) 합국(合局)의 세력에 종(從)하는 유형으로 午月 壬水가 화국(火局)을 보거나 酉月 丙火가 금국(金局)을 보는 것이 복상(伏象)의 전형적인 케이스로 종(從)이 불가(不可)한 게 아니다. 결론적으로 午月 壬水라도 진종(眞從)은 성립된다. 다만 양(陽)이 음(陰)을 종(從)하면 격국(格局)이 순수하지 않으므로 상격(上格)을 논하기가 쉽지 않다. 즉 壬水의 복상(伏象)은 외격(外格)의 순수(純粹)함으로 귀(貴)를 논하는 게 아니라, 최소한 水의 근기(根氣)를 띠어야만 상격(上格)을 이룬다는 얘기다. 다음은 '조화원약평주'에 외교부장(外交部長)의 지위에 오른 것으로 예시된 팔자(八字)로 종재격(從財格)이다.

己 壬 丙 丁
酉 寅 午 亥

癸水

계 수 지 약 　 달 어 천 진
癸水之弱, 達於天津,

癸水는 약(弱)하나 천진(天津)에 달(達)한다.

취성자(醉醒子)에 이르길, 癸水는 음(陰)으로 약(弱)하기 이를 데 없지만, 전부 우로(雨露)에 속하는 것은 아니라고 했다. 우로(雨露)가 모이면 강호(江湖)를 이루는 것이다. 壬癸는 음양(陰陽)인데 하나로 나누어 칼로 자르듯이 나눌 수는 없다. 물이 불을 만나면 훈증(燻蒸)되어 수증기가 되고, 그 수증기가 위로 올라가 구름이 되고 안개가 되며 대기 중에서 냉한 기류(氣流)를 만나면 냉각되어 아래로 내리면 비와 이슬이 된다. 비와 이슬이 모여 강과 호수를 이루니 이렇게 순환되어 끊임없이 돌고 돌아 음양(陰陽)도 수시로 교체(交替)가 되는 것이다. 따라서 癸水가 지지(地支)에 수국(水局)을 보면 대해수(大海水)가 되는 것이다. 더욱이 壬水 마저 출간(出干)하면 윤하격(潤下格)을 이루어 대부대귀(大富大貴)한다. 이를 천진지양(天津地洋)이라 해서 하늘과 바다를 잇는 나루터와 같은 격으로 상서로운 뜻을 지닌다. 癸水는 본성을 잃지 않으면 대개 조화하여 윤택한 공(功)을 이룬다.

壬 癸 壬 丁
子 亥 子 酉

득룡이운 공화사신

得龍而運, 功化斯神,

용(龍)을 얻으면 운(運)하며, 공(功)이 사신(斯神)을 따른다.

용(龍)이란 辰을 말하니, 辰을 보면 화기(化氣)의 원신(原神)이 투출(透出)하는 것은 정해진 이치다. 辰月 癸水가 천간(天干)에 화신(化神) 丙火를 보면 정관용재(正官用財)의 귀격(貴格)을 이룬다.

丙 癸 壬 □
□ □ 辰 □

불외화토 불론경신

不畏火土, 不論庚辛,

火土를 두려워하지 않고 庚辛을 논하지 않는다.

火土를 많으면 종화(從化)하므로 이를 기피하지 않고, 庚辛의 생부(生扶)에 기대지 않는다. 癸水는 화왕(火旺)하면 종화(從火)하고 토왕(土旺)하면 종토(從土)하니 담는 그릇에 따라 형태가 달라진다. 癸水는 亥子水나 壬水에 의해 왕성(旺盛)해지며 金의 부조(扶助)로 강해지는 법은 없다. 가령 卯月 癸水는 수목상관(水木傷官)을 체(體)로 삼아 목신(木神)이 당왕(當旺)하므로 인수(印綬) 庚辛金을 용(用)하는 것이다. 즉 수원(水源)의 의미가 아닌 木을 파(破)하는 역할을 수행하는 金으로 상관패인(傷官佩印)의 귀격(貴格)을 이룬다.

乙 癸 辛 辛
卯 □ 卯 □

合戊見火, 化根乃眞.
(합무견화, 화근내진)

戊를 합(合)하고 火를 보게 되면 화(化)의 뿌리가 참된 것이다.

戊癸 합화(合化)를 이룬 상황에서 재차 丙丁火를 보게 되면 필시 火로 화(化)하므로 진정한 화격(化格)을 이루는 것이다. 음간(陰干)의 진화(眞化)는 방국(方局)을 짓지 않아도 辰時를 얻어 진상(眞象)을 이룬다. 다음은 '조화원약평주'에 만금(萬金)을 모은 부명(富命)으로 예시된 팔자(八字)다.

丙 癸 戊 己
辰 酉 辰 酉

✍ **Note**

天干論(천간론)의 해설은 후대 '진소암'의 견해가 완벽하진 않아도 원의(原義)에 가장 부합한다. '임철초'의 해설은 아무래도 핵심에서 벗어난 느낌이 든다. '난강망'이 월령(月令)에 따른 기(氣)의 쇠왕(衰旺)으로 십간(十干)별 희기(喜忌)를 논했다면 '적천수'는 전국(全局)에 따른 십간(十干) 희기(喜忌)를 요약(要約)하고 있다. '진소암'의 십간론(十干論)은 '적천수'의 틀을 벗어나 보다 진화(進化)될 필요가 있는 것이다.

地支論[지지론]

☝ **Original**

양지동차강, 속달현재상
陽支動且强, 速達顯災祥,

음지정차전, 부태매경년
陰支靜且專, 否泰每經年.

생방파동고의개, 패지봉충자세재
生方怕動庫宜開, 敗地逢沖仔細裁,

지신지이충위중, 형여해혜동부동
支神只以沖爲重, 刑與害兮動不動.

암충암회우위희, 피충아혜개충기
暗沖暗會尤爲喜, 彼沖我兮皆沖起,

왕자충쇠쇠자발, 쇠자충왕왕신발
旺者沖衰衰者拔, 衰者沖旺旺神發.

✌ **COMMENT**

양지(陽支)는 동(動)하고 또 강(强)하여 재상(災祥)이 빠르게 나타난다. 음지(陰支)는 정(靜)하고 또 전일(專一)하니 때마다 태(泰)하지 않고, 년(年)을 경과(經過)한다. 생방(生方)은 동(動)이 두렵고, 고(庫)는 개(開)가 마땅하며 패지(敗地)가 충(沖)을 만나면 자세(仔細)하게 재(裁)해야 한다. 지신(支神)은 다만 충(沖)을 중(重)하게 여기며, 형(刑)과 해(害)는 동(動)하는 게 있고, 동(動)하지 않는 것이 있다.

암충(暗沖)과 암회(暗會)를 특히 희(喜)하고, 피(彼)가 아(我)를 충(沖)하여 충기(沖起)하는데 왕자(旺者)가 쇠(衰)를 충(沖)하면 쇠자(衰者)를 발(拔)하고, 쇠신(衰神)이 왕(旺)을 충(沖)하면 왕신(旺神)이 발(發)한다.

***Spectrum**

천간론(天干論)과 더불어 지지론(地支論)은 팔자학(八字學)의 기근(基根)으로 가장 중요한 밑바탕을 이루는데 그동안 유감스럽게도 제대로 된 해설을 보지 못했다. 그나마 천간론(天干論)은 명징파(明澄派)에 의해 십간용신(十干用神) 체계로 진화(進化)해 왔지만, 지지론(地支論)은 '임철초'의 불완전한 견해를 넘지 못한다. 이것이 후일 내가 '팔자술 데쓰블로'를 통해 형충회합(刑沖會合)의 새로운 설(說)을 세운 계기(契機)가 되었다.

양지동차강, 속달현재상, 음지정차전, 부태매경년

陽支動且强, 速達顯災祥, 陰支靜且專, 否泰每經年.

팔자술(八字術)에서 양지(陽支)는 '子寅辰午申戌'이고, 음지(陰支)는 '丑卯巳未酉亥'를 말하는데 子午와 巳亥는 체(體) 대신 용(用)을 취용한 것이다. 양지(陽支)는 동적(動的)이며 세찬 성질이 있어 생동(生動), 합기(合起), 충기(沖起)의 작용력이 신속하게 일어나지만, 음지(陰支)는 정적(靜的)이고 전일(專一)한 속성으로 인해 작용력이 더디게 일어난다. 원시(原詩)의 否泰每經年이란 "때마다 통하지 않고, 년이 경과할 수도 있다."는 뜻으로 길흉(吉凶)의 작용이 당해에 발생할 수도 있고, 해를 경과할 수도 있다는 것이다. 따라서 매년(每年)을 경과해야만 길흉(吉凶)을 알 수 있다는 해석은 옳지 않다. 이상은 모두 운지(運支)에 '포커스'를 두고 논한 것이다.

✍ **Note**

'적천수' 지지론(地支論)의 특징은 세월(歲月)의 희기(喜忌)를 거론한 점에 있다. 천간론(天干論)이 팔자(八字) 체신(體神)의 성패희기(成敗喜忌)를 위주로 논했다면 지지론(地支論)은 세월(歲月), 용(用)의 성패희기(成敗喜忌)로 작용력을 설명한다. 팔자(八字)에 지지(地支)의 운(運)은 크게 두 가지 작용력을 행사한다. 하나는 천간(天干)의 상(象)에 배속되는 물(物)의 작용으로 온전한 물상(物象)을 이루거나, 혹은 뿌리가 되어 천지감응(天地感應)으로 성패득실(成敗得失)에 관여한다. 또 하나는 지지(地支) 상호간의 작용으로 팔자(八字)를 동(動)하게 하여 득실(得失)과 희기(喜忌)를 결정짓는데, 변화를 수반하는 현저한 상황으로는 '생동(生動), 합기(合起), 충기(沖起)'를 들 수 있다.

❐ 지지(地支)의 작용

구분	유형	비고
生動	運支가 八字의 해당 地支를 生	丑運으로 八字의 申金이 動하는 현상
	刑의 작용으로 해당 글자를 動	刑은 해당 글자를 開庫하여 得失成敗喜忌 관여
合起	六合으로 해당 글자가 羈絆	日支의 合은 得, 他支의 合은 失 내지 凍結
	會支로 合化 五行을 生産	合局 五行의 得, 透干과 같이 成敗 주관
沖起	沖으로 해당 글자를 動	沖은 해당 글자를 開庫하여 得失成敗喜忌 관여

生方怕動庫宜開, 敗地逢沖仔細裁,

생(生)의 '寅申巳亥' 네 글자는 동(動)을 두려워하고, 고(庫)의 '辰戌丑未'는 마땅히 개(開)해야 한다. 패(敗)의 '子午卯酉'는 충(沖)의 현상을 자세히 헤아려야 한다. 종래의 해설서는 패지(敗地)에서 충(沖)만을 거론한 대목에 주목하여, 생방(生方)과 묘고(墓庫)에서도 충(沖)으로 인한 동(動)과 개(開)의 현상만을 설명하고 있으나 실제로는 충(沖)과 더불어 형(刑)의 동개(動開) 작용도 살펴야 한다. 원시(原詩)의 다음 구절에는 刑與害兮動不動이라 해서 "형(刑)에도 동(動)하는 것과 동(動)하지 않는 것이 있다."고 분명히 밝혔는데, 투파(透派)는 형(刑)의 작용력을 아예 취하지 않았고 '임철초'는 "형(刑)이 동(動)해도 작용하지 않는다."고 사유(思惟)했다. 이들은 모두 형(刑)에 대한 바른 견해가 못된다. 패지(敗地)에서 충(沖)만을 따로 언급한 것은 '子午卯酉'의 형(刑)은 지지(地支)를 개고(開庫)하는 작용력이 나타나지 않는 부동(不動)의 상황을 염두에 두었기 때문이다. 따라서 생방(生方)과 고지(庫地)는 마땅히 형(刑)으로 인한 동(動)과 개(開)를 적용해야 한다. 한편 '장요문(張耀文)'의 '적천수오의(滴天髓奧義)'에는 '生方怕動敗怕開, 墓庫逢沖仔細裁'로 원시(原詩)의 내용이 다르다. "생방(生方)과 패지(敗地)는 다 같이 동개(動開)를 두려워하고 묘고(墓庫)의 글자는 충(沖)을 자세히 살펴야 한다."는 것인데 형충(刑沖)의 실제 작용력을 명백하게 이해했다면 이 같은 착오를 범하지 않았을 것으로 생각된다.

1. 生方怕動이란 생방(生方)의 충(沖)은 오행(五行) 전체의 근기(根氣)가 작동하므로 명주(命主)가 충동(沖動)의 작용력으로부터

자유로울 수 없다는 점에 근거한 것이다. 이를테면 역마성(驛馬星)의 글자가 충(沖)을 당하면, 여지없이 신상(身上)의 변동과 횡액(橫厄)을 유발한다. 다만 팔자(八字)의 천간(天干)에 음간(陰干)이 없다면 역마(驛馬)의 충(沖)이 조속조발(早速早發)하는 길(吉)한 현상을 예고한다. 이것은 해당 글자에서 개고(開庫)된 장간(藏干)의 글자들이 모두 양간(陽干)으로 팔자(八字)의 음간(陰干)과 합거(合去), 기반(羈絆)되는 현상이 나타나지 않으므로 지지(地支)의 기물(器物)이 파괴되는 일이 없기 때문이다. 즉 근기(根基)를 상실당하는 일이 없으니 寅申 충(沖)은 좋을 때가 있고, 나쁠 때가 있다. 반면 巳亥 충(沖)은 장간(藏干)에 음간(陰干)에 배속되므로 충(沖)의 현상은 여지없이 기반(羈絆)과 기물(器物)의 손상을 야기한다. 이때는 파동(怕動)에 예외가 없다.

2. 墓庫宜開(묘고의개)란 의미가 깊다. 辰戌이 충(沖)하면 辰土는 훼손되지 않으므로 생방(生方)과 같이 근기(根氣)가 쉽게 상실되지 않는다. 이것은 辰中 戊癸 암합(暗合)이 작동하여 완충(緩衝) 작용을 하기 때문이다. 丑未 충(沖)은 개고(開庫)되는 장간(藏干)의 글자들이 모두 음간(陰干)으로 팔자(八字)에 양간(陽干)이 개입되지 않으면 합거(合去), 기반(羈絆)되는 현상이 나타나지 않으므로 지지(地支)의 기물(器物)이 파괴되는 법이 없다. 이때는 오히려 재관(財官)이 적출(摘出)되어 발(發)하는 묘(妙)함이 있다. 또한 생방(生方)과 달리 명주(命主)가 직접적인 재화(災禍)에 노출될 변수는 낮은 반면, 육친궁(六親宮)이나 해당 장간(藏干)의 육친성(六親星)에 횡액(橫厄)이 도래할 가능성이 높다.

3. 敗地沖裁(패지충개) 또한 세밀한 관찰을 요한다. 子午卯酉의 충(沖)은 암

합(暗合)이 명합(明合)의 현상을 야기하면서 지지(地支)의 기물(器物)이 파괴되기 일쑤다. 가령 子午 충(沖)은 子中 壬水와 午中 丁火가 합(合)을 지어 子水와 午火는 모두 근기(根氣)를 상실당하는 것이다. 卯酉 충(沖)도 乙庚 합(合)으로 인해 해당 글자의 기물(器物)은 파괴된다. 이렇게 보면 敗怕開도 맞는 말이다. 그러나 '팔자술 데쓰블로'의 선후론(先後論)에 이르길 합(合)에도 선후(先後) 관계가 있다고 했다. 이미 노출(露出)된 천간(天干)의 합(合)이 가장 신속하게 이루어지고, 다음으로 노출(露出)된 천간(天干)과 개고(開庫)된 장간(藏干), 마지막으로 개고(開庫)된 장간(藏干)끼리의 합(合) 순으로 진행된다. 따라서 子午 충(沖)의 壬丁 합(合)은 후차적으로 이루어지게 되므로 이미 팔자(八字)에 丁火가 출간(出干)되어 있다면 子中 壬水와 丁火의 합(合)이 우선이다. 따라서 午火의 기물(器物)은 파괴되지 않고, 근기(根氣)가 상실되지 않는다. "패지(敗地)가 충(沖)을 만나면 자세(仔細)하게 재(裁)해야 한다."는 말은 바로 이와 같은 현상을 이른 말이다.

❐ 지지(地支)의 충(沖)

구분	현상
寅申沖	金木이 相沖되어 動하지만 藏干이 露出된 陰干과 合去되지 않으면 早發한다
巳亥沖	水火가 交戰하여 動하며 藏干이 他干과 合去되므로 失物하고 根氣를 傷한다
辰戌沖	水火土를 得하고, 戌土의 根氣는 傷한다. 白虎, 鬼門의 작용력을 살펴야 한다
丑未沖	藏干이 露出된 陽干과 合去되지 않으면 財官을 얻고, 白虎, 鬼門과 연동된다

子午沖	두 글자의 根氣가 傷한다. 藏干이 他干과 合去되면 한 글자의 根氣는 活한다
卯酉沖	두 글자의 根氣가 傷한다. 藏干이 他干과 合去되면 한 글자의 根氣는 活한다

支神只以沖爲重, 刑與害兮動不動.

지지(地支)는 충(沖)을 무겁게 여기고, 형(刑)과 해(害)는 동(動)하는 것과 동(動)하지 않는 것이 있다. '적천수'는 충(沖)만을 중시하고, 형해(刑害)는 경시(輕視)하라고 논한 적이 없다. '임철초'는 자형(自刑)의 동기(同氣), 丑戌의 본기(本氣)와 子卯 상형(相刑)이나 寅巳 의 상생(相生), 그리고 寅申은 이미 충(沖)이므로 형(刑)의 의미는 취할 바가 없다고 했다. 그러나 충(沖)과 형(刑), 해(害)는 모두 동인(動因)이 되므로 중(重)히 여겨야 한다. 다만 형해(刑害)에는 동(動)하지 않는 부동(不動)이 있으니 이는 가려 취해야 할 것이다. 즉 동(動)하여 개고(開庫)되는 글자의 조합이 있고 개고(開庫) 작용을 수반하지 않는 부동(不動)의 글자 조합으로 구분된다는 뜻이다. 지지(地支)의 개고(開庫) 현상은 천간(天干)과 작동하므로 지지(地支)가 팔자(八字)의 성패희기(成敗喜忌)를 좌우하는 중요한 작용이라 할 수 있다.

❐ 형해(刑害)의 동(動), 부동(不動)

<table>
<tr><td rowspan="2">刑</td><td>動</td><td>寅巳刑</td><td>巳申刑</td><td>寅申刑</td><td>丑戌刑</td><td>戌未刑</td><td>丑未刑</td><td>子卯刑</td></tr>
<tr><td>不動</td><td colspan="2">辰辰刑</td><td colspan="2">午午刑</td><td>酉酉刑</td><td colspan="2">亥亥刑</td></tr>
<tr><td rowspan="2">害</td><td>動</td><td colspan="7">寅巳害</td></tr>
<tr><td>不動</td><td>子未害</td><td>丑午害</td><td>亥申害</td><td>卯辰害</td><td colspan="3">戌酉害</td></tr>
</table>

暗沖暗會尤爲喜,

원시(原詩)가 말하는 암충(暗沖)과 암회(暗會)란 대운(大運)에서 팔자(八字) 원국(元局)의 글자를 충(沖)하거나 합(合)해 오는 것으로 이해하면 무난하다. 후속 구절의 彼沖我에서 피(彼)는 운지(運支)를 뜻하고, 아(我)는 팔자(八字)의 지지(地支)를 뜻하기 때문이다. '서락오'는 '적천수보주'에서 암충암합(暗沖暗合)에 대하여 다소 무리한 설명을 시도했는데, 기본적인 의미는 '임철초'의 견해가 옳다고 생각한다. 다만 "팔자(八字)의 기신(忌神)을 충(沖)하고, 희신(喜神)을 회(會)하는 것을 특히 기뻐한다."는 일반론적 관점은 팔자술(八字術) 실전(實戰)에서 잘 통하지 않는다. 팔자(八字)의 희신(喜神)을 지지(地支)의 글자로 설정하는 것부터가 사리에 맞지 않는 것이다. 비교적 최근의 저술인 '좌등육룡(佐藤六龍)'의 '사주추명술오의(四柱推命術奧義)'를 살펴보면 "팔자(八字)의 기신(忌神) 오행(五行)에 해당하는 지지(地支)의 글자를 충(沖)하거나 합(合)하는 것을 매우 기뻐한다."고 요약했는데, 이것은 투파(透派)의 빈약한 지지론(地支論)을 여실히 반증하는 대목이다.

따라서 暗沖暗會尤爲喜란 대운(大運)의 충(沖)과 합(合)이 갖는 작용력에 주목해서 원의(原義)를 헤아리는 게 옳다. 이를테면 보통 충(沖)의 글자는 팔자(八字) 원국(元局)에 뿌리가 없이 노출(露出)된 천간(天干)의 근기(根氣)가 될 경우가 많다. 대운(大運)은 팔자(八字) 격국(格局)의 성패(成敗)에 관여하는 체신(體神)의 영역에 속하므로 세월(歲月)과 달리 직접적으로 동(動)하는 작용력이 나타나지 않는다. 즉 대운(大運)의 충(沖)으로 해당 글자가 개고(開庫)되는 일은 없다는 얘기다. 다음으로 합(合)이 이루어지면 합(合)된 글자의 근기(根氣)는 상(傷)하지 않으면서 세월(歲月)에서 충(沖)이 되어도 기물(器物)이 온전한 바에 유념하면 암충암회(暗沖暗會)를 특히 기뻐하는 이치를 자연스럽게 이해할 수 있다. 예를 들어 다음과 같은 인다용재격(印多用財格)의 팔자(八字)에서 庚金 재(財)는 뿌리가 없으므로 재성부진(財星不眞)의 형국이다. 이때 대운(大運)의 酉金을 보게 되면,

乙 丙 庚 □
卯 □ 卯 □ ← 酉運

酉金은 庚金 재(財)의 뿌리가 되어 격국(格局)을 온전하게 성격(成格)시킨다. 이때 卯酉 충(沖)으로 인한 개고(開庫), 충동(沖動)을 논하지 않는다. 대운(大運)은 사주(四柱) 원국(元局)과 같은 체신(體神)으로 간주해서 정물(靜物)에 가깝기 때문이다. 충(沖)이 아닌 합(合)이 이루어진 경우에는,

乙 丙 庚 □
卯 □ 卯 □ ← 戌運

세월(歲月)에서 酉年이 도래해도 卯酉 沖으로 인해 근기(根氣)가 상실되지 않는다. 충(沖)은 다만 합(合)을 해소했을 뿐이므로 卯, 戌, 酉의 기물(器物)이 모두 온전하여 팔자(八字)의 乙木 인수(印綬)와 庚金 재(財)는 다 같이 건전하게 뿌리를 내리게 된다.

乙 丙 庚 □
卯 □ 卯 □ ← 戌運 ← 酉年

피충아혜개충기
彼沖我兮皆沖起,

충기(沖起)란 충동(沖動)으로 충(沖)으로 인해 해당 지지(地支)의

장간(藏干)이 개고(開庫)되는 현상을 말한다. 피아(彼我)란 체용(體用)의 개념으로 동적(動的) 상황을 시사한다. 이를테면 팔자(八字) 원국(元局)이나 대운(大運)과 같이 체(體)의 범주에서는 충(沖)이 나타나도 충기(沖起)를 논하지 않는다. 체신(體神)의 속성은 정(靜)하기 때문이다. 따라서 세월(歲月)의 운지(運支), 피(彼)가 체신(體神), 아(我)를 충(沖)해 오는 동적(動的) 상황이 연출되어야만 충기(沖起)가 된다.

'임철초'는 피아(彼我)를 팔자(八字)의 희기(喜忌)로 구분하여 희신(喜神) 지지(地支)는 아(我), 기신(忌神) 지지(地支)는 피(彼)로 구분하여 설명한다. 아(我) 희신(喜神)이 피(彼) 기신(忌神)을 충(沖)하여 버리면 좋은 의미의 충기(沖起)가 되고, 피(彼) 기신(忌神)이 아(我) 희신(喜神)을 충(沖)하면 나쁜 의미의 불기(不起)가 된다는 것이다. 참으로 눈물겨운 해설이다. '천미(闡微)'를 찬집(撰集)한 '원수산(爰樹珊)'이나 이를 추종(追從)하는 후학(後學)들의 억지 이해가 안타깝다. 희기신(喜忌神)을 지지(地支)로 설정하는 것도 마뜩지 않은 점이지만, 水火의 충(沖)에서 子가 午를 일방적으로 충(沖)한다고 사유한 대목도 형충회합(刑沖會合) 전반을 전혀 이해하지 못한 결과로 나타난 현상이다. 근세(近世)에 '서락오'는 일보 진전된 견해를 피력했지만, 그 역시 형충회합(刑沖會合)을 난해하여 알 수 없다고 탄식하고 말았다.

충기(沖起)란 충(沖)으로 인해 분기(奮起)한다는 것이니, 일단은 움직여 얻고 성취하거나, 혹은 움직여 손실을 입고 패하는 두 가지 상황을 야기한다. 충(沖)으로 인해 개고(開庫)되는 장간(藏干)의 글자가 간합(干合)으로 유실되면 해당 지지(地支)의 기물(器物)이 파괴되므로 피해가 막심하다. 그러나 간합(干合)하는 상황이 나타나지 않는 한, 발전을 시사하고 비범한 성취를 예고한다. 또 신상의 변화가 일부는 유실되어 잃지만, 나머지는 구하는 득실(得失)의 교차 국면도 상정할 수 있다. 충(沖)으로 개고(開庫)된 장간(藏干)의 글자가 기신(忌神) 천간(天干)을 합거(合去)하면 성(成), 희신(喜神) 천간(天干)을 합거(合去)하면 패(敗)의 현상으로 나타나기 쉬우므로 충기(沖起)는 팔자(八字)의 성패(成敗)를 좌우하는 요소가 되는 것이다.

旺者沖衰衰者拔, 衰者沖旺旺神發.

왕성한 글자가 쇠약한 글자를 충(沖)하면 쇠약한 글자를 뽑고, 쇠약한 글자가 왕신(旺神)을 충(沖)하면 왕신(旺神)이 발현(發顯)한다. 원시(原詩)의 쇠자(衰者)가 일부의 해설서에는 쇠신(衰神)으로 衰者沖旺旺神發대신 衰神沖旺旺神發로 표기된 경우가 많은데 이는 잘못된 것이다. 신(神)이란 보통 천간(天干)을 뜻하는 것으로 지지(地支)에서는 회국(會局)의 경우를 제외하고는 적당한 표현이 될 수 없다. 즉 왕신(旺神)은 가능해도 쇠신(衰神)은 존재할 수 없다는 얘기다. '임철초'는 득령(得令)과 실시(失時)로 왕쇠(旺衰)를 구분하여 이 구절을 설명하고 있는데, 지지론(地支論)에서 득령(得令), 실시(失時)를 논한다는 것은 말이 안 된다. 왕쇠(旺衰)는 지지(地支)의 글자 세력으로 경중(輕重)을 대비한 것에 지나지 않는다. 원시(原詩)는 왕자충쇠자(旺者沖衰者)와 쇠자충왕신(衰者沖旺神)으로 구분하여 발(拔)과 발(發)의 현상을 논하고 있다. 즉 쇠자충왕자(衰者沖旺者)를 거론하고 있지 않다는 점을 유념하기 바란다. 旺者沖衰衰者拔은 형(刑)과 해(害)도 마찬가지다. 두 글자가 하나의 글자를 형(刑)하거나 해(害)하면 쇠자(衰者)의 기물(器物)은 파괴되어 해당 육신(六神)의 유실(流失)과 해당 육친궁(六親宮)의 불리한 상황을 예견할 수 있다.

❐ 왕쇠(旺衰)의 충(沖)

구분	유형	현상
旺者沖衰者	두개의 글자가 하나의 글자를 沖하는 것	하나의 글자는 跋되어 器物이 사라지므로 失
	八字의 寅申 沖이 申運을 만나면 寅이 跋	
衰者沖旺神	하나의 글자가 合局을 沖하는 것	衰者는 拔되어 器物이 사라지고, 旺神은 發
	八字의 寅午戌 火局을 申으로 沖하면 火神이 發	
衰者沖旺者	하나의 글자가 두개의 글자를 沖하는 것	하나의 寅申 沖 현상으로 간주함
	八字의 寅寅을 申이 沖하는 것으로 拔, 發과는 무관	

✍ **Note**

'팔자술 파이널블로' 형충회합(刑沖會合) '스킬' 요약

❐ 형(刑) skill

'파이널블로'는 '형충회합(刑沖會合)'의 결과적 상황보다는 득실(得失)과 성패(成敗)의 추이(推移)(transition)를 살피는 스킬

(skill)에 주력한다. 추이(推移)는 '데쓰블로'가 다룬 선후(先後)와 유사한 개념이기도 하지만, 득실(得失)의 계량 면에서 현저한 차이가 있으므로 같다고 볼 수 없다. 또한 사태의 추이를 살피면 재료에 대한 보다 심도 깊은 이해를 수반하게 되므로 학습에 도움이 된다.

寅巳刑	寅木과 巳火 둘을 얻는다.
巳申刑	巳火와 申金 둘을 얻는다.
丑戌刑	丑土와 戌土 둘을 잃는다. 丑中 癸와 戌中 戊의 合去로 土의 器物이 파괴된다.
戌未刑	戌土와 未土 둘을 얻는다.
子卯刑	卯木을 얻는다. 이것은 卯의 글자만 開庫됨을 뜻한다.
辰辰刑	癸水와 土를 얻는다.
酉酉刑	命中의 木을 缺하고, 歲月에서 金과 木을 얻는다.
午午刑	命中의 金을 鎔하고, 歲月에서 火와 水를 얻는다.
亥亥刑	命中의 木을 浮하고, 歲月에서 水와 火를 얻는다.

刑은 해당 지지(地支)의 글자를 요동(搖動)시켜 장간(藏干)을 개고(開庫)시키므로 여러 가지 변화를 수반하게 된다. 이때 각 글자 조합의 특징이 있으므로 간명(看命)에 임할 때는 특히 주의해야 한다. 가령 丑戌刑은 두 글자의 기물(器物) 모두가 파손되므로 불리하다는 것이다. 그러나 단순히 이 같은 점만 염두에 두고 속단하면 곤란하다. 세사(世事)는 그렇게 단순 소박하게 전개되지만은 않기 때문이다.

√ 형(刑)의 득실 추이(得失 推移)

□ 壬 乙 丁
戌 □ 巳 □ ← 丑運

위와 같은 命의 유형에서 丑戌刑이 발생했다고 치자. 우선은 丑土, 官이 유입되므로 새로운 일거리나 직장과 인연을 맺게 된다. 다음으로 丑戌刑이 이루어지면 刑으로 개고(開庫)된 장간(藏干)들의 상(象)은 팔자(八字)의 타지(他支) 물(物)과 결합될 때 실감나는 득(得)의 상황으로 경험된다는 점을 떠올려야 한다. 따라서 戌의 장간(藏干) 丁火가 月支 巳火와 물상(物象)의 결합을 이루는 상황을 주시한다. 즉 재(財)의 유입이 선행된다는 뜻이다. 한 마디로 '돈벌이'가 될 일이 생겼음을 의미한다. 후차적인 상황은 戌中 戊와 丑中 癸가 干合을 이루는 상황이다. 이렇게 되면 丑과 戌의 기물(器物)은 모두 파괴된다. 당해에 구한 일자리는 그만두는 결과로 귀착된다. 좀 더 깊이 들어가 보자.

1. 형(刑)으로 인한 丑戌의 기물(器物) 파괴

丑으로 인해 팔자(八字)의 戌도 파괴된 상황, 이것은 새로운 것을 취하기 위해 기존의 것을 버린 것을 의미한다. 종래에 하던 일도 그만두고 새 일을 택했지만, 결국 당해에 그 일을 그만두었으므로 官土의 기물(器物) 두 가지가 다 파괴된 결과다.

2. 형(刑)으로 인한 丁巳의 물상(物象) 결합

丁巳의 물상(物象) 결합은 꽤 힘이 있는 것이나. 이것은 마치 세월(歲月)에서 丁運을 본 것과 흡사한 결과에 이른다. 다만 丁運은 외부에서, 戌中 丁은 내부에서 근거한 것이므로 결국 남의 주머니가 아닌 자신의 주머니에서 나온 재화(財貨)를 의미한다. 따라서 당해에 유용하는 재화(財貨)는 외부에서 구한 것이 아니므로 득재(得財)의 상황으로 묘사하기엔 다소 부당한 점이 있다. 세월(歲月)의 丑에서가 아니라 팔자(八字)의 戌에서 개고(開庫)된 점을 유념해야 한다. 본인이나 가족, 친지 등의 공동체에서 나온 자금이다. 만일 명주(命

主)가 연세가 든 분이라면 戊土 자식이 도운 것이고, 그렇지 않으면 직장과 관련되어 대출금이나, 퇴직금 등이 이에 해당된다. 문제는 이렇게 수중에 취한 재(財)가 당해 말에는 거의 모두 소진된다는 점이다. 이것은 재(財)의 근거인 戊土 기물(器物)이 파괴되기 때문이다. 그러므로 축재(蓄財)나 저축(貯蓄)을 기대할만한 시점은 아니다. 만일 당해에 태기(胎氣)가 있게 되면 물상(物)象의 대체(代替)로 재물의 유입은 기대하기 어렵다 할 수 있다.

3. 戊癸의 合

丑이 戊을 刑하여 開庫된 藏干의 合은 이미 暗合이 아니다. 이 대목을 현상에서 실감나게 묘사할 수 있다면 프로페셔널로 손색이 없다. 戊와 癸가 合하기 직전까지는 모든 器物이 온전하다. 즉 잠시나마 物象의 결합이 化現 현상으로 나타난다. 丁火와 戊土 모두 物象의 결합을 이루어 財官이 發하는 것이다. 다음으로 戊는 八字의 戊에서 비롯되었지만 癸는 歲月의 丑에서 비롯된 것으로 戊癸合의 동기 因子는 癸라 할 수 있다. 즉 癸水로 인해 戊는 기반(羈絆)되는 상황이 펼쳐진다. 戊土 官이 부진해진 것은 일차적으로는 새로운 일의 출현, 丑의 刑에 기인하지만 命主가 느끼기에는 癸水 경쟁자의 출현이 戊土 官을 앗아간 것처럼 여기게 된다. 또한 이 와중에는 合化 財火가 巳火 月令을 보았으므로 증폭된 財氣가 수반된다. 따라서 당해에 외부로부터 수입이 전혀 없는 게 아니다. 왜냐하면 戊癸合火는 생성된 財이기 때문이다. 종합하자면 이 해에 官과 관련된 움직임은 土의 器物이 파괴되어 결과적으로 불발에 그쳤지만, 丁巳 物象의 결합으로 재물은 융통되었고 비록 많이 써서 없앴지만, 戊癸合火가 계절의 氣를 득한 것에 힘입어 새로운 수입이 창출된 셈이다. 그러나 경력 면에서는 하등 성과를 내지 못한 것이다.

□ 壬 乙 壬
戌 □ 巳 □ ← 丑運

丁年과 달리 壬年이라면 상황은 전혀 다르게 전개된다. 戌中 丁火가 巳火 器物과 物象의 결합을 이루자마자 곧 年干 壬水와 合去되어 기반(羈絆)되므로 당해의 財貨는 유실된다. 특히 丁은 巳의 物을 보고 유실되었으므로 손실의 규모가 적지 않다. 刑沖으로 인한 藏干의 他干과의 合去는 매우 신속하게 전개된다. 이때는 새로운 일을 벌이려다가 크게 손실만 보는 불리한 형국을 시사한다.

□ 壬 戊 壬
戌 □ 申 □ ← 丑運

乙巳月이 아닌 戊申月生이면 어떨까. 丑戌刑으로 開庫된 丑中 癸는 月干 戊土와 合去되어 유실된다. 이때 이미 八字에서 物象이 결합된 戊土의 측면에서 보면 결코 유리한 상황이 아니다. 경력 면에서 손상을 입는 형국이다. 그러나 이때는 외부로부터 유입된 丑의 器物은 피괴 되는 반면, 戊土의 기물은 손상당하지 않는다. 巳月과 달리 申月에는 어떠한 財貨의 보상도 기대하기 어려우므로 불리한 한 해 상황이라 할 수 있다. 다만 戊土는 온전히 보존되어 일에서 완전히 손을 놓은 일은 없다. 즉 退職이나 落職하는 일은 발생하기 어렵다는 것이다. 다만 새로운 일에 손대거나, 새로운 임무가 주어지면 그것이 經歷에 흠집을 내기 쉬운 요인이 되므로 昇進을 기대하면 무산되는 결과를 본다는 것이다.

□ 壬 乙 丁
戌 □ 巳 □ ← 未運

戌未刑은 한 마디로 사업의 확장이나 일거리가 보다 풍요해진 상황을 시사한다. 土의 器物이 모두 온전하고 活氣를 띠어 발전이 가속화된다. 특히 開庫된 丁火의 物象 결합은 큰 이익을 의미한다. 따라서 재정 면이나 경력 면에서 모두 유리한 결과로 나타나기 쉽다. 沖이 발전의 동기가 되기도 하는 것은 해당 器物이 손상당하지 않는 상태에서 開庫된 藏干이 地支 物과 결합되는 경우를 말한다. 그렇다면 丑戌刑과 달리 戌未刑은 발전의 동기가 되는 바람직한 상황이고, 刑을 가해도 좋기만 한 것일까. 일단은 '그렇다'고 볼 수 있다. 다만, 刑의 작용력은 得失 면으로만 국한시킬 수 없는 특성이 있으므로 이 또한 고려해서 참작해야만 마땅할 것이다. 그러므로 刑이 시사하는 발전은 각종 口舌이나 신체적 고통을 수반하는 시끄러운 양상으로 전개되는 것이다.

★ '파이널블로' check-up

① 刑으로 인한 得의 대상은 크게 두 가지로 나눌 수 있다. 첫째는 器物이 손상당하지 않은[得] 해당 글자이고, 둘째는 藏干이 開庫되어 地支의 物과 결합되는 것[fade-in]이다.

② 刑으로 인한 失은 藏干이 開庫되어 他干과 干合[fade-out]할 때 발생한다. 이때는 干合되는 글자의 物象 결합 여부에 먼저 주목하고, 다음으로 해당 器物의 파괴[失]에 주목한다.

③ [得失推移] 開庫된 藏干이 地支 物과 결합[fade-in]되면 해당 物象을 得하게 된다. 이때 干合을 이루거나[fade-out], 藏干이 속했던 地支의 器物이 손상[失]당하면 得이 失로 移轉되는 상황이 연출된다.

④ [先後] 干合은 노출된 天干끼리의 合, 노출된 天干과 開庫된 天干의 合, 開庫된 天干끼리의 合 그리고 日干과의 合 順으로 이루어진다. 日干이 'hooking' 하는 현상으로 인해 해당 藏干이 속한 器物이 파괴되는 경우는 없다.

⑤ 刑이 지닌 刑罰의 의미는 해당 器物의 손상 여부와 관련이 깊다. 器物이 파괴되지 않으면 口舌에 그치지만, 그것이 파괴되면 身上에 크게 해로운 영향을 미치게 된다.

先學들은 刑이 인간사에 미치는 利害 여부를 모두 살폈지만 그것을 구분하는 확고한 근거를 제시하지 못했고, 혹은 현상의 원인을 다른 데서 구했다. '命理大典'에 刑을 逢하면 官職이 불리하거나 집안의 下人이 사망한다고 했다. 또 凡人은 구설이 침범하며 六親의 덕이 없고, 부인은 落胎하며 僧徒는 還俗한다고 했다. 평이한 내용에 불과하지만, 계층의 고하를 막론하고 다 같이 불리하다는 관점의 특성이 있다. '鬼谷遺文'에는 君子와 居士에게 刑은 높은 벼슬에 오르는 動機가 되지만 小人은 災殃을 당하고, 官衙에 붙들려 매질을 당한다고 했으니 계층에 따라 다른 현상을 논했다. 이것은 格局의 成敗, 高低와 刑을 연계시키는 관점인데 연구가 깊지 못했다. 世事를 살피면 高官大爵도 最忌運에 逢하면 피해갈 수 없는 치명적 刑罰을 당하게 된다.

'郭樸玉照'에는 특히 子卯 刑을 桃花의 相刑이라 해서 門戶에 禮德을 찾아볼 수 없을 정도라 했다. 八字의 日時에 子卯를 보면 妻가 德을 갖추지 못하여 醜한 소리가 밖에까지 들린다는 것이다. 또 寅이 巳를, 巳가 申을 刑하면 육친을 損한다고 했다. '郭樸玉照'의 說은 刑의 十數에 무게를 둔 관점으로 寅이 巳, 巳가 申, 丑이 戌, 戌이 未를 刑하는 식으로 主客을 설정하여 설명하는 게 이채롭다. '三車一覽'의 논리는 별스럽다. 寅申巳亥는 寅巳申만 있으면 相刑하지만 亥가 있으면 刑이 될 수 없고, 辰戌丑未는 戌丑未만 있으면 相刑하지만 辰이 있으면 刑이 될 수 없다고 했다. 또 두 개의 글자가 하나의 글자를 刑할 수 없다는 설이 더러 눈에 띈다. 아무튼 이와 같이 원론적인 설명에만 그친다면 八字術 實技와는 무관한 영역에 불과하다. 진정한 風水 공부는 冊이 아니라 '발'로 한다고 했는데, 命理는 思惟로 하는 것이다. 相學이 지식과 현장 답사로 체감하는 것이라면 命

學은 지식과 사유로 世事를 깨쳐야 하는 것이다.

한편 再刑의 경우가 있다. 이때는 재차 刑을 당하는 글자를 沖과 같이 해석하면 거의 틀림이 없다. 즉 再刑되는 글자는 極性이 지나친 나머지 일종의 氣散 현상으로 역전되므로 'tangible'이 'intangible'의 상태로 변하는 것이다. 따라서 刑으로 인한 得을 논하지 않고, 失로 보게 된다. 즉 氣勢가 너무 지나쳐 化現과 달리 消滅됨을 뜻한다.

丙 辛 乙 丁
申 未 巳 巳

존 F. 케네디(John F. Kennedy)

'로이터'와 'BBC'가 공통으로 꼽은 가장 고전적인 미스터리는 '존 F 케네디' 미국 대통령 암살 사건. 1963년 壬寅年 11월22일 '텍사스' 주 '댈러스'에서 '리 하비 오스왈드'의 총격을 받고 사망했다. 運支 寅은 재차 刑을 당하여 財의 器物이 파괴된 상황이다.

√ 刑沖의 差異

마지막으로 刑에 대한 또 하나 간과할 수 없는 상황을 논하겠다. 八字의 모든 글자는 먼저 干대 干, 支대 支로 반응하고 작동된다. 이와 달리 干支 상호간의 작용을 도외시할 수 없다. 이것은 이전의 개두(蓋頭), 절각(截脚)과 같은 오행의 생극제화 작용과 달리, 氣論的 차원에서 地支의 작용이 天干에 힘을 미치는 현상을 말한다. 기실 刑이 沖과 가장 차별화되는 점은 바로 이 대목이라 할 수 있다. 地支의 刑은 해당 지지에 坐한 天干에도 힘을 미친다는 사실이다. 따라서 해당 천간이 살상겁(殺傷劫)의 흉신일 경우에는 흉신의 위력이 더욱 극렬해진다.

보통 三刑의 運에 봉착하면 발전의 분기가 된다고 했다. 이때에는 개고되어 他干과 合去되거나 地支의 器物 자체만 손상당하지 않으면 크게 염려할 바가 없다. 비록 三刑의 세 글자 모두를 이루는 시점에 봉착해도, 器物이 손상되는 바가 없다면 화난(禍難)보다 오히려 크게 발전하는 상황을 예견할 수 있다. 그러나 再刑이되면 아무래도 器物 하나의 손상을 피하기 어려우므로 먼저 獲得했다가 流失하는 바를 겪게 된다. 이때 再刑을 당하는 글자가 日干의 유일한 根氣로 작용하는 경우라면 身厄에 미치기도 한다.

그런데 刑을 당하는 글자, 器物이 훼손되지 않는 경우에도 심대한 손실이나 피하기 어려운 口舌, 刑厄 등의 悲運을 실감하는 때가 있다. 이때는 예외 없이 刑地에 坐한 글자가 四凶神에 해당하기 때문이다. 특히 七殺과 傷官의 글자는 干支를 막론하고, 그 위력이 증대되므로 해당 현상의 위해를 경험하게 된다. 특히 天干에 포진했을 경우, 再刑이나 온전한 三刑이 성립되면 해당 글자의 凶力을 여실히 경험하게 될 공산이 크다.

한편 會支의 경우 刑沖의 작용력이 다르다. 合局에 沖이 성립되었다는 것은 合化 五行이 분멸되었음을 뜻하기도 한다. 가령 壬日干에 寅午 半合을 이룬 팔자가 세월에서 申運에 이른다면 寅과 午는 건전해질지라도 動物 火氣는 유실되는 것이다. 따라서 財의 유실을 실감하게 된다.

□ 壬 □ □
□ 午 寅 □ ← 申運

그러나 刑이 合化의 動氣를 훼손하는 경우는 없다. 沖과 달리 得의 국면이 설정된다.

□ 壬 □ □
□ 午 寅 □ ← 巳運

❒ 충(沖) skill

'만육오'가 말하기를 地支의 일곱 번째 자리를 沖이라 하니 이는 天干의 일곱 번째 자리를 殺이라 하는 것과 같다고 했다. 六數는 合이 되지만 七은 剋이 된다. 즉 沖은 五行이 相剋하는 이치로 상호 擊射하여 地支를 搖動하게 만들지만, 刑과 달리 해당 글자의 器物을 실체화시켜 得한다는 의미는 없다. 따라서 여타의 動的 요인이 化現의 발전적 현상을 시사하는 바와 달리 부정적 의미를 강하게 내포한다.

그러나 沖으로 開庫된 글자가 地支 靜物과 物象의 결합을 이루면 그것을 능히 取하므로 발전적 요소가 전혀 없는 게 아니다. 따라서 일단은 沖된 글자의 地支 器物의 파괴 여부를 살피는 데 주력한다. 만일 沖으로 開庫된 글자의 他干 合去로 해당 地支의 器物이 파괴되면 손실이 器物 한 글자에 그치지 않는다. 파괴된 器物에서 이미 開庫되어 物象 결합을 이룬 글자의 六神은 모두 無用해지기 때문이다.

刑의 得	ⓐ 刑된 器物 ⓑ 刑으로 開庫된 글자의 物象 결합
沖의 得	ⓐ 沖으로 開庫된 글자의 物象 결합, 단 이때는 沖되는 양 글자 모두 器物이 파괴되지 않아야 함
刑의 失	ⓐ 刑으로 開庫된 글자의 他干 合去전 物象 결합 ⓑ 刑으로 開庫된 글자의 他干 合去로 손상된 器物
沖의 失	ⓐ 沖으로 開庫된 글자의 他干 合去전 物象 결합 ⓑ 沖으로 開庫된 글자의 他干 合去로 손상된 器物 ⓒ 손상된 器物에서 開庫된 글자로 他干과 合去되지 않은 物象 결합 ⓓ 손상되지 않은 器物에서 開庫된 글자의 物象 결합

沖의 得失 국면은 매우 복잡하게 나타날 때가 많으므로 보다 신중히 살펴야 한다. '아마추어'와 '프로'의 차이는 沖의 현상을 계량하는 측면에서 살피면 금세 분간이 가능하다. 일단 器物이 손상되면 해당 器物은 물론 해당 地支에서 開庫된 藏干들이 결합되었던 物象 모두가 무용해지는 바를 간과해선 안 된다. 혹은 化現의 기회조차 닿지 않는다. 따라서 沖으로 開庫되는 글자들이 物象의 결합을 이루는 바를 두려워하는 이유는 여기에 있다. 반면 器物만 파괴되지 않으면 物象의 결합은 得을 의미하므로 발전의 동기가 된다. 따라서 沖이 발생하면 器物이 파괴 유무에 주목해야 한다.

보통 刑은 得失의 推移로 설명되지만, 沖은 成敗의 推移로 설명되기도 한다. 得失과 成敗는 비슷한 의미를 지니지만, 한 해를 결산하는 시점에서 체감되는 바를 輕重으로 따져 결론지우면 成敗의 의미가 더 중하게 다가온다. 따라서 같은 失이라 해도 刑으로 인한 失과 沖으로 인한 失의 성격은 차이가 난다. 이미 전항에서 서술한 대로 沖으로 인한 失의 상황은 손상된 器物과 他干과 合去된 글자에만 그치지 않기 때문이다. 그러나 沖된 경우에는 他干과 合去되지 않는 藏干의 글자라도 해당 器物이 파괴되는 순간 모두 유실됨을 실감하게 된다. 이렇게 得失을 輕重을 가려 計測할 때는 物象의 결합 여부에 중점을 둔다.

戊 癸 己 庚
午 酉 丑 午

전누환

대통령 직에서 퇴임한 후 광주민주화운동과 5공비리 문제로 책임추궁을 당하다가 '백담사'에서 은둔 생활을 하였다. 1996년 丙子年에 12·12 및 5·18사건, 비자금사건과 관련하여 사법 처리되었다. 子

午沖으로 開庫된 子中 癸水가 合去하는 戊土가 月支 丑과 이룬 物象의 결합에 초점을 맞추어야 한다.

√ 沖의 成敗 推移

癸 丁 □ □
未 酉 辰 亥 ← 巳運

巳亥沖은 '직위를 잃고 진로가 봉쇄되는 형국'을 시사한다. 이것은 巳中 戊土가 八字의 他干 癸水와 合去, 羈絆되어 敗의 근거가 된다. 이때 巳中 戊土는 月時支의 辰未土를 보았으므로 실감하는 바가 큰 것이다. 'ⓐ 沖으로 開庫된 글자의 他干 合去전 物象 결합' 상황이다. 다음으로는 'ⓑ 沖으로 開庫된 글자의 他干 合去로 손상된 器物'을 주목한다. 보통 運支는 동기 因子로 해석하게 되는데, 이는 '새로운 인물의 출현'이 직장을 잃게 하는 원인으로 보는 식이다. 그리고 巳火 器物은 파괴되므로 이것은 '조력자의 상실'을 뜻한다. 마지막은 巳中의 庚金의 유실을 논하게 된다. 庚金은 日支 酉金을 보았으므로 '재정적인 손실'까지 더해지므로 失이 겹치게 된다. 이 사항은 'ⓒ 손상된 器物에서 開庫된 글자로 他干과 合去되지 않은 物象 결합'에 해당한다.

1. 流失의 差異

八字의 官 癸水는 年月支에 通根하여 有力하므로 命主가 官祿과 인연이 깊은 것을 의미한다. 여간해서는 직책이나 직장 자체를 잃는 일이 없다. 보통 癸水가 合去되면 昇進이나 희망하는 보직을 취하지 못하는 경우로 나타나는 정도다. 새로운 기회가 상쇄되거나, 혹은 보직을 잃거나 심하면 해임되는 사태 정도까지를 예상할 수 있다.

만일 亥水의 器物까지 파괴되는 국면에 이른다면 官祿이 무산되는 결과를 보게 된다. 가령 己亥生이라면 亥中 甲은 己와 合去되므로 亥의 器物이 파괴된다. 이때는 여지없이 癸水 官이 붕괴된다.

癸 丁 □ 己
未 酉 辰 亥 ← 巳運

2. 得失의 計量

沖으로 인해 藏干이 開庫되어 他干과 合을 이루면 일단은 심대한 손실이나 敗的 상황을 연출하기 쉬우나, 得의 상황이 전혀 없는 경우는 드물다. 이미 器物이 손상된 巳火는 도리가 없지만 亥水의 藏干은 得과 관련된다. 이때 亥中 壬水는 日干이 'hooking'하므로 得의 재료가 된다. 그러나 得失의 계량적 측면에서 고찰한다면 癸水의 상실이 현저하다. 따라서 失에 무게를 두게 된다. 得失을 측정해서 成敗를 정의하는 것이 일반적이다. 만일 辰月生이 아닌 卯月生이라면 官的 측면에서는 불리하지만 명예나 이름은 세울 수 있게 된다. 亥中 甲木이 卯木과 物象의 결합을 이루고, 亥水 器物은 온전하기 때문이다. 이때의 成敗는 格局의 用神과 연계해서 판단할 일이다. 가령 印綬를 用하는 命이라면 官보다 印에 의미를 둘 수 있기 때문이다.

癸 丁 □ □
未 酉 卯 亥 ← 巳運

3. 開庫의 先後

巳와 亥가 沖하면 두 글자 공히 藏干이 開庫되는데 왜 巳中 戊土가 八字의 癸水와 결합하고, 亥中 戊土는 해당되지 않는가에 의문을 품을 수 있다. 이 점은 이미 動物과 靜物의 차이에서 거론한 바 있다. 運支가 먼저 開庫되는 것은 動的 요소가 더 강하여 더욱 活氣를 띠기 때문이다. 이것이 바로 '開庫의 先後'다. 따라서 八字의 亥를 巳가 沖하는 것과 八字의 巳를 亥로 沖하는 것은 전혀 다른 결과로 나타난다. 전자의 경우 癸水 官의 物 亥는 보존되어 완전하게 직장을 잃는 경우로 나타나지는 않지만, 후자의 경우에는 癸와 亥 공히 상실되므로 退職이나 落職의 현상으로 귀결되기 쉽다.

癸 丁 □ □
未 酉 辰 巳 ← 亥運

沖으로 인한 開庫 현상에는 先後가 있다고 했는데, 또 하나의 법칙이 있다. '一干一支'의 원칙이다. 가령 天干에 辛癸가 노출되어 있고, 亥를 巳로 沖하면 巳中 丙火는 辛金을, 亥中 戊土는 癸를 合하여 亥와 巳는 모두 器物이 파괴되므로 손실이 심대해진다. 이때 巳中 丙火와 戊土가 각각 辛과 癸를 合去하여 亥의 器物을 온전하게 남기는 일은 없다는 것이다. 이와 달리 辛乙이 노출되어 있다면 亥의 藏干은 合되는 상황이 발생하지 않으므로 巳中 丙火와 庚金이 辛과 乙을 合去하여 巳의 器物만 파괴된다.

★ '파이널블로' check-up

① 沖은 器物이 파괴되지 않으면 失보다 得이 많은 발전의 동기로 작용한다.

② 沖의 連鎖 作用 : 沖은 하나의 器物이 파괴되면 남은 器物도 손상 된다. 따라서 開庫된 藏干과 他干과 合去 여부를 살펴, 어느 한 글자라도 合去되면 수차에 걸쳐 손실 상황이 연동되므로 불리한 입장에 처한다.

③ 開庫의 先後 法則 : 動物의 藏干이 먼저 開庫된다.

④ 一干一支의 法則 : 地支 한 글자의 藏干이 他干 두 글자를 동시에 合去하는 경우는 드물다.

沖의 작용이 개입되는 寅申巳 三刑이 있다. 寅과 申에는 陽干이 배속되지만, 巳에는 陰干이 배치되어 陰干이 이미 明合이 된 특별한 경우가 아닌 한, 開庫된 藏干이 他干을 合去되는 상황이 발생한다. 따라서 해당 지지의 器物은 훼손되기 마련이다. 그러나 器物이 손상되지 않는 글자는 모두 발전적인 요인으로 작용한다. 즉 得失의 交叉 국면이 나타나는데, 만일 寅申巳 세 글자의 器物이 온전한 경우라면 눈부신 발전을 보게 된다. 寅申巳 세 글자 중 두 글자의 器物만 온전해도 신속하게 발전한다. 다소의 곡절이나 시끄러운 상황이 나타나더라도 결과적으로는 得의 국면을 상정할 수 있다. 반면 두 글자 이상의 器物이 손상되면 그 凶兆가 여지없이 나타난다. 危急한 상황이 도래하고 刑厄을 겪기 쉽다. 상황의 정도는 해당 地支에 坐한 天干 글자의 吉凶神 여부에 달려 있기도 하다. 따라서 寅申沖에만 국한하면 藏干의 글자가 모두 陽干으로 이루어져 있으므로, 他干이 모두 陽으로 구성되면 오히려 크게 발전하는 사례가 많다.

寅申巳 三刑과 달리 丑戌未 三刑은 器物이 손상당하기 더 쉬운 조합이다. 이때는 藏干이 他干이 合去되는 경우에 오히려 器物은 파괴되지 않을 수 있다. 그러나 어느 경우든 失의 측면이 강하므로 身上에 禍厄과 손실이 따르는 것을 피해가기 어렵다. 또 庫支의 刑沖은 六親의 상황과 관련이 깊으므로 白虎 등의 작용도 유념해야 한다. 까닭에 실상에서 丑戌未 三刑은 거의 예외 없이 신상에 타격을 입는 상황으로 나타난다. 반면 寅申巳 三刑은 학위를 취득하거나, 병원의 손님이 많거나, 관도가 빛나는 상황으로 귀결되는 경우가 많다.

★ 이때 포인트는 器物이 손상당하는 地支의 글자나, 合去되는 天干의 글자가 四凶神에 해당되는지 여부를 살피는 데 있다. 만일 四凶神의 天干이 건재하다면 일종의 禍難을 피하기 어렵게 된다.

生支의 沖과 庫支의 沖은 대략 이런 차이를 보인다. 특별하다면 辰戌沖이다. 辰中에는 戊癸가 暗合을 이루어 沖으로 인한 충격에도 辰의 藏干은 보호되는 의미가 있다. 따라서 辰戌沖으로 土氣나 水氣를 잃는 법은 없다. 한편 子午沖과 卯酉沖은 他干과 合을 이루면 하나의 器物이 손상당하는 것으로 그치나, 그러한 경우가 아니면 그 자체로 두 글자의 器物은 파괴되는 불리한 조합 특성을 지닌다. 따라서 旺支의 沖은 骨肉相爭에 비유되기도 했다.

寅申沖	木과 金이 충격되어 動하지만 藏干이 他干과 合去되지 않으면 발전한다.
丑未沖	白虎와 入墓, 鬼門과 연동되므로 주의해서 살펴야 한다.
子午沖	子水와 午火 둘을 잃는다. 子中 壬과 午中 丁의 合去로 器物이 파괴된다.
卯酉沖	卯木과 酉金 둘을 잃는다. 卯中 乙과 酉中 庚의 合去로 器物이 파괴된다.
辰戌沖	土를 얻는다. 辰中 戊癸合은 풀리며, 辰中 癸가 戌中 戊와 合去되지 않는다.
巳亥沖	天干 陰干으로 배합되므로 器物이 손상될 확률이 높다.

√ 再刑과 再沖

再刑과 마찬가지로 두 글자에 협공되는 沖의 글자 또한 器物은 파괴된다. 까닭에 해당 기물의 六神의 손상당하는 결과로 나타난다. 이것은 결과적으로 刑沖의 공통점으로 볼 수 있다. 보통 大運의 地支와 八字에 刑沖이 성립되면, 歲月의 地支가 재차 刑沖을 가하는 경우가 많다. 이를테면,

□ 壬 □ □
□ □ □ 巳 ← 申大運 ← 申年

과 같은 상황이다. 이때 再刑 당하는 八字의 巳火 財의 六親이 손상당하거나, 財物이 流失되는 결과를 보게 된다. 沖도 같은 원리로 추론한다.

□ 壬 □ 乙
□ □ □ 巳 ← 申大運 ← 申年

이와 같은 경우에는 歲月의 申金 藏干이 年干 乙과 干合되어 八字의 地支 巳와 歲의 申 두 글자의 器物이 손상당하게 된다. 그런데 八字에 이미 刑沖이 존재하므로, 재차 刑沖이 이루어지지 않는 수가 있다. 가령,

□ 壬 □ □
□ □ 申 巳 ← 申大運 ← 巳年

과 같은 경우다. 이때는 運과 歲의 巳申刑 작용에만 주목하면 그만이다. 이것은 각 글자에 편중되지 않은 균형적인 힘의 작용이 발생했기 때문이다.

√ 日時의 刑沖이 月日의 刑沖을 해소한다

"日時의 刑沖이 月日의 刑沖을 해소한다."는 논리가 있다. 刑은 보통 相生과 同氣의 왕성한 작용력에 의해 성립되므로, 相剋의 작용인 沖과 교차되면 평형을 이룬다는 발상에서 비롯된 것이다. 그러므로 沖을 刑이 해소하거나, 刑을 沖이 해소하는 것으로 이해하면 된다. 다만 이것은 보통 八字 원국에서 格局의 成敗를 분간하는 잣대로 활

용되는 것이지, 行運法 전반에서 器物을 건전하게 만드는 작용으로 오인해서는 곤란하다.

❐ 회(會) skill

會局을 이루면 地支 靜物이 動物로 변한다. 이것은 곧 발전적인 국면을 시사한다. 특히 좋은 것으로 半合을 들 수 있다. 이것은 合된 글자의 固有性이 완전히 상실되지 않으므로, 物象의 조합에 기여하는 동시에 지나칠 염려가 없다. 三合局을 이루면 새로운 것을 생성하지만 合된 글자의 六神은 사라진다. 따라서 格局에서는 人元用事의 神이 四凶神이면 그것이 會合으로 四吉神으로 변하면 用神이 변화되어 좋아진 것이고, 반대로 四吉神이 四凶神으로 변하면 나쁘게 변한 것으로 보았다.

三合과 달리 方合은 각 글자의 고유 성분을 잃지 않는 차이가 있다. 까닭에 方合은 沖으로 合力이 소실된다. 方合은 물론 半合의 개념이 존재하지 않는다. 가령 八字에 이미 三合 金局이 형성되어 있다면, 도충기(倒沖氣, 'invisible & tangible')가 형성되는데, 이는 마치 干支 物象 공히 존재하는 글자의 위력과 진배없는 것이다. 만일 倒沖의 虛神이 八字의 財官에 해당하고, 命中에 財官이 없으면 虛字로 곧 格을 취할 정도다. 이와 달리 命中에 財官이 있다면 格을 이룰 수는 없지만, 그렇다고 해서 虛神의 실체가 사라진 것은 아니다.

√會 구분

①木會支	寅寅	寅木과 申金 두 가지의 氣勢를 보유한다.
②木半合	亥卯	木의 氣勢를 노출한다. 亥水를 보유하고 虛字 未土를 수반한다.
③木三合	亥卯未	木과 金의 두 가지의 氣勢를 노출한다.
④木方合	寅卯辰	木과 金의 두 가지 氣勢를 노출한다. 辰土를 보유한다.

이상의 네 가지 유형 별로 歲月의 干支에 따라 得失의 경향이 각각 달리 나타날 소지가 많다. 가령 甲運을 보면 다 마찬가지로 木의 六神을 得하겠지만, 金神이 도래하면 '②'의 경우 物象의 결합을 이루지 못한다. 또 戊己土의 六神을 得할 수 있는 경우는 '④'만 가능하다. 丙丁火運은 어떨까. '①'만 제외하면 모두 火神을 得하게 된다. 무릇 會局은 生하는 五行에 영향력을 미치기 때문이다. 단 이때 '③④'의 경우 이미 八字에 甲乙이 있다면 生助하는 힘이 지나쳐 火神을 傷하게 하여 無用으로 만들거나, 전체 상황을 위태롭게 만들 수도 있다. 이러한 바는 '②'의 경우도 마찬가지인데, 전자에 비해서는 다소 위력이 덜하므로 전체 상황을 잘 살펴 輕重을 살펴야 한다. 地支가 會局을 이루고, 同氣 五行의 天干이 透하면 그 위력이 太旺하여 合局 五行의 剋을 받는 六神은 위태롭기 일쑤다. 가령 七殺이 會局하고 干透하면 印綬나 食傷의 制伏이 없는 한 어찌 두렵지 않겠는가.

癸 戊 庚 乙
丑 辰 辰 卯

빌리 홀리데이 (Billie Holiday)

전설적인 흑인 재즈보컬리스트인 그녀는 뛰어난 재능에도 불구하고 인종차별의 벽을 피해갈 수 없었다. 하얀 치자꽃 '레이디 데이'와 '노래하는 검둥개'로 불렸던 그녀는 1959년 己亥年 40대 중반에 사망했다. 甲申 大運中 地支 木局을 이루는 시점으로 八字의 癸水는 七殺의 凶意를 한층 가중시켰다.

√合局의 沖

-申來冲寅午戌三合局, 則成爲「衰者冲旺旺神發」
-子來冲寅午戌三合局, 則成爲「衰者冲旺旺神發」
-辰來冲寅午戌三合局, 則無冲擊之突發作用。
-寅來冲申子辰三合局, 則無冲擊之突發作用。
-午來冲申子辰三合局, 則成爲「衰者冲旺旺神發」
-戌來冲申子辰三合局, 則成爲「衰者冲旺旺神發」

이상의 내용은 '滴天髓摘要'에 언급된 合局之沖에 관한 내용이다. 원문을 살피면 '왕자충쇠쇠자발(旺者冲衰衰者拔)'은 따로 거론하지 않고, 三合局 五行을 거스르는 五行의 글자가 沖하는 것만을 취하고 있음을 알 수 있다. 이때 '쇠신충왕왕신발(衰神冲旺旺神發)'의 의미도 "약한 것이 강한 것을 沖하면 오히려 강한 것이 더 성을 내어 發한다."는 뜻인데 그렇다면 '데쓰블로'가 언급했던 'bumper zone'의 완충 효과와는 다소 의미가 다른 이야기가 된다. 合局의 沖은 古書 어디에도 개운하게 설명된 바가 없다. 그만큼 난해한 영역이라는 뜻이다. 이 대목은 '데쓰블로'에서도 일말의 오류를 범한 바 있는데, 이번 기회에 깨끗하게 갈무리하기 바란다.

√**合局의 沖**

亥卯	歲月의 巳와 酉는 沖한다. 이때 木氣는 유실된다.
亥卯未	歲月의 巳酉丑중 巳와 丑은 沖하지 않고, 酉金의 開庫 후, 器物은 파괴된다.
寅卯辰	歲月의 申酉戌 모두 沖한다.

√**合局의 刑**

亥卯	歲月의 子와 亥는 刑한다.
亥卯未	歲月의 刑은 취하지 않는다.
寅卯辰	歲月의 巳子辰 모두 刑한다.

★ '파이널블로' check-up

地支의 器物이 파괴되는 상황은 다음 3가지로 요약할 수 있다.

① 刑沖으로 藏干이 開庫되어 他干과 合去될때 해당 地支의 글자

② 再刑 당하는 글자

③ 合局의 正氣를 沖하는 글자

庚 戊 壬 壬
申 戌 寅 午

블룸버그(Mike Bloomberg)

57 47 37 27 17 7
戊 丁 丙 乙 甲 癸
申 未 午 巳 辰 卯

'마이클 블룸버그' 뉴욕시장의 八字는 辛巳年 市長 선거를 앞두고 필자가 직접 看命을 의뢰받은 바 있다. 까닭에 合局의 沖을 학습하는 좋은 재료로 생각된다. 印綬格에 食神生財. 게다가 戊日 寅月生이다. 당시에 이 유태계의 八字는 子平의 잣대로 보면 서구의 어느 유명인사와도 견줄 바가 없을 만큼 좋은 팔자다. 2001년 戊申 大運 중 辛巳年을 두고 어설프게 寅申巳 三刑의 凶兆를 논해선 안 된다. 보통 八字 原局의 他干이 모두 陽干이면 三刑에 큰 발전을 시사한다. 大運 運干이 命中의 유일한 財星 器物을 파괴하는 구조가 아닌 한 별반 문제가 없다. 그러나 此命은 寅午戌 火局에 포커스를 두어야 한다. 이렇게 火局을 이루면 八字의 직접적인 刑이 성립되지 않는다. 대운과 세월의 巳申刑은 오히려 사흉신의 천간 辛 상관을 合去하는 긍정적인 역할을 수반했다. 비록 약간의 口舌數가 비친다 해도 무탈하고, 결론적으로 명예를 높이며 진로를 여는데 한결 속도가 붙는 형세라 할 수 있다. 그가 시장 선거에 출마했을 때 世人들은 그를 비판하고, 따돌리고, 야유하고, 아마추어로 몰아붙였다. 그러나 그는 당선됐다. 沖도 子水 밖에 성립되지 않는데 子는 開庫되어 日干 戊土가 癸水 財를 hooking 하므로 子의 器物은 파괴되지 않는다. 1996년 丙子年에 위성방송 '블룸버그TV'를 창설하고, 당해에 '메릴린치'의 지분 중 10%를 2억 달러에 다시 사들였다. 이것은 器物이 온전한 子水가 申을 會合하는 국면으로 '돈이 돈을 버는 바'를 시사한다. 그렇다면 月支 申을 沖하는 1992년 壬申年은 어떠했을까. 물론 沖이 성립되지 않는다. 당해에는 금융정보부문의 라디오 방송국을 창설했다. 이상의 두 가지 사건은 '블룸버그'社의 발전사를 가르는 중요한 분기가 되었다. 그는 1981년 辛酉年에 '살로만브라더스'에서 해고를 당했고 곧바로 창업했다. 그리고 월가를 황제로 등극했으며 응당 억만장자에 올랐다. 2000년 庚辰年에는 경쟁사인 '로이터'가 위기에 처했는데 그 주요 원인 중 하나가 '블룸버그'였다.

壬 戊 壬 甲
戊 子 申 辰

덩 샤오핑(鄧小平)

이렇게 八字에서 申子辰 三合을 이루고 있으면 午의 沖과 戌의 刑沖으로 인한 他干과의 合去 상황을 중시하는 것이다. 1966년 丙午年 문화대혁명 때 홍위병(紅衛兵)으로부터 반모주자파(反毛走資派)의 수괴라는 비판을 받고 실각하였다. 1976년 丙辰年에 '저우언라이'가 죽자 '마오쩌둥'의 추종자인 4인방(四人幇)에 의하여 다시 권좌에서 밀려났다. 그후 '화궈펑'과 5년간의 권력투쟁 끝에 1981년 辛酉年에 실질적인 권력을 장악하였다. 1989년 己巳年 '톈안먼(天安門)'사건으로 그의 정치적 거취가 불안해 보였으나 위기를 수습하고, 중국 정계의 최고 실권자로서 개혁과 개방정책을 추진했다. 1997년 丁丑年에 사망했다.

❐ 합(合) skill

支合은 地支를 하늘과 땅에 배합하여 天地 六合이 되는 것을 말한다. 즉 太陽의 自轉과 地球의 自轉을 통한 公轉 사이에 형성되는 陽支와 陰支의 合體 상황이다. 干合과 마찬가지로 支合 또한 合化 五行이 발생하는데 이것을 어떻게 사용하는지 몰랐다. 이 부분에 대해서는 전항의 '化現' 편에서 대강을 설명한 바 있다. 支合은 天地 간의 相合이므로 午未를 天으로 하고, 子丑을 地로 하여 하늘과 땅 사이에 春夏秋冬을 배치하여 上昇圖를 作하는 原理가 있다.

√**天地 相合圖**

[申] 巳	[未] 午	[午] 未	[巳] 申
[酉] 辰	[天]→		[辰] 酉
[戌] 卯		←地	[卯] 戌
[亥] 寅	[子] 丑	[丑] 子	[寅] 亥

√**支合 上昇圖**

未 天 午
申 冬水 巳
酉 秋金 辰
戌 夏火 卯
亥 春木 寅
丑 地 子

六合은 보호의 의미와 함께 묶인다는 뜻이 있다. 따라서 祿이나 貴 같은 尊神이 合되면 沖으로부터 해당 器物을 보호하는 긍정적인 역할을 수행한다. 그러나 묶여서 羈絆되면 命主는 답답해질 수밖에 없다. 이때 특징적인 사항이 있는데 歲月의 地支가 日支와 合하게 되면 우선은 運支를 得하는 상황으로 판단하는 게 맞다. 이것은 日

柱 자체를 我身으로 보는 관점에서 유효한 것이다. 먼저 끌어오는 것은 取하고, 묶이는 상황은 후차적 상황으로 논하는 게 옳다. 日支이 외에 他支의 六合이나 半合이 되는 시점에는 八字의 地支 六神은 잃게 되고, 그 원인 행위는 運支가 되기 쉽다.

가령 運干이 八字의 地支 靜物과 物象의 결합을 이루면, 비록 干合하는 경우라 해도 일차적으로는 運干에 해당되는 六神의 유입을 실감하게 된다. 마찬가지로 日支 외에 他支와 合하는 運도 八字에 존재하는 글자는 여지없이 묶여 凍結되지만, 運支는 일단 유입의 기세로 실감되기 쉽다. 이는 動的 상황의 活氣를 띠기 때문이고, 또 八字에서 運支와 같은 五行의 天干을 보게 되면 物象의 결합이 이루어지므로 더욱 체감도(actual feeling)가 높은 법이다. 세월에서 日支와 半合되는 運에는 해당 글자의 五行과 合五行의 두 가지를 기대할 수 있다. 이때는 후자에 무게를 둔다. 한편 온전한 合의 결속 상황이 아닌 暗合의 형태가 존재한다. 이러한 바는 외견상으로 노출되지 않고, 무탈하게 보이지만, 刑沖으로 연계 고리를 풀 때 제반 현상을 나타나는 특징이 있다. 暗合은 單式 추리의 흥미로운 재료에 지나지 않으므로, 자세한 내용은 생략한다.

庚 丙 丙 丁
寅 寅 午 未

파멜라 앤더슨(Pamela Anderson)

日支 寅과 合하는 1995년 乙亥年 '머틀리 크루' 출신의 드러머 '토미 리'와 결혼했다. 이들 부부가 1995년 신혼여행 중에 직접 찍은 홈비디오는 이듬해인 1996년 '펜트하우스'에 비디오 장면이 실리면서 커다란 화제를 일으켰다.

丁 丙 庚 丙
酉 寅 子 戌

스티븐 스필버그(Steven Spielberg)

영화 역사상 '스필버그'처럼 많은 관객을 동원한 감독이 있을까. 그가 처음 기회를 잡은 해는 1972년 壬子年이다. '대결(Duel)'이라는 TV 영화의 연출을 맡게 되어 일약 주목을 받았다. 1982년 壬戌年 어린이와 외계인의 우정을 소재로 한 'ET'를 개봉하여 흥행에 성공하며 흥행감독 대열에 오른다. 1992년 壬申年 '쉰들러 리스트'와 '주라기 공원'은 병행 제작했을 정도다. 이로써 아카데미 작품상과 감독상을 수상한다. 2002년 壬午年 '캐치 미 이프 유 캔' 으로 다시 돌아왔다.

八字에서 이미 六合을 이루면 歲月에서 沖으로 이를 해소할 수 있다. 이때 沖이 되는 글자의 藏干은 開庫되지만, 合된 글자는 온전히 취할 수 있는 장점이 있다. 마찬가지로 八字의 沖은 合으로 해소한다. 六合은 특별한 성질이 있다. 合된 글자는 탐합망극(貪合忘剋)하지만, 글자 자체의 의미가 合局과 같이 완전히 탈색되는 법은 없다. 따라서 合을 沖하면 沖이 성립되는 두 글자 모두 動搖하여 開庫되는 현상이 나타난다. 이는 沖이 合을 얻어 靜하면 매사가 순조로우나 合이 沖을 얻어 動한다면 어려워진다는 '임철초'의 견해와 흡사하다. 마찬가지로 鬼門이나 白虎의 글자도 八字에 合이 이루어지면 평상시에는 그 흉의를 망각하지만, 세월에서 沖이 되면 치명적인 돌발 상황이 발생하기도 하는 것이다.

'데쓰블로'의 '先後論'에 合과 沖은 '힘의 작용'면에서 동등한 위치에 있다고 했다. 즉 '强弱의 법칙'으로는 선두를 가릴 수 없다는 뜻이다. 그러나 '時制의 법칙'으로는 合과 沖 중 우선 작용하는 것이 가려

질 때가 있다. 가령 八字에 이미 丑未沖이 나타나 있으면, 歲月에서 午를 만나 沖이 해소된다. 이때는 開庫되는 글자가 없다. 반대로 午未合이 있으면 歲月에서 丑을 만나면 合이 해소되고, 丑과 未의 藏干은 開庫된다. 이렇게 沖이 되는 글자가 動的 기운을 띠게 되면 쌍방의 開庫 현상이 나타난다. 이와 달리 八字에 丑午가 있고 歲月에서 子를 만나면 先後를 가려 취하므로, 먼저 子와 午의 開庫 현상으로 子中 壬과 午中 丁은 合去되어 유실되고, 子丑이 合되는 일이 없다.

> ★ '파이널블로' check-up
>
> 月年
>
> 丑午 ← 子運 : 子午沖으로 두 글자 모두 開庫된다.
>
> 午丑 ← 子運 : 子丑合이 선행된 후, 子午沖이 성립되므로 이때는 午만 開庫된다.
>
> 未午 ← 子運 : 子午沖으로 두 글자 모두 開庫되어 유실되며 未만 남는다.
>
> 戌午 ← 子運 : 子午沖으로 두 글자 모두 開庫된다. 또한 火氣도 소멸된다.

合은 沖을 해소하고, 沖은 合을 해소하지만, 刑이 合을 해소하거나 合이 刑을 해소하는 경우는 없다. '陰符經'에 이르길, "六害가 六合에서 生하는 이치와 마찬가지로 三刑이 三合에서 生한다. 또 合한 中에 刑을 生하는 것은 夫妻가 相合하되 도리어 刑傷에 이르는 것과 같다"고 했는데, 이는 合으로 刑을 해소할 수 없음을 뜻하는 것이다. 合이 된 글자라 해도 刑을 당하면 두 글자의 藏干은 모두 開庫 되므로 두 글자의 器物 모두가 파괴될 소지가 있다.

己 癸 癸 己
未 卯 酉 酉

캐서린 제타 존스 (Catherine Zeta Jones)

2000년 庚辰年 11월에 '마이클 더글라스'와 결혼했다. 일지(日支) 卯 食神이 온전해지는 시점에 그녀는 이미 임신 중이었다. 그 해 7월에는 '브래드 피트-제니퍼 애니스톤'의 결혼이 있었는데 그들은 결혼 비용으로 1백만 달러를 썼다. 평소 화려하기로 소문 난 '캐서린'은 결혼 비용으로 2백만 달러 이상을 썼다. 할리우드의 호사가들은 이들 부부를 일컬어 '결혼식에 쓴 돈이 아까워서라도 섣불리 이혼하지 못할 것'이라며 쓴 소리를 했다.

干支論[간지론]

☝ Original

陽順陰逆, 其理固殊, 陽生陰死, 其論勿執.
(양순음역, 기리고수, 양생음사, 기론물집)

天全一氣, 不可使地道莫之載, 地全三物, 不可使天道莫之覆.
(천전일기, 불가사지도막지재, 지전삼물, 불가사천도막지복)

陽乘陽位陽氣昌, 最要行程安頓, 陰乘陰位陰氣盛, 還順道路光亨.
(양승양위양기창, 최요행정안돈, 음승음위음기성, 환순도로광형)

地生天者, 天衰怕沖, 天合地者, 地衰喜靜.
(지생천자, 천쇠파충, 천합지자, 지쇠희정)

甲申戊寅, 是爲殺印相生, 己未癸丑, 亦是殺印兩旺.
(갑신무인, 시위살인상생, 기미계축, 역시살인양왕)

上下貴乎情合, 左右貴乎志同.
(상하귀호정합, 좌우귀호지동)

始其所始, 終其所終, 富貴福壽, 永乎無窮.
(시기소시, 종기소종, 부귀복수, 영호무궁)

✌ COMMENT

양순음역(陽順陰逆)의 이치는 확고(確固)하고 특수(特殊)하지만, 양생음사(陽生陰死)에 집착(執着)하지는 말아야 한다.

천원일기(天元一氣)는 지지(地支)로 하여금 적재(積載)하지 않는 도(道)여서는 불가(不可)하며, 지전삼물(地全三物)은 천간(天干)으로 하여금 전복(顚覆)하지 않는 도(道)는 불가(不可)하다.

양승양위(陽乘陽位)로 양기(陽氣)가 창(昌)하면 운행(運行)하는 노정(路程)이 안돈(安頓)하기를 최요(最要)하고, 음승음위(陰乘陰位)로 음기(陰氣)가 성(盛)하면 광형(光亨)하는 운로(運路)를 순(順)하여 귀환(歸還)해야 한다.

지생천자(地生天者)에 천간(天干)이 쇠(衰)하면 충(沖)을 두려워하고, 천합지자(天合地者)에 지지(地支)가 쇠(衰)하면 정(靜)함을 기뻐한다.

甲申과 戊寅은 살인상생(殺印相生)이 되고, 己未와 癸丑 또한 살인양왕(殺印兩旺)이 된다. 상하(上下)가 정합(情合)하고 좌우(左右)가 지동(志同)이면 귀(貴)로다.

시작(始作)해야 할 곳에서 시(始)하고, 종료(終了)할 곳에서 종(終)하면 부귀복수(富貴福壽)가 영원(永遠)하고 무궁(無窮)하리라.

*Spectrum

陽順陰逆, 其理固殊, 陽生陰死, 其論勿執.

양(陽)은 순(順)하고, 음(陰)은 역(逆)하는 陽順陰逆의 설(說)은 낙서(洛書)에 근거한 이론으로 틀림이 없다. 그러나 양(陽)이 생(生)하는 곳에서 음(陰)이 사(死)하는 논리에만 집착(執着)한다면 곤란하다. '서락오'는 이를 두고 "음간(陰干)의 십이운성(十二運星)을 채용할 필요가 없다"고 결론지었는데, '적천수'는 다만 물집(勿執)을 논했을 뿐, 불요(不要)를 말한 게 아니다. 가령, 酉月 乙木이면 칠살격(七殺格)인데, 이때 칠살(七殺) 辛金이 투출(透出)하고 丁火 식신(食神)이 辛金을 제복(制伏)하면 살용식제(殺用食制)로 성격(成格)된다.

辛 乙 丁 □
□ □ 酉 □

그런데 이때의 격국(格局)은 일반 귀격(貴格)의 범주에 국한되지 않고, 최상의 격국(格局)으로 거론하기 쉽다. 월지(月支) 酉金은 辛金의 록지(祿地)인 동시에 丁火의 생궁(生宮)이 되므로 유력(有力)과 유정(有情)을 겸한 최상격(最上格)의 근거가 된다. 즉 丁火의 통근(通根) 여부 이전에 陽順陰逆에 따른 생기(生氣)로 격(格)의 고저(高低)를 분별하는 지침으로 삼은 것이니, 한 마디로 음간(陰干)의 십이운성(十二運星)을 무시하는 관법이 바람직하지 않음을 알 수 있다. 다음으로 寅月 甲木의 경우를 살펴보자.

丁 甲 □ □
□ □ 寅 □

寅月 甲木이 丁火를 보면 목화통명(木火通明)의 귀(貴)를 이룬다. 陽生陰死에 따르면 寅月은 丁火의 사궁(死宮)이 되는데, 그렇다면 희신(喜神) 丁火가 무력(無力)하여 상대적으로 귀(貴)가 낮아지는 것일까. 그렇지 않다. 丁火는 월지(月支)에 통근(通根)하여 용신(用神)은 힘을 갖췄으므로 귀명(貴命)으로 손색이 없다. 陽生陰死, 其論勿執이란 바로 이러한 경우를 말한다.

결론적으로 팔자(八字) 희신(喜神)의 유력(有力)과 무력(無力)을 논할 때는 기(氣)와 세(勢) 양면을 다 같이 고려해야 하는 것이다. 그리고 어느 것 하나라도 부합되면 무력(無力)을 논해서는 곤란하다. 이때 기(氣)는 다만 월궁(月宮)에만 주안하고, 세(勢)는 사지(四支)에 모두 적용되는 것이다.

天全一氣, 不可使地道莫之載, 地全三物, 不可使天道莫之覆.

보통 천복지재(天覆地載)란 동주(同柱)의 간지(干支)가 서로 상생(相生)하는 조합을 의미한다. 그러나 원시(原詩)가 말하는 天全一氣의 地載와 地全三物의 天覆은 다소 의미를 달리 한다. 천원일기(天元一氣)란 팔자(八字)의 천간(天干)이 모두 동일한 글자로 不可使地道莫之載란 통근(通根)하는 지지(地支)를 보지 못하면 천간(天干)의 청기(淸氣)를 용(用)할 수 없다는 뜻이다. 지전삼물(地全三物)이란 팔자(八字)에서 방국(方局)을 이룬 경우를 말하는데, 不可使天道莫之覆란 방국(方局)의 오행(五行) 천간(天干)의 글자가 투(透)해야만 진실된 용(用)의 역할을 수행함을 뜻한다. '임철초'는 이를 두고 방국(方局)의 기세를 거스르는 천간(天干) 글자의 불리함을 논했는데, 복(覆)은 순(順)의 개념이 아니므로 적절한 설명이라 할 수 없다. '임철초'의 견해는 방국론(方局論)의 成局干透一官星, 左邊右邊空碌碌에 부합되는 설명으로 간지론(干支論)의 원뜻과는 거리가 있다.

陽乘陽位陽氣昌, 最要行程安頓, 陰乘陰位陰氣盛, 還順道路光亨.

이 구절은 陽氣昌과 陰氣盛의 상황을 먼저 구분해야 한다. '임철초'는 양한(陽寒)과 양난(陽暖), 음한(陰寒)과 음난(陰暖)으로 구분하여 적합한 대운(大運)의 향방을 논하고 있는데 원시(原詩)의 安頓과 光亨의 대구(對句)를 감안할 때 핵심을 비껴나간 해설이다. 한편 '장요문'은 하월(夏月)의 火日과 동월(冬月)의 水日로 양기(陽氣)와 음기(陰氣)를 구분하고 하월(夏月)의 火는 북방운(北方運)을 동월(冬月)의 水는 남방운(南方運)을 필요로 하는 것으로 요약했다. 그러나 이 또한 安頓과 光亨의 의미를 살리지는 못한다. 만일 安頓 대신에 潤澤을 거론했다면 부합되는 설명이라 할 수 있을 것이다. 결론적으로 陽氣昌은 하월(夏月)의 木을 의미하며, 陰氣盛이란 동월(冬月)의 金을 뜻하는 것이다. 즉 양기(陽氣)와 음기(陰氣)는 木火와 金水로 대별되며, 목화상관(木火傷官)의 水를 기뻐하여 水木火의 상관패인(傷官佩印)으로 정렬되는 현상을 두고 安頓이라 한 것이다. 따라서 이 대목은 팔자(八字)와 대운(大運)과의 관계에서 음양(陰陽)의 조후위급(調喉危急)을 논한 것이다.

❐ 음양(陰陽) 조후위급(調喉危急)

陰陽	區分	調候		備考
陰氣盛	冬金	安頓	木火傷官喜見水	傷官用財不貴燥土不甚靈秀
陽氣昌	夏木	光亨	金水傷官喜見官	傷官用財小富不貴凍水不能生木

地生天者, 天衰怕沖, 天合地者, 地衰喜靜.

地生天者, 天衰怕沖이란 일간(日干)이 월령(月令)을 얻지 못하고, 신약(身弱)하여 인수(印綬)의 생조(生助)를 필요로 하는데, 지지(地支) 인수(印綬)가 충(沖)으로 파괴되면 생(生)의 기능이 끊어지므로 두렵다는 의미다. 天合地者, 地衰喜靜란 丁亥나 戊子와 같이 일간(日干)이 장간(藏干)과 암합(暗合)하는 경우로 반드시 재관(財官)과 짝이 되니 지지(地支)의 형충(刑沖)으로 재관(財官)의 기물(器物)이 상실되는 경우를 기피하는 바를 뜻한다.

甲申戊寅, 是爲殺印相生, 己未癸丑, 亦是殺印兩旺.

甲申, 戊寅은 장간(藏干)에 살(殺)과 인(印)이 있는데 인수(印綬)의 생궁(生宮)으로 살인상생(殺印相生)을 논한다. 己未, 癸丑 또한 장간(藏干)에 살인(殺印)이 있어 살인양왕(殺印兩旺)을 논할 수 있다. 이상의 글자를 바탕으로 이루어진 격(格)은 살격용인(殺格用印)으로 팔자(八字)의 장간(藏干) 인수(印綬)가 투(透)해야 직접 작용하여 길한 것이다. 특히 甲申이나 庚寅은 포태격(胞胎格)으로 일주(日主) 자체로도 격(格)을 이룬다. 일지(日支)가 십이운성(十二運星)의 절지(絶地)에 좌(坐)하지만 그 장간(藏干) 속에 인수(印綬), 장생(長生)의 요소가 있으면 화살(化殺)하는 묘용(妙用)이 있어 이를 절처봉생(絶處逢生)이라 하고 귀하게 여겼다. 원통부(元通賦)에 이르길, 포태격(胞胎格)이 원명(元命)에 재(財)를 보지 않으면 어려서부터 왕(王)의 총애를 받는다고 했다. 이는 살인격(殺印格)이 재(財)로 인해 파격(破格)되는 논리와 같다. 세월(歲月)에서 申이 寅을 격사(擊射)

하면 인수(印綬)를 잃어 수기(秀氣)가 상실될 위험이 있다. 여기에서 예시한 네 간지(干支) 조합은 앞 구절의 地生天者, 天衰怕沖을 재차 강조하기 위한 것이다.

上下貴乎情合, 左右貴乎志同.

팔자(八字)의 귀(貴)는 상하(上下) 간지(干支)가 유정(有情)하여 희신(喜神)을 돕고, 기신(忌神)을 억제하는 것과, 합(合)하여 서로 상부(相扶)하는 것에 달렸다. 좌우(左右)의 타주(他柱) 또한 같은 뜻을 지니면 자연 귀명(貴命)이 되는 것이다.

始其所始, 終其所終, 富貴福壽, 永乎無窮.

始는 팔자(八字)의 年月이고, 終은 日時가 된다. 예컨대 희신(喜神)이 재신(財神)일 경우 年月時에서 모두 식상(食傷)이나 재(財)를 보게 되면 始其所始, 終其所終을 논할 수 있고, 부귀(富貴) 수복(壽福)이 자연스럽게 따른다. 年月日時의 희기신(喜忌神) 분포 여부로 팔자(八字)의 부귀(富貴) 정도와 길흉(吉凶)의 선후(先後)를 가리는 방법은 원형이정법(元亨利貞法)의 일종이다.

❒ 근묘화실(根苗花實)과 원형이정(元亨利貞)

팔자(八字)의 원국(元局) 자체로 제한된 영역의 길흉변화(吉凶變化) 추이를 살피는 방법으로 근묘화실론(根苗花實論)과 원형이정법(元亨利貞法)을 들 수 있는데 다음과 같이 구분한다.

根苗花實論	祖父配子의 六親宮 喜忌를 추정하는 것과 같이 固定된 영역에서 吉凶이 정해 지는 추리 일반론
元亨利貞法	四時의 순환과 같이 사람의 성장기 별로 시간대를 구분하여 변화하는 吉凶 내용을 추리하는 방법

원형이정(元亨利貞)의 일례를 든다면, 가령 정관격(正官格)인데 천간(天干)에 재(財)와 상관(傷官)이 모두 출간(出干)했다면 글자의 앞뒤 위치에 따라 길흉(吉凶)이 달라진다. 酉月 甲木에서 丁火 상관(傷官)이 앞에 있고, 戊土 재(財)가 뒤에 있다면 초년에는 귀(貴)할 수 없으나 만년에는 발복(發福)을 기대할 수 있다.

戊 甲 丁 □
□ □ 酉 □

이와 달리 戊土가 앞에 있고, 丁火가 뒤어 있다면 초년에는 좋지만, 만년에는 상관(傷官)의 작용으로 정관(正官)이 다치니 후사(後嗣)를 잇기 어려울 정도로 나쁠 것이다.

丁 甲 戊 □
□ □ 酉 □

이상은 생극선후(生剋先後)에 따라 길흉(吉凶)이 달라짐을 논한 것으로 富貴福壽, 永乎無窮의 유형과는 거리가 먼 것이다.

形象論[형상론]

Original

양 기 합 이 성 상, 상 불 가 파 야
兩氣合而成象，象不可破也.

오 기 취 이 성 형, 형 불 가 해 야
五氣聚而成形，形不可害也.

독 상 희 행 화 지, 이 화 신 요 창
獨象喜行化地，而化神要昌.

전 상 희 행 재 지, 이 재 신 요 왕
全象喜行財地，而財神要旺.

형 전 자 의 손 기 유 여, 형 결 자 의 보 기 부 족
形全者宜損其有餘，形缺者宜補其不足.

COMMENT

양기(兩氣)가 조합(調合)하여 성상(成象)하면 상(象)을 파(破)해선 불가(不可)하다.

오기(五氣)를 취합(聚合)하여 성형(成形)되면 형(形)을 해(害)해선 불가(不可)하다.

독상(獨象)은 화지(化地)로 행(行)함을 기뻐하고, 화신(化神)이 창(昌)함을 요(要)한다.

전상(全象)은 재지(財地)로 행(行)함을 기뻐하고, 재신(財神)이 왕(旺)함을 요(要)한다.

형전(形全)하면 유여(有餘)함을 손(損)해야 마땅하고, 형결(形缺)

하면 부족(不足)함을 보(補)해야 마땅하다.

***Spectrum**

형상론(形象論) 편에서는 격국(格局) 전반의 희기(喜氣)를 다루고 있다. 원시(原詩)가 언급하는 팔자(八字)의 형상(形象) 또한 여러 가지 견해가 존재하나 다음의 다섯 가지로 구분하는 게 무난하다.

❐ 형상(形象) 구분

刑象	區分	類型
別格	兩氣合而成象	兩神成象相生, 兩神成象相剋
	五氣聚而成形	一行得氣(曲直, 炎上, 稼穡, 從革, 潤下)
變格	獨象	從化(從旺, 從兒, 從財, 從殺, 化木, 化火, 化土, 化金, 化水)
正格	形全	內格으로 日干이 月令을 得한 것
	形缺	內格으로 日干이 月令을 失한 것

兩氣合而成象, 象不可破也.

양신성상격(兩神成象格)에는 상생(相生)과 상극(相剋)의 두 가지 유형이 있다. 상생(相生)의 양신성상(兩神成象)은 비식재운(比食財運)을 기뻐하고, 상(象)을 깨뜨리는 관인운(官印運)을 기피한다. 상극(相剋)의 양신성상(兩神成象)은 비겁(比劫)과 관살(官殺), 비겁(比劫)과 재(財)의 짝을 들 수 있다. 이때 통관지신(通關之神)이 되는 인수(印綬)와 식상(食傷)을 용(用)하려면 상반되는 오행(五行)의 세력(勢力)이 균형을 이루어야만 한다. 이 외에는 일반 부억법(扶抑法)에 따라 처리하므로 파상(破象)을 피할 수 없다. 따라서 양신성상격(兩神成象格)은 상생(相生)의 양신성상(兩神成象)에 한정되어 논해야 자연스럽다. 비겁(比劫)과 관살(官殺)의 양신성상(兩神成象)은 신약격(身弱格), 비겁(比劫)과 재(財)의 양신성상(兩神成象)은 신강격(身强格)이 되어야만 통관용신(通關用神)의 묘(妙)를 살릴 수 있는데, 이미 신(身)의 강약(强弱)이 전제되는 측면에서는 별격(別格)의 의미를 잃는 것이다.

오 기 취 이 성 형, 형 불 가 해 야
五氣聚而成形, 形不可害也.

팔자(八字)가 일행득기(一行得氣)로 성립되면 일행(一行)을 극(剋)하는 오행(五行)의 출현으로 온전한 모양을 해치는 것을 꺼리게 된다. 일행득기격(一行得氣格)이 온전하게 성립되려면 지지(地支)에 합국(合局)이 이루어져야 한다. 가령 卯月 乙木의 곡직격(曲直格)이 미운(未運)을 만나면 목국(木局)을 이루어 크게 발달한다.

독 상 희 행 화 지, 이 화 신 요 창
獨象喜行化地, 而化神要昌.

독상(獨象)은 외격(外格) 일반을 의미하고, 화신(化神)이란 세력에 따르는 오행(五行)을 말한다. 여기서는 종화(從化)를 예로 들 수 있다. 종화격(從化格)은 종신(從神)이나 화신(化神)을 따르는 오행(五行)의 운(運)을 기뻐하고, 이를 거스르는 운(運)을 기피한다. 화신(化神)은 응당 지지(地支)의 방국(方局)으로 창성(昌盛)함을 필요로 한다. 가령 亥月 癸卯日에 甲乙木이 투(透)하여 종아(從兒)의 기세를 이루면 지지(地支) 미운(未運)에 목국(木局)을 이루어 크게 발달한다.

대운(大運)과 세월(歲月)의 희기(喜忌) 용법은 진종(眞從)과 가종

(假從), 진화(眞化)와 가화(假化)에서 '같고, 다른' 점이 있다. 이 부분은 종화론(從化論)에서 자세히 설명하겠다.

전상희행재지, 이재신요왕
全象喜行財地, 而財神要旺.

전상(全象)은 내격(內格)으로 일간(日干)이 월령(月令)을 득(得)하여 대개 신왕(身旺)한 팔자(八字)를 말한다. 전상(全象)은 재신(財神)이 왕(旺)하여 격(格)을 이루는 게 좋다. 팔자(八字)의 희기(喜忌)를 불문하고, 사주(四柱)에 재(財)가 강하게 나타나면 비교적 높은 사회적 지위가 약속된다. 全象而財神要旺이란 이 같은 의미다. 다만, 전상(全象)이 재운(財運)을 기뻐하는 것은 모든 내격(內格)의 유형에 적용되지는 않으므로 가령 칠살(七殺)을 용(用)하는 격국(格局)이 재(財)를 보면 파격(破格)의 요인이 될 수도 있으므로 팔자(八字) 전체를 살펴 논해야 마땅할 것이다.

형전자의손기유여, 형결자의보기부족
形全者宜損其有餘, 形缺者宜補其不足.

형전(形全)과 형결(形缺)은 일간(日干)의 월령(月令) 득실(得失) 여부로 구분한다. 가령 甲乙木이 寅卯月에 나면 형전(刑全)이 되어 목기(木氣)를 덜어야 한다. 이때는 대개 丙丁의 설기(洩氣)가 무난하고, 庚辛金의 극제(剋制)는 마땅치 않을 때가 있다. 따라서 설상방조(洩傷幫助)는 팔자(八字) 전체의 구성에 따라 가려 취해야 하는 것이다. 설상방조(洩傷幫助)의 기본적 취용(取用)에 대한 설명으로는 '임철초'의 해설이 자세하다. 가령 신강격(身强格)에 재관(財官)이 없으면 식상(食傷)의 설(洩)보다는 관(官)의 상(傷)이 이롭다는 식이다. 또 신약격(身弱格)에 재(財)가 중첩(重疊)되면 인수(印綬)의 조(助)

가 해롭고, 비겁(比劫)의 방(幫)이 진정한 보(補)가 된다. 신약(身弱)에 관살(官殺)이 공신(攻身)하면 인수(印綬)로 화살(化殺)해야지, 비겁(比劫)으로 대적하면 흉하다고 했다. '임철초'는 일간(日干)과 월지(月支)의 관계로 형전(刑全)과 형결(刑缺)을 구분한 '진소암'의 견해를 반박하고 있다. 대신 신강(身强)과 신약(身弱)으로 형전(刑全)과 형결(刑缺)을 구분했는데, 앞 구절의 全象喜行財地(전상희행재지)하는 의미로 유추할 때 '진소암'의 견해가 타당하다. 원시(原詩)는 부억(扶抑)의 일반적 이치를 설명했을 뿐으로, 내격(內格)의 유형에서 일간(日干) 대 월지(月支)와의 관계를 형전(形全)과 형결(形缺)로 구분한 것이다.

方局論[방국론]

Original

방 시 방 혜 국 시 국, 방 요 득 방 막 혼 국.
方是方兮局是局, 方要得方莫混局.

국 혼 방 혜 유 순 자, 행 운 희 남 혹 희 북.
局混方兮有純疵, 行運喜南或喜北.

약 연 방 국 일 제 래, 수 시 간 두 무 반 복.
若然方局一齊來, 須是干頭無反覆.

성 방 간 투 일 원 신, 생 지 고 지 개 비 복.
成方干透一元神, 生地庫地皆非福.

성 국 간 투 일 관 성, 좌 변 우 변 공 록 록.
成局干透一官星, 左邊右邊空碌碌.

COMMENT

방(方)은 방(方)이며 국(局)은 국(局)으로, 방(方)은 방(方)을 득(得)함을 요(要)하며 국(局)과 섞임이 없어야 한다.

국(局)에 방(方)이 섞이면 순(純)과 자(疵)가 있으므로, 행운(行運)이 남(南)을 기뻐하기도 하고, 혹은 북(北)을 기뻐하기도 한다.

만약 방(方)과 국(局)이 일제(一齊)히 왔다면, 모름지기 천간(天干)에 반복(反覆)됨이 없어야 한다.

방(方)을 이루고 하나의 원신(元神)이 간투(干透)하면, 생지(生地)와 고지(庫地)는 모두 복(福)이 아니다.

국(局)을 이루고 하나의 관성(官星)이 간투(干透)하면, 그것이 좌

변(左邊)이나 우변(右邊)에 있건 간에 헛되고 녹록(碌碌)하다.

***Spectrum**

方是方兮局是局, 方要得方莫混局.

방(方)은 방합(方合)을 의미하고, 국(局)은 삼합(三合)을 말한다. 방국(方局)은 합국(合局)과 섞이지 않아야 청기(青氣)를 논한다. 그러나 방(方)과 국(局)이 섞여도 실상에서 귀격(貴格)은 얼마든지 찾아볼 수 있다. 그래서인지 '임철초'는 '적천수'가 방국(方局)에 대해서는 잘못 논한 것이 있다고 비판하는 입장을 취했다. 한편 '사주추명술오의'에서 '좌등육룡'은 방국론(方局論)이 외격(外格)을 전제로 한다고 설명했다. 따라서 내격(內格)의 길흉(吉凶)에는 적용되지 않고, 오직 순수(純粹)함으로 귀(貴)를 논하는 외격(外格)에만 해당되는 논리라는 것이다. 이 같은 주장은 일면 타당하게 여겨진다. 이에 대한 설명은 다음 구절의 해설과 합하여 정리하겠다.

局混方兮有純疵, 行運喜南或喜北.

국(局)과 방(方)이 섞이면 기세(氣勢)의 순수(純粹)함에 흠이 생겨, 행운(行運)의 희기(喜忌)를 일괄적으로 단언할 수 없다. 局混方兮有純疵에 대해서는 여러 이견(異見)이 존재하는데, '임철초'는 이를 두고 "곡직격(曲直格)의 간지(干支)에 혹 火가 있어 수기(秀氣)을 발(發)할 경우에 운(運)이 남방(南方)을 향하면 명리(名利)가 여의하지만, 수운(水運)에는 흉한 재앙(災殃)을 만난다."고 역설하면서 行

運喜南或喜北을 설명했다. 반면 局混方과 관계 없이 팔자(八字) 전체가 木으로 순수(純粹)하면 水木火 운(運)을 다 같이 기뻐한다고 했다. 그러나 이것은 원시(原詩)가 말하는 純疵와는 다소 동떨어진 해설이다. '임철초'는 局混方이 純과 疵로 구분되는 상황을 염두에 두지 않고, 局混方을 곧 疵로만 이해했던 것이다. 局混方이란 일단 방합(方合)과 삼합(三合)을 이루는 글자들이 섞이는 것을 말하고, 이때 어느 한편으로 합국(合局)이 성립되면 純, 어느 쪽으로든 합국(合局)이 성립되지 않으면 疵가 되는 것이다.

❐ 국혼방(局混方)의 순자(純疵)

純疵	例示	註
純	戌午寅巳	寅午戌 火局을 이루어 純이다. '임철초'는 混局의 疵로 취한다
	亥卯寅辰	寅卯辰 木局을 이루어 純이다. '임철초'는 混局의 疵로 취한다
	未卯亥寅	亥卯未 木局을 이루어 純이다. '임철초'는 混局의 疵로 취하고, '장요문' 또한 寅亥 合으로 木氣가 약해진 것으로 보고 疵로 취한다
疵	寅戌巳午	合局을 짓지 못해 疵가 된다

'적천수천미'에서 '임철초'는 다음의 두 팔자(八字)를 예시하며 다 같이 混局되었으나 貴命이므로 원시(原詩)의 方要得方莫混局을 비판했다.

己 戊 丁 甲
未 辰 卯 寅

丁 乙 庚 丙
亥 卯 寅 辰

戊辰日은 명리쌍휘(名利雙輝)했고, 乙卯日은 대학자(大學者)가 되었으니 "방국(方局)은 섞이면 안 된다"는 이치는 통하지 않는다는 점을 역설했다. 그러나 실상 이상의 두 명례(命例)는 이미 방국(方局)을 이루어 순일(純一)함을 취한 것이다. 투파(透派)는 '진소암'의 견해에 동승하며 方要得方莫混局이 외격(外格)에만 통용되는 이치라고 강조했지만, 이 또한 정확한 설명은 되지 않는다. 다음은 '적천수천미'에 종왕격(從旺格)으로 예시한 팔자(八字)다.

癸 乙 乙 甲
未 卯 亥 寅

'스펙트럼'의 견해로 보면 이미 亥卯未 목국(木局)을 지어 순수(純粹)한 외격(外格)으로 귀(貴)를 논한다. '임철초'는 水木火가 다 이로운 명(命)으로 方要得方莫混局은 취할 게 못된다는 점을 강조한다. 즉 混局의 疵라 해도 문제가 없다는 것이다. 투파(透派)는 차명(此命)을 寅亥 합(合)으로 인해 목기(木氣)가 약해진 純이 아닌 疵로 볼 것인데, 실상과는 부합되지 않는 설(說)이다.

이제 行運喜南或喜北의 진정한 의미를 설명하겠다. 외격(外格)의 귀(貴)는 기세(氣勢)의 순수(純粹)로 논한다고 했다. '적천수'가 말하는 方要得方莫混局이란 混局 자체가 문제가 되는 것이 아니라, 局混方이 純이 疵일 때를 이른 것이다. 가령 일행득기격(一行得氣格)의 팔자(八字)에 이미 방국(方局)이나 합국(合局)이 성립되면 純이 되어 귀격(貴格)을 이루며, 육합(六合)이나 반합(半合)이 국(局)을 해소하지 못한다. 만일 疵라면 方要得方莫混局으로 귀(貴)를 논할 수 없고, 대운(大運)의 희기(喜忌)는 일반 내격(內格)과 거의 동일하게 취하므로 향방(向方)의 희기(喜忌)가 원국(元局)에서 정해지지 않게 된다. 바로 이를 두고 行運喜南或喜北이라 한 것이다. 또한 방합(方合)으로 성격(成格)되면 대개 부귀(富貴)를 의심할 여지가 없는데 이것은 대운(大運)의 희기(喜忌)에 별다른 영향을 입지 않음을 뜻한다. 가령 종혁격(從革格)으로 申酉戌 방합(方合)을 이룬 경우와 巳酉丑 금국(金局)을 지은 경우에 화운(火運)의 길흉(吉凶)이 전혀 다르다. 전자는 오히려 火를 기뻐하여 대부귀(大富貴)를 이루지만, 후자는 기세(氣勢)를 거스르므로 매우 불리하다. 이것이 방(方)과 국(局)의 또 다른 현저한 차이라 할 수 있다. 반면 세월(歲月)의 희기(喜氣)는 왕신(旺神)에 순응하는 오행운(五行運)을 기뻐하므로 일괄적인 희기(喜忌) 구분이 가능하다. 이상은 모두 체용(體用) 분할의 정밀한 법칙에 따른 내용으로, 종래의 선학(先學)들은 체용(體用) 구분을 올바로 간(看)하지 못했던 것이다.

❒ 순자(純疵)의 행운(行運) 희기(喜忌)

純疵	八字 型	大運 喜忌	歲月 喜忌
純	□丙□□ 戊午寅巳	木火土 運을 기뻐하고, 金水 西北向을 꺼린다	木火土 – 喜 金水 – 忌
疵	□丙□□ 寅戌巳午	運支의 合局運을 기뻐하고, 이외는 일반 內格과 마찬가지로 用法을 취한다	木火土 – 喜 金水 – 忌

若然方局一齊來, 須是干頭無反覆.

反覆이란 방국(方局)의 반대되는 오행(五行)으로 예컨대 목국(木局)에 庚辛, 화국(火局)에 壬癸 등이 투(透)한 것을 말한다. 방국(方局)이 같이 오면 그 기세(氣勢)가 심히 왕성하므로 천간(天干)은 그 기세에 순응해야 마땅하다는 뜻이다. 가령 지지(地支)가 寅卯辰이고, 일간(日干)이 木인데 재차 亥의 생(生)이 있다면 천간(天干)에 土金이 없고 火가 있어야 干頭無反覆이 되어 수기(秀氣)가 빼어나게 된다.

成方干透一元神, 生地庫地皆非福.

成方干透一元神이란 이미 팔자(八字)에 국(局)을 이루고 국(局)과 동일한 오행(五行)의 글자가 출간(出干)한 것으로 기세(氣勢)의 순수(純粹)한 귀격(貴格)이 된다. 이때 生地庫地는 非福으로 이는 불리하다는 의미보다는 특별한 영향을 미치지 못하는 것으로 이해하는 게 무난하다. 가령 지지(地支) 寅卯辰을 모두 구비한 甲乙木의 팔자

(八字)에 亥나 未가 불리한 작용을 할리 만무하다. 그런데 '진소암'은 決不發福, 惟有純一火運略好라 했는데 이는 다분히 方要得方莫混局을 주안삼아 한 설명에 지나지 않는다. 이 대목은 '임철초'의 生地庫地, 亦能發福한다는 설(卨)이 실제와 부합한다. '좌등육룡'의 '사주추명술오의'에는 원시(原詩)에 生地庫地皆爲福으로 옮겨져 있는데, '임철초'의 견해와 맥락을 같이 한다.

成局干透一官星, 左邊右邊空碌碌.

합국(合局)을 이룬 팔자(八字)에 합국오행(合局五行)을 극(剋)하는 오행(五行)의 천간(天干)이 출간(出干)하면, 내격(內格)과 외격(外格)을 막론하고 그것이 어느 자리에 있든 일체가 공허한 것이 될 만큼 흉(凶)한 작용을 하기 쉽다. 空碌碌이란 '헛되고, 부질없다'는 뜻인데 그만큼 불리한 작용을 암시하는 구조임을 시사한다. 단 이때 투간(透干)은 글자가 지지(地支)에 전혀 무기(無氣)한 경우에 한한다. 다음은 '조화원약평주'에서 인용한 팔자(八字)로 비록 수재(秀才)였지만, 가난한 선비에 그친 명(命)이다.

庚 乙 乙 癸
辰 未 卯 亥

庚金으로 곡직(曲直)의 순수함이 훼손되어 成局干透一官星, 左邊右邊空碌碌이 되었다.

格局論[격국론]

✌ **Original**

재관인수분편정, 겸론식상격국정.
財官印綬分偏正, 兼論食傷格局定.

영향요계기위허, 잡기재관불가구.
影響遙繫旣爲虛, 雜氣財官不可拘.

***官殺**

관살상혼래문아, 유가유불가.
官殺相混來問我, 有可有不可.

***傷官**

상관견관과난변, 가견불가견.
傷官見官果難辨, 可見不可見.

✌ **COMMENT**

재성(財星), 관성(官星) 인성(印星)은 정편(正偏)으로 나누어 격국(格局)을 정하고 아울러 식신(食神), 상관(傷官)으로 내격(內格)의 여덟 가지 격국(格局)이 정해진다.

영향(影響)과 요계(搖繫)는 이미 격(格)을 정하는 것과는 무관하며 또한 잡기재관(雜氣財官)과 같은 것에는 구애(拘礙)되지 말아야 한다.

관살혼잡(官殺混雜)의 명(命)을 물어 온다면 좋은 것도 있고 나쁜 것도 있다고 말할 수 있다.

상관견관(傷官見官)은 과연 분별하기 어려운 바, 관(官)을 봐서 좋을 때도 있고 그렇지 않을 때도 있다.

*Spectrum

재관인수분편정, 겸론식상격국정

財官印綬分偏正, 兼論食傷格局定.

'적천수'식으로 내격(內格)을 팔격(八格)으로 나누어 정하는 방법은 대세(大勢)가 되었다고 볼 수 있다. 격(格)을 정하는 원칙으로는 다음의 '진소암' 설(說)이 무난하다.

"격(格)이 참된 것은 월지(月支)의 장간(藏干)이 천간(天干)에 투출(透出)한 것이다. 천간(天干)에 있는 것이 월지(月支)에 뿌리를 내리지 않았다면 격(格)을 이루었다고 할 수 없다. '정관(正官), 편관(偏官), 정재(正財), 편재(偏財), 식신(食神), 상관(傷官), 인수(印綬), 편인(偏印)'의 정격(正格) 팔격(八格) 이 외에, 월지(月支)가 건록(建祿)이나 양인(陽刃)이면 정격(正格)이 아니다. 곡직격(曲直格), 종혁격(從革格), 염상격(炎上格), 가색격(稼穡格), 윤하격(潤下格) 등의 다섯 가지 격(格)은 방국(方局)과 기상(氣象)으로 정한 것이니 정격(正格)이 아니다. 그 밖의 비천록마격(飛天祿馬格)이나 합록격(合祿格)과 같은 잡격(雜格)이 있는데, 암충암합(暗冲暗合) 등으로 정해지는 격(格)의 유형은 격국(格局)이라고 하기에 무리가 있다. 사시(四時)에 태어난 경우는 잡기재관격(雜氣財官)으로 논하지 말고 土를 취하여 일간(日干)과의 관계를 살펴 격(格)으로 삼으면 그만이다. 이때도 마찬가지로 장간(藏干)의 투출(透出) 여부를 가려 격(格)을 정하면 되므로 굳이 잡기(雜氣)라는 이름을 붙일 필요는 없다. 월지(月支)가 비견(比肩)이나 겁재(劫財)면 월지(月支)의 장간(藏干)이 천간(天干)에 투출(透出)하면 그것의 육신(六神)으로 격(格)을 잡는다. 무릇 용신(用神)을 정할 때는 팔자의 대세(大勢)을 따져 판단해야지, 격(格)에 집착해서는 안 될 것이다."

✍ **Note**

'적천수'의 격국론(格局論)은 육신(六神)을 각기 분할한 원론적 설명에 지나지 않고, '자평진전'의 격국(格局) 구분에 비해 덜 체계적이라 할 수 있다. 무릇 격국(格局)의 성패(成敗)를 한눈에 파악하기 위해서는 '자평진전'의 용신론(用神論) 학습이 선행되어야 마땅하다. 그리고 '적천수'의 격국론(格局論)은 논지가 간결하여 오인될 수 있는 여지를 남기므로, 격(格)을 세우는 기본 법칙에서 '자평진전'의 틀을 유지하지 않으면 팔자학(八字學)의 학문적 원칙이 서지 않고 종내 학문이 난삽(難澁)해질 우려가 있다. 더욱이 '월령론(月令論)'에 이르면 이미 폐기된 분일용사법(分日用事法)으로 격(格)을 정하는 우(愚)를 범할 가능성이 높아진다. 먼저 내격(內格)의 격국(格局)을 정하는 원칙을 살피고, 다음으로 격국(格局)의 성패(成敗)를 구분하여 귀천(貴賤)을 가리는 방법을 학습하면 도움이 된다.

❒ 격(格)을 정하는 원칙

1. 월지를 용신으로 삼아 격국을 정한다. 가령 戌月 甲木이면 재격(財格)이 된다.

□ 甲 □ □
□ □ 戌 □

2. 인원용사지신(人元用事之神)은 월령(月令)에서 투간(透干)한 천간(天干)의 육신으로 정해진다. 이것은 '자평진전'에서 말하는 '용신의 변화'를 의미한다. 즉 戌月 甲木에 戌 중 丁火가 투(透)하면 재격(財格)이 상관격(傷官格)으로 바뀐 것이다.

□ 甲 丁 □
□ □ 戌 □

3. 잡기(雜氣)를 취용하는 방법도 간단하다. 월지 辰戌丑未의 사묘(四墓)에서 천간(天干)에 투(透)한 장간(藏干)을 쓰면 된다. 이렇게 되면 사주는 맑아지므로 잡이부잡(雜而不雜)이 된다. 가령 戌月 甲木에 庚金이 투(透)하면 재왕생살(財旺生殺)의 살격(殺格)이 된다.

□ 甲 庚 □
□ □ 戌 □

4. 천간(天干)이 아닌 지지(地支)의 글자에 의해서도 용신의 변화가 일어난다. 회지(會支)로 인해 격국이 정해진다. 예를 들어 戌月 甲午 일주(日柱)라면 午戌 화국(火局)으로 인해 상관격(傷官格)이 된다. 이것은 재격(財格)이 상관격(傷官格)으로 변한 것이다.

□ 甲 □ □
□ 午 戌 □

5. 월지(地支)가 합국(合局)을 이루어 용신의 변화가 일어나도, 월지(月支) 정기(正氣)의 글자가 천간(天干)에 투출(透出)하면 격국이 변하지 않는다. 이것이 '자평진전리뷰'에서 언급한 '격국의 회귀성' 일종으로 볼 수 있다. 예를 들어 戊戌月 甲午 일주(日柱)라면 午戌 화국(火局)이나 상관격(傷官格)으로 보지 않고, 재격(財格)으로 간주하게 된다.

□ 甲 戊 □
□ 午 戌 □

'자평진전' 격국론(格局論)

추명술(推命術)은 대개 먼저 팔자(八字) 오행(五行)의 세력(勢力)을 살펴 성격(成格) 유무로 격국(格局)의 귀천(貴賤)을 가리고, 다음으로 기후(氣候)를 본다. 이러한 순서에 구애됨이 없이 팔자(八字)의 기세(氣勢)를 동시에 살펴 격(格)의 고저(高低)를 분별하게 되면 어느 정도 팔자(八字)를 보는 수준에 오른 것이다. 이상으로 팔자(八字) 원국(元局)의 귀천(貴賤)를 가린 다음, 부억(扶抑)을 위주로 세월(歲月)의 성패(成敗)와 희기(喜忌)를 가늠하고, 형충회합(刑冲會合)과 물상(物象) 전반의 실전 테크닉으로 성패(成敗)의 변이(變移)와 득실(得失) 유무를 정확하게 추리해 나간다. 팔자술(八字術)의 '마스터'란 세사(世事)의 이치(理致)에 통(通)한 인사를 이르는 말인데, 이는 궁극적으로 학문(學文)과 수반된 경험(經驗)으로 노날할 수 있는 경계다. 한 마디로 팔자(八字)의 연구(硏究) 과정에는 신공(神工)이 전제되지 않는다. 그러므로 먼저 오행(五行)의 생극제화(生剋制化)를 근간으로 하는 이법(理法) 체계에 따른 '자평진전'의 '격국

(格局) 성패(成敗)'부터 가릴 줄 알아야 한다. 또 성격(成格)과 파격(破格)의 기본 유형으로 귀천(貴賤) 일반을 파악한 연후에는 재차 성격(成格)이 파격(破格)되고, 파격(破格)이 성격(成格)으로 귀결(歸結)되는 상황을 분별해야 한다. 성중유패(成中有敗)는 대기(帶忌)라 해서, 필시 꺼리는 성분이 곁에 있기 때문이고 패중유성(敗中有星)은 구응(救應)이 있는 것인데, 팔자(八字) 원국(元局)에서뿐만 아니라, 대운(大運)의 간지(干支) 작용에 의해서도 변격(變格)되므로 잘 살펴야 한다. 이상의 과정이 팔자(八字), 체신(體神)의 성패(成敗)를 가리는 첫 단계다.

그런데 팔자(八字)의 변화는 하나가 아니다. 애초에 성격(成格)과 파격(破格)으로 나눠지나 그 변화를 헤아리기는 수월치 않다. 성격(成格)이 파격(破格)으로 변화고 파격(破格)이 성격(成格)으로 변하는 기묘함이 있기 때문이다. 예컨대 상관(傷官)이 재성(財星)으로 변하면 성격(成格)이 된다. 이를테면 辛金 일간(日干)이 亥月에 나서 지지(地支)에 卯未가 있다면 재격(財格)으로 성격(成格)된다. 그러나 천간(天干)에 다시 칠살(七殺) 丁火가 투(透)했다면 재(財)가 살(殺)을 생(生)하여 다시 파격(破格)이 된다. 이런 경우를 성득패의(成得敗矣)라 한다. 반대로 파격(破格)이 다시 성격(成格)으로 변하는 패득성의(敗得成矣)의 유형도 적지 않다. 이를테면 辛金 일간(日干)이 戊戌月에 나서 年干에 정관(正官) 丙火가 있고 시간(時干)에 壬水가 있다면 壬水 상관(傷官)이 월간(月干) 戊土에 의해 제극(制剋)당하므로 멀리 이격되어 있는 丙火를 극(剋)할 수 없게 된다. 이때 상관(傷官) 壬水는 오히려 일주(日柱)의 왕성한 기운을 설기(洩氣)하는 좋은 작용을 한다. 또 양인격(陽刃格)에 칠살(七殺)과 식신(食神)이 모두 있으면 본래는 파격(破格)이다. 그런데 庚金 일간(日干)이 丁酉月에 나서 년간(年干)에 丙火가 있고 시간(時干)에 壬水가 있다면, 합관류살(合官留殺)되어 살인격(殺刃格)이 맑아진 셈으로 패득성의(敗得成矣)가 된다. 아무튼 팔자(八字)의 성격(成格)과 파격(破格)을 가리고 변화를 살피는 과정은 명리(命理) 학습의 기초가 되므로 '자평진전'의 초기 학습이 필요한 것이다.

❒ 팔자(八字)의 성격(成格)과 대기(帶忌)

정관격(正官格)이 재(財)와 인수(印綬)를 보면서 형충파해(刑沖破害)가 없으면 정관격(正官格)이 성격(成格)된 것이다. 재격(財格)이 정관(正官)을 보아 재왕생관(財旺生官)이 되거나, 혹은 식신(食神)이 재(財)를 생(生)하면서 신강(身强)하고 비견(比肩)이 있거나, 혹은 인수(印綬)가 투출(透出)하고 그 위치가 적절하여 재인(財印)이 서로 극(剋)하지 않으면 재격(財格)이 성격(成格)된 것이다. 인수격(印綬格)에 인수(印綬)가 경(輕)한데, 칠살(七殺)이 있어서 약한 인수(印綬)를 생(生)하거나, 혹은 관인쌍전(官印雙全)하거나, 혹은 신인양왕(身印兩旺)한데 식상(食傷)을 써서 설기(洩氣)하거나, 또는 인수(印綬)가 많은데 재(財)가 천간(天干)에 투출하고 재(財)의 뿌리가 약한 것 등은 모두 인수격(印綬格)이 성격(成格)된 것이다. 식신격(食神格)이 식신생재(食神生財)가 되거나, 혹은 식신(食神)과 칠살(七殺)이 있고 재(財)가 없거나, 식신(食神)을 버리고 칠살(七殺)을 취해야 할 경우에 인수(印綬)가 투출(透出)하게 되면 식신격(食神格)이 성격(成格)된다. 칠살격(七殺格)은 식신(食神)으로 제복(制伏)하거나, 상관(傷官)으로 화살(化殺)해야 성격(成格)된다. 상관격(傷官格)은 재(財)가 있거나, 혹은 상관(傷官)이 왕성(旺盛)한데 상관패인(傷官佩

印)이 되면서 인수(印綬)가 지지(地支)에 통근(通根)한 것, 또는 상관(傷官)이 왕(旺)하고 신약(身弱)한데 칠살(七殺)과 인수(印綬)가 동시에 투(透)한 것, 그리고 칠살(七殺)만 있고 재(財)가 없을때 상관격(傷官格)이 성격(成格)된다. 양인격(陽刃格)에 관살(官殺)이 투출(透出)하고 재(財)와 인수(印綬)가 드러나 있으면서 상관(傷官)이 없으면 양인격(陽刃格)이 성격(成格)된 것이다. 건록격(建祿格)과 월겁격(月劫格)은 관(官)이 투(透)하고 재(財)와 인수(印綬)가 있는 것, 재(財)가 투(透)하고 식상(食傷)이 있는 것, 칠살(七殺)이 투(透)하고 제복(制伏)된 경우에 록겁격(祿劫格)의 성격(成格)을 논한다.

성격(成格)이 다시 파격(破格)으로 귀결되는 유형은 필시 꺼리는 성분의 글자가 곁에 있기 때문이다. 이를 대기(帶忌), 즉 성중유패(成中有敗)라 하고 다음의 형태로 요약할 수 있다. 정관격(正官格)이 재(財)를 만나 성격(成格)되었다고 해도 팔자(八字)에 상관(傷官)이 있거나 또는 투(透)한 관(官)이 합(合)된 경우다. 재격(財格)이 정관(正官)을 생(生)하는데 상관(傷官)이 있어 정관(正官)을 파괴하거나, 정관(正官)이 합거(合去)되는 경우다. 인수격(印綬格)에 식신(食神)이 투(透)하여 설기(洩氣)하는 용신(用神)을 삼을 때 재(財)가 노출(露出)되었거나, 또는 칠살(七殺)이 투(透)하여 인수(印綬)를 생(生)하고 있는데 다시 재(財)가 투(透)하여 인수(印綬)가 파괴되고 칠살(七殺)만 남는 경우다. 식신격(食神格)에 칠살(七殺)과 인수(印綬)가 있는데 또다시 재(財)가 있는 경우다. 칠살격(七殺格)이 식신(食神)의 제복(制伏)을 받는데 다시 인수(印綬)가 있는 경우다. 상관격(傷官格)으로 재(財)를 생(生)하는데 재(財)가 합거(合去)되거나, 인수(印綬)가 용신(用神)인데 인수(印綬)가 파괴된 경우다. 양인격(陽刃格)에 투(透)한 정관(正官)이 파괴되거나, 칠살(七殺)이 투(透)했으나 칠살(七殺)이 합(合)된 경우다. 록겁격(祿劫格)에 투(透)한 정관(正官)이 상관(傷官)을 보거나, 재(財)가 투(透)하고 다시 칠살(七殺)이 투(透)한 경우다.

❐ 성격(成格) '포맷'과 성중유패(成中有敗)

격 格	성격 成格	구성 요건 構成 要件	성중유패 成中有敗
재격 財格	재왕생관 財旺生官	신강 身强	재왕생관이우봉상 財旺生官而又逢傷, 관봉합 官逢合
	재격투인 財格透印	재인양불상극 財印兩不相剋	
	재봉식상 財逢食傷	신강대비 身强帶比	
정관격 正官格	정관용재 正官用財	신강이무형충파해 身强而無刑衝破害	정관봉재이우봉상 正官逢財而又逢傷
	정관패인 正官佩印	무형충파해 無刑衝破害	
	관봉재인 官逢財印	무형충파해 無刑衝破害, 재인양불상극 財印兩不相剋	투관이우봉합 透官而又逢合
인수격 印綬格	인봉관살 印逢官殺	인경봉살, 관인쌍전 印輕逢煞, 官印雙全	투재거인존살 透財去印存煞
	인다용재 印多用財	재투근경 財透根輕	
	인용식상 印用食傷	신인양왕 身印兩旺	우재노 遇財露
	편인투식 偏印透食	신인양왕 身印兩旺	우재노 遇財露
식신격 食神格	식신생재 食神生財	신강 身强	
	식신대살 食神帶殺	무재, 삼자개비 無財, 三子皆備	봉재 逢財
	기식취살 棄食就殺	인투 印透	봉재 逢財
	식다용인 食多用印	신약식왕 身弱食旺	봉재 逢財

칠살격 七殺格	살용식제 殺用食制	신강 身強	봉인 逢印
	살격용인 殺格用印	신약 身弱	
	신살균정 身殺均停	신강 身強	
	살격봉인 殺格逢刃	일시지인 日時支刃	
상관격 傷官格	상관패인 傷官佩印	상관왕 인유근 傷官旺, 印有根	인조상 印遭傷
	상관생재 傷官生財	신강 身強	재봉합 財逢合
	상관살인 傷官殺印	신약이투살인 身弱而透煞印	
	상관가살 傷官駕殺	무재 無財	
록겁격 祿劫格	록겁용관 祿劫用官	봉재인 逢財印	관봉상 官逢傷
	록겁용살 祿劫用殺	우제복 遇制伏	
	록겁용재 祿劫用財	봉식상 逢食傷	재봉살 財逢煞
	록겁식상 祿劫食傷	유춘목지목화통명이추 唯春木之木火通明而秋 금지금수상함 金之金水相涵	
양인격 陽刃格	양인로살 陽刃露殺	무식상 無食傷	살피합 殺被合
	양인용관 陽刃用官	노재인 露財印	관피상 官被傷

❒ 팔자(八字)의 파격(破格)과 구응(救應)

정관격(正官格)이 상관(傷官)으로부터 극(剋)을 당하거나, 월지(月支)가 형충(刑沖)이면 파격(破格)이다. 재격(財格)에 재(財)가 경미하고 비겁(比劫)이 많거나, 재(財)가 투(透)하고 칠살(七殺)이 있으면 파격(破格)된다. 인수격(印綬格)에 인수(印綬)가 경(輕)한데 재(財)를 보거나, 신강(身強)하고 인수(印綬)가 중(重)한데 칠살(七殺)이 투(透)하면 파격(破格)이다. 식신격(食神格)에 식신(食神)이 효신(梟神)을 만나거나, 재(財)와 살(殺)이 모두 있으면 파격(破格)이다.

칠살격(七殺格)에 칠살(七殺)이 재(財)를 보고 식신(食神)의 제복(制伏)이 없으면 파격(破格)이다. 금수상관(金水傷官)을 제외하고 정관(正官)이 있는 상관격(傷官格)과, 상관생재(傷官生財)가 되면서 칠살(七殺)이 있는 것, 그리고 상관(傷官)은 미약한데 신왕(身旺)하고 인수(印綬)가 있는 것은 모두 상관격(傷官格)이 파격(破格)된 것이다. 양인격(陽刃格)에 관살(官殺)이 없으면 파격(破格)이다. 록겁격(祿劫格)에 재관(財官)이 없거나, 살인(殺印)이 같이 투(透)한 것은 파격(破格)이다.

파격(破格)이 다시 성격(成格)으로 정의되는 유형은 필시 구응(救應)이 있기 때문이다. 패중유성(敗中有成)은 다음의 형태로 요약할 수 있다. 정관격(正官格)에 정관(正官)이 상관(傷官)을 보았지만, 인수(印綬)가 있어 상관(傷官)을 제(制)하는 것, 관살(官殺)이 섞였는데 합살(合殺)하여 사주(四柱)가 맑아지는 것, 형충(刑沖)이 있어도 회합(會合)으로 이를 해소하는 경우다. 재격(財格)에 재(財)가 겁재(劫財)를 만났는데 식신(食神)이 투(透)하여 겁재(劫財)를 화(化)하거나, 정관(正官)이 있어 겁재(劫財)를 제(制)하는 것, 칠살(七殺)을 만났을 때 식신(食神)이 제살(制殺)하거나 합살(合殺)하여 재(財)가 살아남는 경우다. 인수격(印綬格)에 인수(印綬)가 재(財)에 의해 파괴되었는데 겁재(劫財)가 있어 이를 해소하거나, 재합(財合)하여 인수(印綬)가 남는 경우다. 식신격(食神格)에 식신(食神)이 편인(偏印)을 만났는데 칠살(七殺)이 있어 기식취살(棄食就殺)로 성격(成格)되거나, 식신(食神)이 편인(偏印)을 만났는데 재(財)가 편인(偏印)을 파괴하여 식신(食神)을 보호하는 경우다. 칠살격(七殺格)에 칠살(七殺)을 식신(食神)이 제복(制伏)할 경우, 인수(印綬)가 있으면 재(財)로써 인수(印綬)를 제거하여 식신(食神)을 남기는 경우다. 상관격(傷

官格)에 상관(傷官)이 재(財)를 생(生)하는데 칠살(七殺)이 투(透)하면 칠살(七殺)이 합거(合去)되는 경우다. 양인(陽刃)이 관살(官殺)을 용(用)하는데 식상(食傷)이 관살(官殺)을 극(剋)하여 좋지 않을 때는 인수(印綬)가 식상(食傷)을 제(制)하여 관살(官殺)을 보호하는 경우다. 록겁격(祿劫格)에 정관(正官)을 용(用)하는데 상관(傷官)을 보아 파격(破格)되면 이때 상관(傷官)이 합거(合去)되거나, 재(財)를 용(用)하는데 칠살(七殺)이 투(投)하면 칠살(七殺)이 합거(合去)되는 경우다.

❒ 파격(破格) '포맷'과 패중유성(敗中有成)

격 格	파격 破格	패중유성 敗中有成
재격 財格	재경비중 財輕比重	재봉겁이투식이화지 생관이제지 財逢劫而透食以化之, 生官而制之
	재투칠살 財透七煞	봉살이식신제살이생재 존재이합살 逢殺而食神制殺以生財, 存財而合殺
정관격 正官格	관봉상극 官逢傷剋	관봉상이투인이해지 官逢傷而透印以解之
	형충 刑沖	형충이회합이해지 刑衝而會合而解之
	관살혼잡 官殺混雜	잡살이합살이청지 雜煞而合煞而淸之
인수격 印綬格	인경봉재 印輕逢財	인봉재이겁재이해지 합재이존인 印逢財而劫財以解之, 合財而存印
	신강인중이투살 身强印重而透煞	
식신격 食神格	식신봉효 食神逢梟	식봉효이취살이성격 재이호식 食逢梟而就煞以成格, 財以護食
	생재노살 生財露煞	
칠살격 七殺格	칠살봉재 七煞逢財	
	칠살무제 七煞無制	
	식제인래호살 食制印來護殺	봉재이거인존식 逢財以去印存食

<table>
<tr><td rowspan="3">傷官格</td><td>傷官非金水而見官</td><td></td></tr>
<tr><td>生財而帶煞</td><td>煞逢合</td></tr>
<tr><td>佩印而傷輕身旺</td><td></td></tr>
<tr><td rowspan="4">祿劫格</td><td>祿劫無財官</td><td></td></tr>
<tr><td>祿劫透殺印</td><td></td></tr>
<tr><td>祿劫用官遇傷</td><td>傷被合</td></tr>
<tr><td>祿劫用財帶煞</td><td>殺被合</td></tr>
<tr><td rowspan="2">陽刃格</td><td>陽刃無官煞</td><td></td></tr>
<tr><td>陽刃用官殺帶傷食</td><td>印以護官殺</td></tr>
</table>

影響遙繫既爲虛, 雜氣財官不可拘.

影響과 遙繫에 대한 설명은 다소 해석이 분분한 데, 이를 도충(倒沖)이나 암충암합(暗沖暗合) 등으로 격(格)을 이루는 잡격(雜格) 유형으로 설명하는 경우가 더러 있다. 그러나 굳이 이 대목에서 암충암합(暗沖暗合)으로 까지 확대 해석할 필요는 전혀 없다. 影響은 글자 그대로 '그림자의 울림'이니, 그저 이격된 글자의 충(沖)은 특별한 영향력을 지니지 않는 것으로 이해하는 게 좋다. 이를테면 월지(月支) 卯와 시지(時支) 酉의 관계와 같은 것으로 격(格)을 정하는데 특별히 영향을 미치지 못하는 상황을 의미하는 것이다. 遙繫에서 遙는 '노닌다'라는 뜻에 앞서 'distance'의 '원거리'라는 해석을 적용하면 더욱 확연한 의미를 갖게 된다. 즉 떨어져 있는 천간(天干)끼리의 합(合)을 의미하는 것으로 일종의 격합(隔合)을 말하는 것이다. 이를테면 년간(年干) 乙과 시간(時干) 庚이 있는 것과 같이 격(格)을 정하는데 전혀 영향을 미치지 못하는 상태를 의미한다. 雜氣財官不可拘(잡기재관불가구)란 사시(四時)에 태어난 경우는 잡기재관격(雜氣財官)으로 논하지 말고, 土의 육신(六神)을 취하여 일간(日干)과의 관계를 살펴 격(格)으로 삼으면 된다는 얘기다. 이때도 마찬가지로 장간(藏干)의 투출(透出) 여부를 가려 격(格)을 정하면 되므로 굳이 잡기(雜氣)라는 이름을 붙일 필요는 없다.

✍ **Note**

❒ 암충압합격(暗沖暗合格) 개괄

'적천수'는 잡격(雜格) 일체를 거론하지 않고 있지만, 고가(古歌)에 이르길 외격(外格)이 참되면 지위(地位)가 대각(台閣)에 오르고 궁전(宮殿)에 들어가 황제(皇帝)의 용안(龍顔)을 본다고 했다. 운로(運路)에서는 전실운(塡實運)을 기피할 뿐 여타의 운(運)은 대체로 무난하다고 했다. 여기에서 이르는 외격(外格)은 암충압합격(暗沖暗合格)의 유형을 뜻한다. 이때 전실(塡實)은 대운(大運)이 아니라 세월(歲月)의 '필드'에만 국한되어 길흉(吉凶)을 논하는 단서다. 보통 대운(大運)의 전실(塡實)은 격국(格局)을 무너뜨려 좋지 않게 판단해왔지만, 실상 일반 격국(格局)으로 성격(成格)되기만 하면 특별히 나쁘지 않다. 만일 변격(變格)되어 파격(破格)된다면 좋을 리 없지만, 패(敗)의 상황을 두고 굳이 외격(外格)의 귀(貴)를 특별히 훼손시켰다고 볼 필요는 없는 것이다. 잡격(雜格)에는 특별히 적용되는 암충(暗沖)이나 암합(暗合)의 운기(運氣) 작동과 기반(羈絆), 전실(塡實) 등의 법칙이 있다. 이때 암충(暗沖)이나 암합(暗合) 등으로 허공에서 불러오는 글자는 그것이 지지(地支)의 글자라 해도 동(動)적 요소가 가미되어 천간(天干)과 같은 역할을 하므로 성격(成格)의 요소가 된다. 이를테면 허공에서 불러오는 巳火는 丙火와 같다는 얘기다. 따라서 팔자(八字) 자체는 정물(靜物)이지만 지지(地支)의 같은 글자가 모이거나, 시(時)의 간지(干支)가 甲寅이나 庚申, 戊子나 丙子 등으로 연관적인 속성을 띄게 되면 파워가 증대되는 특징이 있다. 암충암합격(暗沖暗合格) 일반은 격(格)을 이루는 조건이 매우 엄격하다. 따라서 조건에 부합되지 않으면 예외 없이 일반 격국(格局)으로 성패(成敗)를 논해야 한다. '자평진전' 또한 팔자(八字)에 재관(財官)이 존재하지 않는 경우, 허공에서 재관(財官)의 글자를 합(合)하거나 충(沖)해서 격국을 성격(成格)시키는 잡격(雜格) 유형은 공식적으로 인정하는 입장을 취했다. 다만 이 외의 기타 잡격(雜格) 일체는 부정했다. 이를테면 공록(拱祿), 공귀(拱貴), 추건(趨乾), 귀록(歸祿), 서귀(鼠貴), 일귀(日貴), 일덕(日德), 괴강(魁罡), 시묘(時墓), 양간부잡(兩干不雜) 등은 통틀어 취하지 않았다. 반면 '적천수'는 이들의 존재에 대해 거론조차 하지 않았고, '임철초'를 위시한 많은 인사들은 잡격(雜格)의 의미 자체를 아예 망령되게 여겼다. 근세(近世)의 '서락오'는 다소 모호한 입장을 견지했고, '위천리'는 가소(可笑)롭다고 했을 정도다. 무릇 학자라면 엄연히 존재하는 대상에 대해 깊은 사유(思惟)를 수반하지 않고 완전히 무시해 버리는 우(愚)를 삼가야 마땅하다고 생각한다. 팔자(八字)의 오행(五行) 이법(理法) 틀에서 벗어나 원초적인 에너지의 법칙인 체용(體用)과 동정(動靜), 허실(虛實) 등의 상관 관계를 헤아린다면 감히 고법(古法)의 오의(奧義)를 훼손할 수 없을 것이다. 아래의 해당 명례(命例)를 통하여 암충암합격(暗沖暗合格) 전반을 개괄한다.

1. 도충격(倒沖格)

팔자(八字)에 재관(財官)이 없고 다른 수기(秀氣)도 취할 수 없으면서 일지(日支)와 같은 글자가 많을 때 충(沖)이 되는 글자를 불러와 반대의 기운을 취하고, 이로써 재관(財官)을 구해 격(格)을 이룬다. 이것이 바로 암충(暗沖) 기법의 하나다. 이렇게 도충(倒沖)된 글자의 정기(正氣)에서 재관(財官)을 구하면 그 힘이 팔자(八字) 원국(元局)의 재관(財官)과 다름이 없다. 이때 도충(倒沖)과 연관되는 신(神)은 타 글자의 영향력으로 인해 훼손당하지 않아야 한다. 이를테면 丙午日에 午를 거듭 볼 때 팔자(八字)에 未가 있어 午를 합(合)하거나, 己가 있어 암관(暗官) 癸를 상(傷)하거나 하면 암충관격(暗沖官格)으로 논하지 않는다는 얘기다.

도충격(倒沖格)의 예로 '관운장(關雲長)'의 팔자(八字)를 들 수 있다.

戊 戊 戊 戊
午 午 午 午

사주(四柱)의 午火가 무리를 지어 암중(暗中)으로 子水 재(財)를 충(沖)하여 오는 것이다.

甲 丙 庚 甲
午 午 午 寅

午火가 정관(正官) 子水를 沖하여 온다. 세월(歲月)에서 전실(塡實)됨을 기피한다. 다른 운(運)은 무방하다

전실(塡實)이란 "이미 채워져 있다"는 뜻으로 팔자(八字)에 이미 子水가 있는데 굳이 병립한 午火가 子水를 허공에서 불러 오는 현상은 나타나지 않음을 의미한다. 즉 허공에서 반대의 기운을 불러와서

용(用)하려고 하는데 이미 팔자(八字)의 글자 정기(正氣)에 그 기운이 있으므로 외격(外格)의 묘용(妙用)을 살리지 못하는 상황을 말한다. 따라서 전실운(塡實運)도 기피한다. 만약 대운(大運)에서 도충(倒沖)과 연관되는 신(神)을 형충(刑沖)한다면 도충격(倒沖格)은 훼손되고, 일반 내격(內格)으로 취해야 한다. 세월(歲月)의 형충(刑沖)은 당연 불리하다. 도충격(倒沖格)을 이루려면 이지(二支)만 같아서는 그 힘이 충분히 강하지 못하므로 불가(不可)하고 삼지(三支)나 사지(四支)라야 비로소 묘하게 된다는 설이 지배적이다. 그러나 실상은 꼭 그렇지 않다. 암충암합(暗沖暗合)의 핵심은 일지(日支)와 시지(時支)에 있다. 따라서 이 두 글자만 건전하게 겹치면 암충암합(暗沖暗合)의 작용력이 발생한다.

2. 비천록마격(飛天祿馬格)

도충격(倒沖格)과 원리가 같다. 협의의 도충격(倒沖格)이 충(沖)한 글자의 정기(正氣)만을 대신해서 재관(財官)을 용(用)한다면 비천록마격(飛天祿馬格)은 충(沖)한 글자의 장간(藏干)을 취해 재관(財官)으로 쓰는 것이다. 록마(祿馬)는 곧 재관(官財)를 뜻한다. 통상 丙午일에 午가 많으면 子를 충(沖)하여 관(官)으로 쓰고, 丁巳일에 巳가 많이 亥를 충(沖)해 官을 쓰며 특히 하월(夏月) 생이면 더욱 유용하다고 본다. 庚子나 壬子 이일(二日)에서도 취하는데 子가 많으면 午를 충해 午中 丁己가 재관인(財官印)이 되고, 辛亥, 癸亥 이일(二日)에서도 亥가 많으면 巳를 충(沖)하여 巳中 丙戊를 재관(財官)으로 쓰는 바, 마찬가지로 동월(冬月) 생이면 더욱 귀(貴)해진다. 이상의 육일(六日)만 취하는 이유는 간단하다. 이상의 육일(六日)이 충(沖)하는 관(官)이 힘이 있고, 그 안에 재인(財印)의 사길신(四吉神)을 겸하기 때문이다. 이를테면 甲日이 卯가 많으면 역시 酉를 충(沖)할수 있고

乙日이 寅이 많으면 역시 申을 충(沖)할 수 있으나 암충암합격(暗沖暗合格)은 살상효겁(殺傷梟劫) 등의 흉신(凶神)을 겸해 격(格)을 이루는 법이 좀체 없다. 다만 丙午는 양인(陽刃)이므로 살(殺)이 가하다. 가령 甲乙日과 같은 경우는 충합록마격(沖合祿馬格)으로 따로 분류하는데 위와 같은 맥락에서 비천록마격(飛天祿馬格)에 비해 격(格)이 떨어진다고 볼 수 있다. 아무튼 허공에서 불러 온 글자의 정기(正氣) 자체를 재관(財官)을 삼는 것과 달리 허신(虛神)의 장간(藏干)까지 취하여 잡격(雜格) 체계에 대해서는 좀 더 궁리해 볼 여지가 있다.

明通賦: 庚壬子午沖午祿, 切忌丙丁, 丙午丁巳準此, 最忌刑沖, 壬子癸亥例同, 亦防塡實

'명통부'에 "암충(暗沖)하는 글자의 오행(五行)이 이미 팔자(八字)에 전실(塡實)되거나 그 글자를 형충(刑沖)하는 글자가 전실(塡實)되어 있는 것을 가장 기피한다."고 했다. 이것은 허신(虛神)이 체신(體神)의 귀천(貴賤) 여부에 직접 작용한다는 점을 시사하는 대목인데, 잡격(雜格)의 희기(喜忌)은 굳이 체신(體神)의 영역에서 논할 필요가 없다.

아래 두 팔자는 고서에 기재된 걸인(乞人)의 팔자다.

丙 壬 壬 壬
午 子 子 子

午火의 전실(塡實)로 비천(飛天)이 되지 않는다.

癸 癸 癸 戊
亥 亥 亥 寅

巳火를 형(刑)하는 寅의 글자가 전실(塡實)되어 대기(大忌)하다.

기반(羈絆)은 "묶여서 작용을 못하게 된다"는 의미로 이미 팔자(八

字)의 지지(地支)에 합(合)이 있어 도충(倒沖)의 현상을 나타나지 못하게 함을 가리키는 말이다. 즉 子가 丑과 합(合)을 이루면 합(合)을 즐기므로 午를 불러오는 본래의 임무를 망각한다는 얘기다. 아무튼 위의 두 팔자(八字)는 비천록마격(飛天祿馬格)의 파격(破格)으로 볼 수도 있다. 그러나 이미 팔자(八字) 원국(元局)에서 비천록마격(飛天祿馬格)이 성립되지 않을 경우에는, 여타의 격국(格局)으로 취해 성패희기(成敗喜忌)를 가리는 게 옳다. 壬子日의 경우 비천(飛天)이 되지 않으므로 양인격(陽刃格)으로 세월(歲月) 지지(地支)의 글자 희기(喜忌)를 논해도 좋고, 윤하격(潤下格)이 대운(大運) 남방운(南方運)을 기피하는 것에 주목해도 무난하다. "양인(陽刃)이 재(財)를 보거나, 상관(傷官)이 관(官)을 보면 망(亡)한다"는 일반적 견해만 견지해도 특별히 어렵지 않은 팔자(八字) 구조다. 암충암합(暗沖暗合)의 핵심은 허신(虛神)을 불러오는 글자와 허신(虛神)의 글자가 모두 훼방 받지 않는 환경에 있다고 보면 된다. '서락오'는 '자평일득(子平一得)'에서 "팔자(八字) 중에 지지(地支)가 병립(竝立)하고, 천간(天干)에서도 허신(虛神)을 상합(相合)을 구조를 이루면 마치 많은 화살이 하나의 과녁판을 보고 집중되는 것처럼 더욱 의미가 있다."고 했다. 이를테면,

甲 壬 壬 壬
辰 子 子 子

노상서(魯尙書)의 명(命)과 같은 경우를 말한다.

3. 정란차격(井欄叉格)

庚子, 庚辰, 庚申의 삼일(三日)이 지지(地支)에 申子辰이 완전하면 정란차격(井欄叉格)이 된다. 지지의 申子辰이 寅午戌을 충하여 오니 재관인(財官印)이 다 생긴다는 얘기다. 만약 丙丁이 투출하거나 巳

午가 있다면 전실(塡實)로 이미 관(官)이 있으므로 굳이 그것을 충(沖)하여 재관(財官)을 끌어올 필요가 없다.

庚 庚 庚 戊
辰 申 申 子

'성평회해(星平會海)'에서 인용한 곽통수(郭統帥)의 명(命)이다. 정란차격(井欄叉格)은 상관격(傷官格)과 희기(喜忌)를 같이 하며 다만 전실운(塡實運)을 기피한다는 점에서 일반 격국(格局)과 차이가 있다.

眞寶賦: 欄叉得印祿之相助, 官居輔袞阿衡, 火劫兼歲運之不和, 反作貧窮而下賤,

(진보부: 란차득인록지상조, 관거보곤아형, 화겁겸세운지불화, 반작빈궁이하천,)

又云飛天欄叉兼印綬, 必爲昭代名公

(우운비천란차겸인수, 필위소대명공)

'진보부'에 이르길, 정란차격(井欄叉格)이 인수(印綬)와 록(祿)의 상조(相助)를 받으면 직책이 높고 곤룡포를 입는다고 했다. 그러나 화겁(火劫), 즉 관살(官殺)이 있고 세운(歲運)에서 불화(不和)하면 반대로 빈곤하게 되며 하천(下賤)해진다고 했다. 또한 비천록마격(飛天祿馬格)이나 정란차격(井欄叉格)이 팔자(八字)에서 인수(印綬)를 겸하면 필시 태평성대(太平聖代)의 명인(名人)이 된다고 했다.

'서락오'는 금수상관(金水傷官)이 火를 기뻐하는데, 정란차격(井欄叉格)이 예외일 수 없다고 생각했다. 이 부분의 지적은 몹시 타당해 보이는데, 위 곽통수(郭統帥)의 팔자(八字)가 화운(火運)을 보지 않고도 현달(顯達)했음을 감안한다면 정란차(井欄叉)는 예외로 보아야 할 것 같다. 아무튼 이 부분은 현실의 검증으로 조율해나가야 할 문제다. '진소암'은 정란차(井欄叉)의 뜻이 애매하여 이런 것은 고인

(古人)들이 지은 억지 이름으로 배척하고 암충(暗沖)의 일반적인 유형만 수용했는데, 申子辰 수국(水局)이 寅午戌의 각 글자를 취한다는 점은 쉽게 받아들이기 어려운 내용이라 할 수 있다. 다만 수국(水局)이 화관(火官)을 취한다는 선에서 정란차격(井欄叉格)을 이해하는 것이 무난하다고 생각한다.

4. 암합격(暗合格)

지지(地支) 육합(六合)은 그 기(氣)가 서로 관련이 있으므로 만일 팔자(八字)에 관(官)이 없으면서 일지(日支)와 같은 글자와 많으면 암중(暗中)으로 일궁(日宮)과 합(合)하는 관(官)을 불러 쓸 수 있다는 것으로, 그 힘이 암충(暗沖)보다는 약간 떨어지지만 합(合)의 정(情)에 맞으니 역시 취할 수 있다는 것이다. 예컨대 甲辰日에 辰이 많으면 암합(暗合)으로 辰과 合하는 酉中 辛金이 관(官)이 되고, 戊戌日에 戌이 많으면 암합(暗合)으로 戌과 합(合)하는 卯中 乙木이 관(官)이 되며, 癸卯日에서 卯가 많으면 암합(暗合)으로 卯와 합(合)하는 戌中 戊土가 관(官)이 된다는 것이다. 또 癸酉日에 酉가 많으면 암합(暗合)으로 酉와 합(合)하는 辰中의 戊土가 관(官)이 된다. 암합격(暗合格)이 성립될 때도 보통 삼지(三支) 내지 사지(四支)가 서로 같아야 그 합(合)이 비로소 참되다는 설이 지배적인데 이것은 잘 몰라서 하는 소리다. 일시(日時)의 지지(地支)가 깉고 진실(塡實)됨이 없으면 능히 합관(合官)한다. 다음은 중국의 황제 성조(成祖)의 팔자(八字)다.

辛 癸 辛 庚
酉 酉 巳 子

5. 합록격(合祿格)

일각에서는 '합록(合祿), 요합(遙合), 형합(刑合)' 등은 모두 쓰지 않고 암합격(暗合格)만 취한다. 암합(暗合)은 이치가 자연스럽지만, 요합(遙合) 등은 부자연스럽다는 얘기다. 합(合)이면 그냥 합(合)이지, 자요(子搖)나 축요(丑遙) 등과 같이 돌아 상봉(相逢)하는 게 아니므로 후자를 버리는 것인데 '합록(合祿), 요합(遙合), 형합(刑合)'의 이치는 병립(竝立)된 지지(地支)가 일차적으로 암충암회(暗沖暗合)하는 현상과는 다소 의미를 달리 한다. 시(時)의 간지(干支)와 동시에 인력(引力)을 형성하는 것으로 간지(干支)의 오운육기(五運六氣) 작용력이 투영된 것인 바, 쉽게 폐기할 이론이 못된다.

고가운, 경신시봉무일식신기, 최희추동복유여

古歌云, 庚申時逢戊日食神奇, 最喜秋冬福有餘

합록격(合祿格)은 팔자에 관(官)이 없으면 간지(干支) 공히 관(官)을 합(合)해 오는 경우를 말한다. 가령 戊 일간(日干)이 庚申時에 출생하면, 庚이 乙을 합(合)해 오고, 申이 寅을 불러 와 정관(正官)을 얻으니 전식합록격(專食合祿格)이라 한다. 촉왕(蜀王)의 명(命)이다.

庚 戊 戊 己
申 辰 辰 未

또 전인합록격(專印合祿格)이 있는데, 명통부(明通賦)에 이르길, "癸 일주(日柱)가 팔자(八字)에 火가 없고 戊己土가 없으면서 庚申時가 되면, 허신(虛神)을 합래(合來)하여 재관(財官)을 삼으므로 庚申이 용신(用神)이 된다."고 했다. 이것은 申이 합(合)해 온 巳中 丙戊를 쓴다는 것인데, 간지(干支)의 오운육기(五運六氣) 현상과는 내용이 다르므로 전식합록격(專食合祿格)과 전인합록격(專印合祿格)은 꼴을 비슷하나, 성립 배경은 다른 셈이다.

6. 요합격(遙合格)

금성옥진부 자요사 축요사 역이재인상성
金聲玉振賦: 子遙巳, 丑遙巳. 亦以財印相成

진보부 자축요합사궁 주인재이위극보
眞寶賻: 子丑遙合巳宮, 柱印財而爲極寶

'금성옥진부'에 "子는 요동(搖動)하여 巳를 부르고, 丑도 요동(搖動)하여 巳를 합래(合來)한다."고 했다. 요사(遙巳)란 팔자(八字)에 없는 巳火를 요동(搖動)시켜 그 속에 있는 丙戊를 끌어당겨 합(合)해 온다는 뜻이다. 원래 戊癸가 간합(干合)하는데 '巳는 戊의 록(祿)이고, 子는 癸의 록(祿)'이니 子巳는 합력(合力)이 특별하다고 본 것이다. 또 辛癸는 각기 丙戊와 합(合)하는데 丑中에는 辛癸가 들어 있으니 丑 또한 巳를 끌어들이는 힘이 있다고 본 것이다. 이러한 작용력을 현상에서 받아들여야 할지 난감한 면이 없진 않다. 다만 子나 丑이 겹친다면 巳를 요동(搖動)하는 작용력이 발생할 가능성을 전혀 배제할 순 없을 것 같다. 명례(命例)를 통해 관련 내용을 살펴보기로 하자. 예컨대 辛丑日에 丑이 많아서 巳를 합(合)하여 오면 辛丑의 관(官)을 얻는다고 볼 수 있다.

庚	辛	辛	辛
寅	丑	丑	丑

장통제(章統制)의 명(命)이다. 팔자(八字)에 이미 丙丁이 있다면 관(官)이 있는 것이니 요합격(遙合格)이 성립되지 않을 것이다. 丑이 巳를 끌고 왔으므로 일단 축요사격(丑遙巳格)이 된다.

희기편 갑자일재봉자시 외경신신유축오 불희관성
喜忌篇: 甲子日再逢子時, 畏庚辛申酉丑午, 不喜官星

축요사격(丑遙巳格)과 달리 자요사격(子遙巳格)에 대해서는 '심효첨'이나 '서락오' 공히 폐기해야 마땅할 설(說)로 거론했다. 이를테면 자요사격(子遙巳格)이란, 甲子日 甲子時에 출생하면 子中 癸水가 巳中 戊土를 합하여 오고, 戊土는 丙火를 요동(搖動)시켜 丙火가 辛金을 합(合)하여 온다는 것인데, 辛金은 곧 甲木의 정관(正官)이 된다는 논리다. '신봉통고(神峯通考)'에 이르길 "자요사격(子遙巳格)은 子中 癸水가 요동(搖動)하여 巳中 戊土를 합래(合來)하는데, 같은 지장간(地藏干) 중에 丙火로 하여금 辛金을 요합(遙合)하므로 甲木은 辛金으로 관(官)을 얻은 셈"이라 했다. 축요사격(丑遙巳格)처럼 허신(虛神) 巳火를 그대로 관(官)으로 취한다면 별 문제를 삼지 않을 수 있겠지만, 허신(虛神)의 장간(藏干)이 재차 관(官)의 글자를 합(合)하여 온다는 데에 이르면 부당(不當)하게 여겨지기 쉽다. '서락오'는 '신봉통고'의 논리가 참으로 우회곡절(迂回曲折)이라고 했다. 후에 그는 '자평집액(子平集腋)'에서 '신봉통고'야 말로 가장 천박한 이론서로 오류투성이라는 비평을 가했다. 그렇다면 자요사(子遙巳)는 정말 폐기되기야 마땅한 설(說)일까. 다음은 나어사(羅禦史)의 명(命)이다.

甲 甲 甲 甲
子 子 戌 申

'심효첨'은 甲子日의 자요사격(子遙巳格)은 맞지 않지만 '나어사'의 경우에는 약간 부합되는 것 같다고 했다. 다음은 전수상(錢首相)의 명(命)이다.

甲 甲 乙 己
子 子 亥 亥

'서락오'는 '자평일득'에서 차명(此命)을 두고 단지 수왕목부(水旺木浮), 모자감자(母慈滅子)만을 논하고 그 세력에 순종하는 게 좋다고만 했다. 따져 보면 이 정도의 설명으로 팔자(八字)의 귀(貴)를 논하기엔 부족하다. 또한 자요사(子遙巳)에 巳中 丙火가 재차 辛金을 끌어 온다는 논리도 어색하기는 마찬가지다. 이보다는 巳中 庚金을 취하는 것으로 이해하는 게 무난하다고 생각한다. 십간론(十干論)에 甲의 관(官)은 庚이며, 辛은 오히려 살(殺)의 작용을 한다는 점을 상기해 볼 필요가 있다.

7. 형합격(刑合格)

희기편: 육계일시봉인위, 세월외무기이방

喜忌篇: 六癸日時逢寅位, 歲月畏戊己二方

'자평진전'에는 癸日이 甲寅時에 출생하면 寅이 巳를 형(刑)하여 오고, 巳中 丙戊가 재관(財官)이 되므로 합록격(合祿格)과 유사하다고 했다. 그러면서 합록격(合祿格)은 기쁘게 합(合)하여 오는 것이고, 형합격(刑合格)은 강제로 형(刑)하여 오는 점이 다르다고 했다. 甲寅時에서 甲은 寅을 비화(比和)하여 寅의 극성(極盛)을 도모한다. 까닭에 팔자(八字)에 庚申이 있으면 형합(刑合)의 작용력을 억제한다. 또 팔자(八字)에 土의 관살(官殺)이 있다면 형합격(刑合格)이 성립되지 않을 것이다. 다음의 두 팔자(八字)는 모두 절도사(節度使)의 명(命)으로 형합격(刑合格)에 해당한다.

甲 癸 癸 乙
寅 卯 卯 未

甲 癸 癸 乙
寅 亥 未 未

'희기편'에 이르길 형합격(刑合格)은 세월(歲月)의 戊己土 운(運)을 기피한다고 했다. 이미 甲木 상관(傷官)을 보았으니 관(官)을 봐서 좋을 리 없고, 己는 甲을 합(合)하여 용(用)을 무력하게 한다. 그러나 원뜻은 세월(歲月)의 전실운(塡實運)을 기피한다는 얘기다. 또한 이 대목은 대운(大運)과 세월(歲月)의 체용(體用) 구분에 유의해야 함을 시사하고 있다.

8. 육신조양격(六辛朝陽格)

辛 일간(日干)이 戊子時에 출생하고 팔자(八字)에 재관(財官)이 없으면 육신조양격(六辛朝陽格), 혹은 육음조양격(六陰朝陽格)이 성립된다. 子가 巳를 요합(遙合)하여 巳火를 관(官)으로 쓴다는 것이니 자요사격(子遙巳格)과 원리가 같다. 辛日 중에도 辛巳와 辛未는 조양격(朝陽格)이 되지 않는다고 했는데, 辛巳의 巳 전실(塡實)은 납득이 가지만, 辛未는 그 이유를 잘 모르겠다. 다음은 '명리정종'에 예시된 왕대위(王大尉)의 명(命)이다.

戊 辛 辛 戊
子 丑 酉 辰

이와 달리 육신조양격(六辛朝陽格)의 형태를 갖추었는데도 귀(貴)와 거리가 먼 경우도 있다. 가령 다음과 같은 예다.

戊 辛 庚 戊
子 酉 申 戌

'자평일득(子平一得)'에 빈농(貧農)의 팔자(八字)로 설명되어 있다. '서락오'는 申子 합국(合局)으로 조양격(朝陽格)이 성립되지 않는다는 견해를 피력했다. 그런데 이격된 글자 간에도 합국(合局)을 취하는 것은 옳지 않다고 생각한다. 또한 위 왕대위(王大尉)의 팔자(八字)를 보면 子丑 합(合)이 巳火를 견인하는데 장애가 되지 않음을 알 수 있다. 요합(搖合)은 암충(暗沖)과 작용력이 다른 것이다. 차명

(此命)은 지지(地支)의 방국(方局)이 우선이다. 이미 종혁(從革)의 기세(氣勢)를 이루었으므로 巳火의 출현을 반길 수 없는 것이다.

9. 임기용배격(壬騎龍背格)

壬日이 팔자(八字)에 辰을 많이 보면 임기용배격(壬騎龍背格)이 된다. 辰이 戌을 충(沖)하여 戌中 丁戊의 재관(財官)을 적출(摘出)한다는 것인데, 실관(實觀)에서 壬辰日 壬寅時 출생자가 팔자(八字)에 재관(財官)이 없다면 일단 주목할 필요가 있다. 이 같은 경우 고가(古歌)에 이르길, "관리나 정치가로 크게 이름을 높이고 관(官)으로 출사(出仕)하지 않아도 복록이 두텁다."고 했다. 다음은 리콴유(李光耀), 전 싱가포르 총리의 명(命)이다.

壬 壬 辛 癸
寅 辰 酉 亥

임기용배격(壬騎龍背格)은 응당 전실운(塡實運)이 되는 戊土의 글자를 기피한다. 다음은 1982년 壬戌年에 사망한 여우(女優), 잉그리드 버그만(Ingrid Bergman)의 명(命)이다.

壬 壬 甲 乙
寅 辰 申 卯

관살상혼래문아, 유가유불가
官殺相混來問我, 有可有不可.

팔자(八字)에 관살(官殺)이 혼잡(混雜)되면 파격(破格)으로 불리하게 인식되지만, 추동월(秋冬月)에 태어난 庚金 일간(日干)은 丙丁火를 공히 기뻐하므로, 관살혼잡(官殺混雜)이 오히려 필요한 경우가 있는 것이다. 이것은 火의 조후(調喉)가 시급하기 때문인데, 이때 丁은 연금(鍊金)하기 위해, 丙은 조후(調喉)로써 용(用)하므로 관살(官

殺)이 혼잡(混雜)되어야 상격(上格)을 이루게 된다. 다음은 '조화원약평주'에 귀(貴)가 극품(極品)에 이른 명(命)으로 예시된 승상(丞相)의 팔자(八字)다.

丙 庚 丁 丙
子 子 酉 子

상관견관과난변, 가견불가견
傷官見官果難辨, 可見不可見.

'자평진전'에 상관견관(傷官見官)은 위화백단(爲禍百端)이라 했다. 상관격(傷官格)이 관(官)을 보면 격국(格局)이 파(破)하여 대개 흉(凶)하다. 그런데 금수상관(金水傷官)의 경우에는 火, 관(官)을 보아도 파격(破格)되지 않고 오히려 귀격(貴格)이 된다. 금수상관격(金水傷官格)은 오히려 관(官)이 있어야 수기(秀氣)가 된다는 것이다. 이 또한 조후(調喉)가 시급하여 火를 용(用)하는 것이다. 다음은 청나라 태종(太宗)의 팔자(八字)다.

丙 辛 辛 壬
申 亥 亥 辰

이 외에도 가을철의 乙木이 丙火 상관(傷官)을 보아도 상관견관(傷官見官)으로 파격(破格)되지 않고 귀격(貴格)을 이룬다.

✍ **Note**

'자평진전' 기후론(氣候論)

논명유이월령용신위주, 연역수배기후이호참지
論命惟以月令用神爲主, 然亦須配氣候而互參之

명(命)을 추리할 때는 월령(月令)의 용신(用神)을 위주로 논하되, 반드시 기후(氣候)와의 관계를 살펴 논단해야 한다. 비유하자면 영웅호걸이 때를 만나면 절반의 노력으로 곱절이 능력을 발휘하겠지만, 때를 잘못 만나면 아무리 기이한 재능이 있어도 성공하기 힘든 것과 마찬가지다.

동수불능생목, 봉화, 부유가이설신, 이즉가이조후야
凍水不能生木, 逢火, 不惟可以泄身, 而卽可以調候也

인수격(印綬格)에 정관(正官)이 있으면 관인쌍전(官印雙全)으로 귀(貴)하지 않음이 없다. 그러나 겨울철에 난 甲乙木이 인수(印綬)水의 월령(月令)을 얻고, 庚辛金의 정관(正官)이 투(透)했다고 해도 꼭 귀한 것만은 아니다. 무릇 金은 차가워 물을 더욱 얼어붙게 만드니 동수(凍水)가 어찌 나무를 생(生)할 수 있겠는가. 이때는 식신(食神)이 투하면 귀하게 된다. 대부분의 인수격(印綬格)이 그렇지만 동목(冬木)은 특히 수기(秀氣)가 빼어나니, 이는 동목(冬木)이 불을 만나 설기(洩氣)할 뿐만 아니라 기후(氣候)가 적합해지기 때문이다.

상관견관, 위화백단, 이금수견지, 반위수기, 비관지불외부
傷官見官, 爲禍百端, 而金水見之, 反爲秀氣, 非官之不畏夫

상, 이조후위급, 권이용지야
傷, 而調候爲急, 權而用之也

상관견관(傷官見官)이면 위화백단(爲禍百端)이라 한다. 그러나 금수상관(金水傷官)은 도리어 정관(正官)이 있어야 기세가 수려해진다. 이것은 조후(調候)가 시급하기 때문에 쓰는 것이다.

상관대살, 수시가용, 이용지동금, 기수백배
傷官帶殺, 隨時可用, 而用之冬金, 其秀百倍

상관패인, 수시가용, 이용지하목, 기수백배, 화제수, 수제화야
傷官佩印, 隨時可用, 而用之夏木, 其秀百倍, 火濟水, 水濟火也

상관대살(傷官帶殺)은 수시로 가용(可用)하는데 겨울철의 金은 그 수기(秀氣)가 백배에 이른다. 상관패인(傷官佩印)도 수시로 가용(可用)하는데 여름철의 木은 그 수기(秀氣)가 백배에 달하니 이것은 모두 수화기제(水火旣濟)를 이뤘기 때문이다.

상관용재 본위귀격 이용지동수 즉사소부 역다불귀
傷官用財，本爲貴格，而用之冬水，卽使小富，亦多不貴，

동수불능생목야
凍水不能生木也

상관용재 즉위수기 이용지하목 귀이불심수 조토불심령수야
傷官用財, 卽爲秀氣, 而用之夏木, 貴而不心秀, 燥土不甚靈秀也

상관용재(傷官用財)는 본래가 귀격(貴格)이다. 그러나 겨울철의 얼어붙은 물이 상관(傷官)에 해당되면 소부(小富)는 될지라도 귀(貴)하기는 어렵다. 동수(凍水)는 나무를 제대로 생(生)할 수 없는 까닭이다. 상관용재(傷官用財)는 수기(秀氣)가 빼어나다. 그러나 여름철의 나무는 그리 귀하지 못하다. 말라붙은 흙이므로 크게 수려한 작용을 하지 못하는 까닭이다.

목화통명 불리견관 금수상함 견관무애
木火通明，不利見官，金水相涵，見官無碍

봄의 木 일간이 火를 보면 목화통명(木火通明)이 된다. 그러나 여름철의 木을 그렇게 판단하면 안 된다. 가을철의 金 일간이 水를 만나면 금수상함(金水相涵)이 된다. 그러나 겨울철의 金을 그렇게 보면 안 된다. 기(氣)에는 쇠왕(衰旺)의 구별이 있으니, 용신(用神)을 취함에 있어서도 같지 않음이 있게 마련이다. 목화통명(木火通明)은 관성(官星)을 꺼리지만 금수상함(金水相涵)은 관성(官星)이 있어도 해롭지 않다. 목화통명(木火通明)이나 금수상함(金水相涵)의 영특함은 춘목(春木)과 추금(秋金)의 록인격(祿刃格)일 경우에만 한정되는 수식이다. 따라서 하목(夏木)이나 추금(秋金)에는 해당 사항이 없다. 춘목(春木)은 火를 보아 능히 목화통명(木火通明)이 되지만, 하목(夏木)은 목분화열(木焚火熱)이 된다. 추금(秋金)은 水를 보아 능히 금수상함(金水相涵)이 되지만, 동금(冬金)은 금침수탕(金沈水蕩)이 되어 해롭다. 이들은 상관용재(傷官用財)로 성격(成格)되어도 쓸모가 없다. 하목(夏木)은 水를 보아 상관패인(傷官佩印)이 되어야만 그 유용함이 극(極)에 달하고, 동금(冬金)은 火를 보아 상관대살(傷官帶殺)로 성격(成格)되어야만 격국(格局)이 높아진다.

❐ 조후위급(調喉爲急) 요약

춘 春	목 木	목화통명 木火通明	불리견관 不利見官
	금 金		
하 夏	목 木	상관패인 傷官佩印	목화상관희견수 木火傷官喜見水, 상관용재불귀조토불심령수 傷官用財不貴燥土不甚靈秀
	금 金		
추 秋	목 木		
	금 金	금수상함 金水相涵	견관무애 見官無礙
동 冬	목 木	한목향양 寒木向陽	인수용관 상관 화 견 파격 印綬用官이 傷官, 火를 見해도 破格되지 않음
	금 金	상관대살 傷官帶殺	금수상관희견관 金水傷官喜見官, 상관용재소부불귀동수불능생목 傷官用財小富不貴凍水不能生木

從化論[종화론]

☝ **Original**

***真**

종득진자지론종, 종신우유길화흉
從得眞者只論從, 從神又有吉和凶.

화득진자지론화, 화신환유기반화
化得眞者只論化, 化神還有幾般話.

***假**

진종지상유기인, 가종역가발기신
眞從之象有幾人, 假從亦可發其身.

가화지인역가귀, 고아이성능출류
假化之人亦可貴, 孤兒異姓能出類.

✌ **COMMENT**

종격(從格)은 다만 종(從)을 논하고, 종신(從神)에는 또한 길화흉(吉和凶)이 있다.

화격(化格)은 다만 화(化)를 논하고 화신(化神)이 환(還)할 때도 기반화(幾般話)한다.

진종(眞從)의 상(象)은 얼마 없지만, 가종(假從)이라 해도 발신(發身)이 가능하다.

가화(假化)의 명(命) 역시 귀함이 있으며 고아이성(孤兒異姓)도 능히 출세하는 부류가 있다.

*Spectrum

많은 인사들이 종화(從化)의 진가(眞假)를 구분하는 법을 모르고, 체용(體用)의 용법에 서투르다. 이는 종래의 해설서가 극복하지 못한 한계와 '적천수'의 오의(奧義)에 더욱 다가서지 못한 후학(後學)들의 부진을 시사한다.

從得眞者只論從, 從神又有吉和凶.

진종(眞從)은 대운(大運)과 세월(歲月)의 희기(喜忌) 용법(用法)이 같다. 보통 일반 내격(內格)은 대운(大運)에 의해 성격(成格), 변격(變格)되어 격국(格局)이 변동되지만, 외격(外格)이 진실되면 대운(大運)에 의해 격(格)이 변(變)하는 법이 없다. 이때는 오직 종신(從神)에 따라 길흉(吉凶)이 구분되므로 從得眞者只論從이라 한 것이다. 從神又有吉和凶, 즉 종신(從神)에도 이런 길화흉(吉和凶)이 있다는 말은 대개 팔자(八字)의 조후(調喉)로 귀천(貴賤)을 재차 가리는 과정을 개입시키면 이해가 용이해진다. 그러나 조후(調喉)를 완전히 상실한 경우에도 진종(眞從)은 귀격(貴格)을 짜는 경우가 비일비재하므로, 종격(從格)은 다만 진종(眞從)과 가종(假從)의 분별로 헤아리는 것이 좋다. 화격(化格) 또한 조후(調喉)에서 자유로울 수 없는데 화염토조(火炎土燥)나 금한수냉(金寒水冷)으로 편벽(偏僻)된 팔자는 화격(化格)을 지어도 빈천(貧賤)해질 우려가 있다. 가화(假化)라면 더욱 위태할 것이다.

종격(從格)에는 진종(眞從)과 가종(假從)이 있다. 방국(方局)과 기상(氣象)의 요건을 충족하면 진종(眞從)이 되고, 방국(方局)의 요건이 결여된 채 기세(氣勢)에 종(從)하면 가종(假從)이 된다. 진종(眞

從)과 가종(假從)은 같은 점이 있고, 또한 다른 점이 있다. 가장 뚜렷한 구분은 희기(喜忌)를 같이 하는 세월(歲月)의 '필드'와, 달리 하는 대운(大運)의 '필드'로 나눠지는 점에 있다. 종아(從兒)의 유형을 예로 들어 간단하게 설명한다.

❐ 종격(從格)의 행운(行運) 희기(喜忌)

眞假	八字 유형	大運 喜忌	歲月 喜忌
眞從	甲癸乙□	木火 東南運을 기뻐하고,	木火 – 喜
	□卯亥□	金水 西北向을 꺼린다	土金水 – 忌
假從	甲癸乙□	일반 內格과 마찬가지로	木火 – 喜
	□□亥□	用法을 취한다	土金水 – 忌

이와 같이 진종(眞從)은 대운(大運)과 세월(歲月)을 막론하고 오직 종신(從神)에 따라 희기(喜忌)를 논한다. 진종(眞從)은 방국(方局)과 기상(氣象)으로 순수(純粹)한 기운을 얻었으므로 이미 귀격(貴格)이 성립된 바 대운(大運)과 세월(歲月)의 용(用)이 같은 것이다. 從得眞者只論從은 바로 이를 두고 이른 말이다. 다시 말해 진정한 종아격(從兒格)이란 팔자(八字)의 식상(食傷)이 기세(氣勢)를 득(得)하고 지지(地支)의 회국(會局)을 이룬 것을 말한다. 진종(眞從)이 구성되면 대운(大運)에 의해 격국(格局)이 변격(變格)되는 법이 없고, 대운(大運)과 세월(歲月)을 막론하고 종신(從神)에 따라 희기(喜忌)를 취하는 법이 같은 것이다. 반면 방국(方局)을 얻지 못하고, 기세(氣勢)만 얻은 경우에도 일단 종격(從格)으로 구분하게 되는데 이때가 바

로 가종(假從)이다. 가종격(假從格)은 대운(大運)에서 일반 내격(內格)과 마찬가지로 성격(成格)되기도 하고, 변격(變格)되기도 하면서 격국(格局)의 성패(成敗)가 좌우된다. 반면 세월(歲月)의 희기(喜忌) 용법은 진종(眞從)과 마찬가지로 종신(從神)을 따르는 것이다. 한 마디로 '진소암'은 체(體: 대운)와 용(用: 세월)의 구분에 따라 같고, 달라지는 격국(格局)의 이치를 몰랐다. '서락오'도 '적천수보주'에서 완성했다고 자부한 체용론(體用論)에서 이점을 간과했다. 이후 체용(體用) 용법의 분할에 따라 격국(格局)을 세분하는 이론은 더 이상 진전되지 못하고, 오히려 고법(古法) 시대보다 퇴보된 결과로 이어졌다. '서락오'의 이론 체계에 가장 부정적인 관점을 피력하는 투파(透派) 역시 체용론(體用論)을 진보시키지 못하고 각론(各論)의 오류만 지적하는 현상만 보였을 뿐이다. 체용(體用)을 간과하고 격국(格局)을 구분하는 원칙은 바로 세워지지 않으므로 오늘날 종화(從化)의 외격(外格) 자체를 부정하는 부류마저 탄생시켰다. 이는 명리(命理)를 너무 몰라서 나타나는 현상이다.

잡격(雜格) 일체를 부정한 대목도 체용(體用)을 이해하지 못한 결과다. 가령 암충암합격(暗沖暗合格)은 대운(大運) 체신(體神)의 영역에서는 일반 내격(內格)과 같은 이치로 적용된다. 팔자(八字)에 재관(財官)이 없다가 대운(大運)에서 재관(財官)을 보게 되면 일반 내격(內格)과 같이 재관(財官)을 용(用)하여 성격(成格)되기도 하는 것이다. 이런 현상을 두고 "전실(塡實)되었는데 왜 흉(凶)하지 않는가"라고 주장한다면 잡격(雜格)이 왜 잡격(雜格)인지도 몰라서 하는 얘기다. 잡격(雜格)이 전실(塡實)로 인해 불리해지는 현상은 세월(歲月) 용(用)의 영역에서만 한정되는 얘기다. '진소암'이 암충암합(暗沖暗合)의 무용론(無用論)을 펼치며 실례로 든 팔자(八字)의 설명도 대운

(大運)과 세월(歲月)의 체용(體用) 용법의 차이를 구분하지 못하는 무지(無知)를 여실히 드러낸 바에 지나지 않는다. '심효첨'도 그러했고, 당시의 대가(大家)들은 체용(體用) 분할 지식의 한계를 보였다. 근세(近世) '서락오'에 이르러 체용론(體用論) 일반은 진전되었지만, 혁신(革新)은 이뤄지지 않았고 이제야말로 3세기 동안의 정체를 벗어나는 선진 이론 체계를 구축하는 때에 이른 것이다. 팔자학(八字學)의 변혁(變革) 역사는 과거에도 그러했다. 결론적으로 대운(大運)과 세월(歲月)의 체용(體用) 구분이 정확하지 않으면 팔자(八字)의 격국(格局)은 내격(內格)과 제한된 외격(外格)으로 밖에 구분될 수 없다. 그러나 대운(大運)과 세월(歲月)의 용법(用法)을 구분하면 외격(外格)은 진가(眞假)와 잡격(雜格)으로 한층 더 세분화되기 마련이다. 외격(外格)은 희기(喜忌)의 용법이 특수하므로 반드시 가려 취함이 마땅하다.

✍ **Note**

종화론(從化論), 기세(氣勢)와 진가(眞假)

가령 다음과 같은 팔자의 유형이 있다고 치자.

火 水 火 火
金 火 未 火

이것은 水가 火에 종(從)한 것이다. 정확히는 火의 세(勢)에 종(從)한 것이다. 종재(從財)지만, 진종(眞從)은 아니다. 따라서 가종(假從)이다. 그런데 午月이라면,

火 水 火 火
金 火 午 火

월령(月令)을 득(得)하요 기세(氣勢)을 얻었지만, 진종(眞從)의 귀격(貴格)을 확정짓기에는 모자람이 있다. 무릇 진종(眞從)을 논하려면 사지(四支)의 온전한 국(局), 즉 화국(火局)을 요(要)한다.

火 水 火 火
金 火 午 戌

午月에 지지(地支) 화국(火局)을 지으면 비로소 水가 火의 기세(氣勢)와 방국(方局)의 순일(純一)한 기운에 종(從)한 것이다. 진종(眞從)과 가종(假從)은 같고, 다른 점이 있다. 같은 점은 둘 다 종신(從神) 火를 기뻐하는 종격(從格)이란 것이다. 다만 이는 세월(歲月)의 용(用)에만 한정되는 얘기다. 진종(眞從)은 火의 대운(大運)과 세운(歲運)을 모두 기뻐하지만, 가종(假從)은 火의 세운(歲運) 만을 기뻐하고, 火 대운(大運)의 향방은 미지수다. 화격(化格)도 마찬가지다.

癸 戊 火 火
丑 火 未 火

戊癸 합화(合火)는 火의 세(勢)에 종(從)하므로 화격(化格)이 성립된다. 그러나 진화(眞化)는 아니다.

癸 戊 火 火
丑 午 未 巳

이와 같이 지지(地支) 화국(火局)을 이루면 火의 기세(氣勢)에 종(從)한 것이다. 진화(眞化)에 가깝다. 세월(歲月)에서는 진화(眞化)와 가화(假化)를 막론하고, 火를 기뻐하지만 대운(大運)의 화운(火運)을 기뻐하는 것는 진화(眞化)에만 해당되는 말이다. 이때 만일 辰

時 생(生)으로 화기(化氣)의 원신(元神)이 투출(透出)되면 득령(得令), 득시(得時)하여 진정한 화격(化格)이 성립되므로 대부대귀격(大富大貴格)을 이룬다. 화격(化格)은 방국(方局)을 짓지 않아도 득령(得令), 득시(得時)의 요건으로만 진화(眞化)를 논할 때가 많다.

丙 戊 癸 □
辰 午 未 巳

이상과 같이 진종(眞從)과 가종(假從), 진화(眞化)와 가화(假化)는 일견 유사해도 다른 점이 분명하게 존재한다.

❒ 종화(從化)의 귀천(貴賤), 희기(喜忌)

眞假	貴賤	行運 喜忌
眞從	貴格	大運과 歲月 모두 從神에 順하는 運을 기뻐함
假從	大運이 주관	歲月에서만 從神에 順하는 運을 기뻐하고, 大運에서는 局運으로 眞從이 되거나, 內格으로 成格되는 運을 기뻐함
眞化	貴格	大運과 歲月 모두 化神에 順하는 運을 기뻐함
假化	大運이 주관	歲月에서만 化神에 順하는 運을 기뻐하고, 大運에서는 局運으로 眞化가 되거나, 內格으로 成格되는 運을 기뻐함

후학들이 종화론(從化論)을 어렵게 생각하는 현상은 결국 체용(體

用)의 명확한 분별을 기하지 못한 현상에 연유한다. 이것은 격국(格局)을 구분하는 기준의 모호성과 행운법(行運法) 전반의 난해함을 야기했다. 종화(從化)에 대해 자평(子平)의 3대 '텍스트'가 분류한 외격(外格)의 정의를 살피면 견해차가 적지 않음을 쉽게 알 수 있다.

❒ 종화(從化)의 외격(外格) 구분

古書	內格	外格	備考
滴天髓		眞從, 假從 眞化, 假化	眞假의 喜忌 用法을 동일시하고, 大運과 歲月의 용법 차이를 只論從化로 설명
子平眞詮	假從, 假化	眞從, 假從	假從, 假化란 용어 자체를 쓰지 않고 일반 內格에 準하여 취함
欄江網	假從, 假化	眞從, 假從	眞이 성립되면 大貴를 논하고, 假를 지으면 下格으로 구분

化得眞者只論化, 化神還有幾般話.

신화(眞化)는 대운(大運)과 세월(歲月)의 희기(喜忌) 용법(用法)이 같다. 오직 화신(化神)에 근거해서 길흉(吉凶)을 살피므로 化得眞者只論化라 한 것이다. 化神還有幾般話란 이미 팔자(八字)에시 화격(化格)이 성립되면 일간(日干)을 재차 합(合)해오는 운간(運干)이 도래해도 쟁합(爭合)이나 투합(妬合)을 거론하지 않음을 의미하는 구절이다. 즉 예전의 속설에서 몇 가지 돌이켜 바로 잡아 설명한 말이 있음을 거론한 것으로 화신(化神)이라 해도 그냥 일반(一般)적으로 보라는 뜻이다.

✍ **Note**

화격(化格) 체용(體用) 논법

전항에서 이미 진종(眞從)과 가종(假從)의 차이를 설명한 바 있는데, 이번에는 화격(化格)을 예로 체용(體用)의 용법을 달리하는 바에 대해 살펴보겠다. 먼저 화격(化格)의 두 가지 유형을 예시한다.

진 가 眞假	팔 자 八字 유형
진 화 眞化	□丁壬□ □卯寅辰
가 화 假化	□壬丁□ □□卯□

이상은 모두 화격(化格)으로 화신(化神) 木에 순응(順應)하는 水木火의 운(運)을 기뻐한다. 丁日 생(生)은 방국(方局) 목국(木局)을 얻어 진화(眞化)로 대운(大運)과 세월(歲月)을 막론하고 희신(喜神)이 같다. 반면 기세(氣勢)만 얻은 壬日 생(生)은 가화격(假化格)으로 세월(歲月), 용(用)의 영역에서만 水木火 운(運)을 기뻐할 뿐 대운(大運)에서는 운(運)의 간지(干支) 작용에 따라 격(格)이 변한다. 그러므로 丁日 생(生)은 팔자(八字) 원국(元局) 차체로 귀(貴)를 논할 수 있지만, 壬日 생(生)은 팔자(八字) 자체로는 귀(貴)를 논할 수 없고, 대운(大運)에 따라 귀천(貴賤)이 갈리는 것이다. 만일 대운(大運)의 亥를 만나면 목국(木局)이 되어 진화(眞化)로 변모하므로 성운(盛運)

을 맞이하기 쉽다. 다른 경우로 가령 壬申日에 대운(大運)에서 경운(庚運)을 맞이했다고 치면,

□ 壬 丁 □ ← 庚
□ 申 卯 □

일반 내격(內格)과 같이 희기(喜忌)를 취하므로 상관패인(傷官佩印)으로 변격(變格)되는 것이다. 이때 용신(用神) 庚金 인수(印綬)는 丁火에 의해 상(傷)하므로 성중유패(成中有敗)의 불리한 상황을 시사한다. 종격(從格)이나 일행득기(一行得氣)도 보는 법이 마찬가지다. 진가(眞假)를 가려 대운(大運)과 세월(歲月)을 보는 법을 달리 적용하면 실상에서 어긋남이 없을 것이다.

화격(化格)의 순도(純度)와 가화(假化), 불화(不化)

1. 화기(化氣)가 월령(月令)을 얻고 회국(會局)을 지으면 진화(眞化)로 귀격(貴格)이 성립될 가능성이 매우 높다. 이때는 대운(大運)과 세월(歲月)을 막론하고 수운(水運)에 순응(順應)해야 좋다.

辛 丙 □ □
□ 申 子 辰

2. 화기(化氣)가 계절을 얻지 못하고, 회국(會局)으로만 득령(得令)해도 진화(眞化)로 귀격(貴格)이 성립되기 쉽지만, 순도(純度)은 약간 떨어진다. 대운(大運)과 세월(歲月)을 막론하고 수운(水運)에 순응(順應)해야 좋다.

辛 丙 □ □
□ 子 辰 □

3. 화기(化氣)가 월령(月令)만 득(得)했다면 화격(化格)은 성립되

지만 그 자체로 귀격(貴格)을 단언할 수 없다. 즉 지지(地支)의 회국(會局)이 성립되지 않는 한 진화(眞化)는 아니다. 대운(大運)에서는 격국(格局)의 변화를 살펴 희기(喜忌)를 가리고, 세월(歲月)에서는 수운(水運)에 순응(順應)해야 좋다.

辛 丙 □ □
□ □ 子 □

반복해서 설명하자면, '1'과 '3'은 같은 子月 丙火지만 '1'은 고서(古書)가 말하는 외격(外格)에 속하는 반면, '3'은 외격(外格)으로 성립시키지 않는 차이점이 있다. 물론 '적천수'는 내격(內格)과 외격(外格)의 양분법을 견지하므로 화상(化象)만 이루어도 외격(外格)에 속한다. 반면 '자평진전'이나 '난강망'이 거론하는 화격(化格)의 성립은 보다 엄격하다. 즉 화출(化出)한 것이 반드시 득시(得時), 병령(秉令)해야 하고 사지(四支)의 국(局)이 완전해야만 한다. 가령 丁壬 합화목(合化木)이 지지(地支)에서 亥卯未나 寅卯辰을 온전하게 갖추고 봄에 출생해야만 외격(外格)으로 구분하고 대부귀(大富貴)의 높은 가능성을 논한다. 이것은 종격(從格)이나 일행득기(一行得氣)와 같은 독상(獨象)의 경우도 마찬가지다. 사지(四支)의 국(局)이 완전해야만 외격(外格)으로 분류한다. 가령 종재격(從財格)도 지지(地支)의 재국(財局)을 보아야만 기명종재(棄命從財)를 논하는 식이다. 이 대목은 행운법(行運法)과 관련하여 무척 중요한 점을 시사한다. 위에 언급한 '1', '2', '3'의 세 가지 팔자 유형은 모두 화수격(化水格)이 성립되는 이상, 대개 金水木의 인비식운(印比食運)을 기뻐할 것이다. 그런데 이 점은 세월(歲月)의 성패와 관련된 것이지, 대운법(大運法)에서는 전혀 다른 차원에서 운용되는 점을 알아야 한다. 이 또한 체용(體用)의 명확한 분할과 관련된 논법(論法)으로 종래의 학습

서들이 바른 설명을 기하지 못했으므로 팔자술(八字術) 실전에서 후학들의 혼란을 막지 못했다. 결론적으로 고서(古書) 일반이 규정한 외격(外格)이 성립되면 대운(大運)과 세월(歲月)을 막론하고 기세(氣勢)에 순종해야지, 거스르는 운(運)은 흉(凶)하다. 원시(原詩)의 '지론종(只論從), 지론화(只論化)'는 바로 이 점을 말한 것이다. 그러나 '3'의 유형과 같이 외격(外格) 체계로 확실히 구분되지 못하는 유형은 대운(大運)에 의해 격국(格局)이 변격(變格)되어 성패(成敗)의 변화를 겪게 되므로 세월(歲月)의 용법에 한해서만 기세(氣勢)에 순응하는 운(運)을 기뻐한다고 볼 수 있다. 다시 말해 '적천수'가 구분한 외격(外格)과 종래 일반의 외격(外格)은 정의가 다르다. 따라서 '적천수적요(滴天髓摘要)'에 언급한 종격(從格)이나 화격(化格)을 모두 고서(古書)의 외격(外格) 일반으로 이해하면 곤란하다. 다만, 세월(歲月)의 성패(成敗)를 분간하는 이법(理法) 측면에서 '1', '2', '3'의 유형이 모두 일치하므로 '적천수적요'는 고서(古書)의 외격론(外格論)에서 확장된 종화론(從化論)을 견지한 것이다. '서락오' 이후 '위천리'에 이르기까지 근세의 술가(術家)들이 선명한 종화론(從化論)을 제시하지 못한 연유는 모두 체용(體用)의 분간이 미흡했기 때문이다. 이 부분에 대한 상세한 설명은 체용론(體用論)에서 전개하고 있다.

4. 화기(化氣)를 거스르는 글자가 나타나면 가화(假化)가 된다. 가화(假化) 역시 화격(化格)에 속하므로 세월(歲月)의 희기(喜忌) 용법은 동일하다. 대운(大運)에서는 격국(格局)이 변화를 살펴 희기(喜忌)를 가리고, 세월(歲月)에서는 수운(水運)에 순응(順應)해야 좋다.

辛 丙 戊 □
□ □ 子 □

5. 화기(化氣)를 거스르는 글자가 통근(通根)해서 출간(出干)하여 현저한 세력을 지니면 화격(化格) 자체가 성립되지 않으므로 내격(內格) 일반의 희기(喜忌)를 취한다.

辛 丙 戊 □
□ □ 子 戌

투파(透派)는 화기(化氣)가 일단 계절을 얻은 이상, 가화격(假化格)으로 규정하고, 丙火 일간(日干)을 壬水로 전환한 후에 내격(內格) 일반의 희기(喜忌)를 취하는 독특한 방식을 선보이고 있는데 실상과의 부합 여부는 의문이다.

6. 한편 월령(月令)을 득(得)하지 못해도 가화격(假化格)을 논하는 사례가 있다. 팔자의 전체 글자가 화기(火氣) 오행(五行)을 거스르지 않으면 화격(化格)으로 간주하는 관법 일종이다. 가령 다음과 같은 예다. 대운(大運)에서는 격국(格局)의 변화를 살펴 희기(喜忌)를 가리고, 세월(歲月)에서는 수운(水運)에 순응(順應)해야 좋다.

辛 丙 辛 丙
卯 子 卯 子

차명(此命)은 '명리요강'에서 화격(化格)의 사례로 예시된 팔자(八字)다. 이와 같이 화(化) 오행(五行)이 반드시 월령(月令)을 득(得)하지 않아도 화기(化氣)를 거스르는 기운이 없는 한, 화격(化格)이 성립된다는 것이다. 이것은 기세(氣勢) 양면을 고려하지 않고, 오직 세(歲)에만 충실한 관점인데, '서락오' 이후 '위천리'에 이르기까지 명리(命理)의 기학(氣學)이 도외시되고 이법(理法)적 측면만 강조된 현상에 연유한다. 따라서 卯月 丙火의 팔자는 화격(化格)의 일반적 정의에 벗어난다. 그러나 '적천수적요'는 이 같은 유형의 팔자를 화격

(化格)에 준하여 희기(喜忌)를 취했다. 왜냐하면 세월(歲月), 용(用)의 범주에서 희기(喜忌)는 '세(勢)의 부억(扶抑)' 논리로만 통하기 때문이다. 한 마디로 종세(從勢)한다는 얘기다. 단 기세(氣勢)를 다 같이 고려했을 때 진화(眞化)에는 턱없이 미치지 못하므로 귀격(貴格)과는 거리가 멀다. 결과적으로 화격(化格)의 귀천(貴賤)을 가릴 수 있고, 대운(大運)과 세월(歲月)의 희기(喜忌)를 차별하여 운용할 수 있다면 체용(體用)을 이해한 것으로 볼 수 있다.

眞從之象有幾人, 假從亦可發其身.

가종격(假從格)은 두 가지 유형으로 나눌 수 있다. 하나는 지지(地支)의 방국(方局)이 결여된 경우고, 또 하나는 팔자(八字)의 천간(天干)에 종신(從神)을 거스르는 미약한 세력의 글자가 투(透)한 경우를 말한다. 이때 대운(大運)에서 운간(運干)이 기신(忌神)을 합거(合去)하여 탁기(濁氣)를 제거하거나, 혹은 운지(運支)의 회지(會支)로 진종(眞從)의 상(象)을 갖추게 되면 역시 발신(發身)을 논할 수 있다. 이 외는 일반 내격(內格)으로 취하여 성격(成格)되는 운(運)을 기뻐한다. 무릇 진종(眞從)은 대운(大運)에 의해 변격(變格)되는 법이 없지만, 가종(假從)은 대운(大運)에 따라 격국(格局)이 변동되는 것이다.

✍ **Note**

이하는 '적천수적요'에서 발췌한 종화(從化) 및 부종(不從), 불화(不化)의 내격(內格) 구분을 연습하는 명례(命例)들이다. 명례 '1'에서 '8'까지는 '사주추명술오의'에서 인용했다.

1. 不從 內格

戊 庚 丙 丁
寅 午 午 卯

丙丁火之氣勢太旺, 日干庚金無根, 故似爲從殺格, 但是內格之偏官格.
如此, 陽干有天干印星(戊土)出, 則幾乎不能成爲從格.

丙丁火의 기세(氣勢)가 태왕하고 일간(日干) 庚金의 뿌리가 없으니 종살격(從殺格)이 될 법하나 戊土 인수(印綬)가 투(透)하여 내격(內格), 편관격(偏官格)이다.

2. 不從 內格

辛 乙 辛 癸
巳 丑 酉 酉

如上述之例, 乙木日干, 因透出印星癸水, 而不從.
但陰日主之天干印星, 必須通根於地支, 才可不從.

인수(印綬) 癸水가 투(透)하여 종격(從格)이 성립되지 않는다. 살격용인(殺格用印)으로 성격(成格)된 팔자다.

3. 眞從 外格

丙 壬 甲 戊
午 戌 寅 辰

巨富之命, 從財格. 形成寅午戌三合局而透丙, 很難違逆其勢.
對此可以懷疑, 壬水陽日干通根於辰土, 如何成爲從命?
雖爲陽干日主, 若不得月令, 天干無印星, 則可從. 故判斷身弱命之從格與否時, 印星爲主要判斷根據.

지지(地支) 화국(火局)에 火를 거스르는 세력이 없어 진종(眞從), 부호(富豪)의 팔자.

4, 不從 內格

甲 辛 乙 戊
午 亥 卯 寅

雖印星戊土透干, 被孤立, 不能圓滿生扶辛日干(陰干), 故形成無情之關係. 如此, 印星與日干離隔時, 較容易從, 但旣然戊土印星通根而透, 必須驗證過去之事.

亥卯 목국(木局)으로 기세(氣勢)가 재(財)로 종(從)했지만, 戊土 인수(印綬)로 인해 종격(從格)이 성립되기 어렵다. 재격투인(財格透印)의 내격(內格)으로 간주하는 것이 일반적이다.

5. 假從

丁 庚 丁 甲
亥 寅 卯 戌

從殺格之命. 「透派」對此造之觀點是, 地支寅亥合, 卯戌合, 天干木火之根失去作用, 則假從. 但筆者認爲, 地支合, 不失去其成分. 故稱之爲眞從, 也無妨.
有關「支合」, 我與透派之觀點較有所歧異. 地支六合使地支固有成分稍微冲淡, 而使通根於此地支的天干稍微無力, 但不似「六冲」其力量大受損傷.

투파(透派)의 관점에서는 지지(地支) 육합(六合)이 가종(假從)을 상정하는 요인이 되지만, 지지(地支) 회국(會局)을 이루지 못하고 오직 세(勢)에 종(從)했으므로 가종(假從)이다. 종재격(從財格)이다.

6. 眞從 外格

乙 己 丁 壬
亥 卯 未 寅

因丁壬合, 成爲從殺命, 假從.
有關天干合, 不應採用其化之五行, 因天干合之二字完全失去其作用之故. 例如, 對於甲己合, 以甲與己之作用完全消失之觀點, 論命爲妥當. 取格局或論行運時也同樣, 此一觀點是非常重要.
以天干合之化神, 取用神之方法, 爲絶不可有之事.
並日干合, 除了化格成格之時以外, 絶不合化.

인수(印綬) 丁火로 인해 가종(假從)으로 분류할 수도 있지만, 壬丁 합(合)으로 기반(羈絆)되고, 지지(地支) 목국(木局)을 보아 능히 종살격(從殺格)을 이룬다. 이만하면 진종(眞從) 외격(外格)으로 분류하는 게 타당하다.

7. 眞化

甲 壬 丁 甲
辰 辰 卯 戌

壬丁合, 卯月出生, 天干無違逆木五行之字, 因天干無財官土金. 故能化格成格.
*此時, 有關地支之辰與戌, 要如何解釋?
無透在天干之地支, 其力微弱, 不能成爲取格局時所考慮之對像. 雖然微弱, 反正有違逆化神(木)之勢, 故列爲假化命.

卯月 생(生)으로 했으며 壬丁 합화(合化) 목기(木氣)는 월령(月令)을 득(得)했다. 또한 辰土를 얻어 화신(化神)의 원신(元神)이 나타나므로 진화(眞化)로 볼 수 있다.

8. 不化 內格

辛 丙 戊 庚
卯 寅 子 戌

丙辛合水, 子月出生, 因有違逆水勢之官星戊土, 通根而透, 不能成爲化格. 若官星戊土無根, 就可成爲假化格.
對於此造, 先賢張耀文規定爲假化, 與筆者有所歧異. 並指出, 將此造可以改換爲, 庚戌年, 戊子月, 壬寅日, 癸卯時之八字. 但筆者認爲, 較難接受之.
對於從格與化格, 論六親之助力, 較不容易. 此時, 先要考慮「根苗花實論」, 則依各柱之喜忌, 而判斷六親之喜忌. 但從旺格, 雖比劫爲喜神, 但有時其兄弟貧賤又無助力. 對此, 要以論十干互相關係之「十干推論法」, 予以解釋. 有關六親之諸多論法, 我將在「六親論篇」, 再加以解釋.

수기(水氣)를 제복(制伏) 戊土의 출간(出干)으로 불화(不化)의 팔자다. 투파(透派)의 견해는 월령(月令)을 득(得)한 이상, 가화(假化)로 규정하여 차명(此命)을 '庚戌年 戊子月 壬寅日 癸卯時'로 보면 타당하다고 설명한다.

以下命例9至12, 出自先賢任鐵樵之「滴天髓闡微」. 有關取格局之方法, 與本書略有所不同.

이하 '9'에서 '12'까지의 명례(命例)는 '적천수천미'에서 인용했다.

9. 眞從 外格

丙 庚 壬 丁
戌 午 寅 卯

<滴天髓闡微>之眞從之例. 因壬丁合成爲從格, 嚴密說來, 要以假

從論之, 但以眞從論, 也無大碍.

지지(地支) 화국(火局)으로 관살(官殺)의 기세(氣勢)에 종(從)하는 진종(眞從), 종살격(從殺格)이다.

10. 眞從 外格

乙 乙 辛 辛
酉 酉 丑 巳

乙木無根, 木勢太弱, 而不能違逆金勢之從殺格.

지지(地支) 금국(金局)으로 관살(官殺)의 기세(氣勢)에 종(從)하는 진종(眞從), 종살격(從殺格)이다.

11. 假從

甲 癸 壬 丙
寅 巳 辰 戌

辰戌冲, 傷到壬癸水之根, 而成爲從財格. 先賢任鐵樵論此命爲從殺, 但與辰土, 戌土之官殺相比, 通根於日支, 時支的丙火(財星), 其勢力更强, 故論爲從財格, 爲合理.
假從之條件爲, 因干合或支冲成爲從格, 或有違逆「從之五行」之微弱天干或地支(無透在天干).

辰月 癸水가 인수(印綬)의 생부(生扶)를 잃고, 식재관(食財官)의 세(勢)에 종(從)했다. 가종(假從)으로 세월(歲月)에서는 재운(財運)을 기뻐하지만, 대운(大運)의 희기(喜忌) 잘 가려 취해야 한다. 진정한 외격(外格)으로는 성립되지 않으므로 귀격(貴格)을 단언할 수 없다.

12. 假化

己 甲 甲 己
巳 子 戌 卯

地支子水與年支卯木無透干, 其勢力微弱, 不可違逆化神土. 月干甲木也與年干己土合, 失去其作用, 故成爲假化格.
如此, 地支正氣不透, 或浮干(無根), 其力量太弱, 對命造之强弱或取格, 無甚作用. 雖爲月支也與此相同, 分辨內格之身强身弱是, 其作用無所不同.

甲己 합토(合土)가 戌土를 보아 가화격(假化格)이다. 지지(地支)에 토국(土局)을 이루었다면 가색(稼穡)의 귀격(貴格)이 성립되었을 것이다.

13. 不化 內格

己 甲 乙 己
巳 子 亥 卯

出自近賢徐樂吾之<滴天髓補註>, 論之爲假化命. 但, 違逆化神土之乙木通根於年支, 月支, 故不能成爲化格.

'적천수보주'에 가화(假化)로 설명된 팔자지만, 지지(地支) 목국(木局)으로 화격(化格)이 성립되지 않는다. 가화(假化)를 화격(化格)이 아닌 것으로 정의한다면 모르되, 일반적인 가화격(假化格)의 범주에서 벗어난다.

14. 眞化 外格

戊 癸 甲 甲
午 巳 寅 戌

出自<三命通會>, 化像之例, 明顯是化格.

'삼명통회'에서 화상(化像)의 예로 든 화격(化格)의 팔자다. 진화(眞化)의 귀격(貴格)으로 보자면, 지지(地支)의 화국(火局) 여부가 관건인데, 천간(天干)에 丙丁火가 투(透)하거나, 화기(火氣)가 형성되면 寅戌도 화국(火局)으로 보는 견해가 우세하다. '천간(天干)의 유인력' 일종으로 볼 수 있다. 한편 '삼명통회'는 이격된 글자의 삼합(三合)도 취하므로 확연한 화격(化格)으로 간주한다.

15. 假從

丁 癸 丙 癸
巳 亥 辰 酉

出自<四柱精說>(韓國「明文堂」出版), 論之爲內格身弱命, 用年干癸水.
但丙丁火失去其根而力量微弱, 而成爲水之從旺格, 用癸水. 但, 嚴密說來, 此造成爲只透出癸水之「一行得氣格」, 故喜食傷之氣. 乃與從旺格有所分別.

'사주정설'에 내격(內格)의 신약(身弱)으로 癸水를 용(用)하는 팔자로 설명된다. 그러나 팔자는 癸水만이 오직 통근(通根)하여 세력이 왕(旺)하므로 강왕격(强旺格)에 속한다. 팔자는 인비(印比)를 기뻐하는 일종의 가종(假從)이다. 만일 지지(地支)에 수국(水局)을 지으면 윤하격(潤下格)의 屬象(속상)으로 귀격(貴格)이 확정되기 쉽다.

16. 眞從 外格

癸 壬 辛 辛
卯 寅 丑 巳

也是出自<四柱精說>(韓國「明文堂」出版), 論之爲內格身弱命, 用辛金.
如前所述, 地支丑土與寅木不透, 其力甚弱, 故成爲金水從格, 喜金水之命.

'사주정설'에 또한 신약(身弱)의 내격(內格)으로 설명된 팔자인데, 어이가 없는 설명이다. 신약격(身弱格)이어서 辛金을 용신(用神)으로 정하는 게 아니라, 金水로 세력이 종(從)한 종강격(從强格)이다.

17. 假化

辛 丙 辛 丙
卯 子 卯 子

出自<命理要綱>(韓國出版), 化格之例, 年月丙辛合, 而成爲假化格.
如此, 化神之五行, 雖無得令, 只無違逆化神之氣, 就可成爲化格.

'명리요강'에서 화격(化格)의 사례로 예시된 팔자. 이것은 오직 세(勢)로만 논한 것으로 엄밀히 따지면 화(化)를 거론하기 어렵다. 그러나 세월(歲月)의 희기(喜忌) 용법은 기(氣)가 아닌 세(勢)로 판단하므로 수운(水運)이 유리하다. 기세(氣勢)에 따른 것이 아니므로 진화(眞化)의 귀격(貴格)은 될 수 없고, '위천리'나 역자의 안목이 이점을 고려하고 있는지는 의문이다.

假化之人亦可貴(가화지인역가귀), 孤兒異姓能出類(고아이성능출류).

假化之人亦可貴(가화지인역가귀)란 假從亦可發其身(가종역가발기신)과 마찬가지의 의미다. 대운(大運)에 의해 지지(地支)의 방국(方局)을 얻어 신화(眞化)로 변모하거나, 운간(運干)이 기신(忌神)을 합거(合去)하여 탁기(濁氣)를 제거하면 능히 귀(貴)함을 누릴 수 있다. 이것은 마치 孤兒異姓(고아이성)이 능히 출세(出世)하기도 하는 것과 같은 현상이다.

✍ **Note**

전체 격국(格局) 구분의 기준

격국(格局)를 구분하는 기준과 명칭에 대해 확실히 해 둘 필요가 있다. 선학(先學)들의 설명에서 약간 미진한 부분이나 견해의 차이가 나타나기 때문이다. 격(格)을 정하는 것은 추명술(推命術)의 첫 관문과 같으므로 대강 넘어갈 대목이 아니다. '팔자술 파이널블로'를 통해 최종적으로 수립된 격국(格局) 구분의 내용을 살펴보겠다.

1. 격(格)을 대략 양분하면 내격(內格)과 외격(外格)으로 구분된다.

內格(내격)	月支(월지)에 근거해서 정해지는 格局(격국)
外格(외격)	月支(월지) 이 외의 요소가 작용해서 정해지는 格局(격국)

내외(內外)란 격(格)을 "월지(月支) 안(內)에서 구하느냐, 아니면 밖(外)에서 구하느냐"로 구분되는 개념이다. 엄격하게는 월지(月支)이 외의 요소가 작용해서 정해지는 격(格)이 외격(外格)이 된다.

2. 부억(扶抑)의 일반적 법칙의 적용 여부에 따라 정격(正格)과 변격(變格), 별격(別格)으로 구분된다.

正格	强하면 剋洩하고, 弱하면 扶助하는 格局	內格
變格	한쪽의 氣勢로 從하는 格局	從格
別格	일반적 扶抑 喜忌 관계의 틀을 벗어나는 格局	化格, 祿刃格, 兩神成象, 一行得氣 등

보통 팔자(八字)는 강약(强弱)에 따라 인비(印比)를 기뻐하거나 식재관(食財官)을 기뻐하거나 둘 중 하나의 현상으로 귀착된다. 이와 같이 양분되는 희기군(喜忌群)의 경계를 넘어서면 별격(別格)으로 분류하게 된다. 가령 상생(相生)의 양신성상격(兩神成相格)은 비식(比食)을 기뻐한다. 비겁(比劫)과 식상(食傷)을 공히 기뻐하는 현상은 '인비(印比) 대 식재관(食財官)'으로 구분되는 일반적 틀을 넘어선 것으로 별격(別格)에 속하는 것이다. 한편 '자평진전'은 대운(大運)에 의해 격국(格局)의 성패(成敗)가 달라지는 현상을 두고 변격(變格)으로 표현하는데, 위의 변격(變格)과 의미를 혼동해선 곤란하다.

3. 외격(外格)은 팔자(八字) 원국(元局)에서 정해지는 격(格)과 세월(歲月)이 용법(用法)으로 구분되는 격(格)이 있다. 전자는 기세(氣勢)와 방국(方局)으로 논하고, 후자는 팔자(八字)의 구성과 허자(虛字)로 논한다. 편의상 전자는 외격(外格), 후자는 잡격(雜格)으로 구분한다.

❐ 외격(外格) 구분

구분	유형	體用(체용) 용법
外格(외격)	眞從(진종), 眞化(진화), 一行得氣(일행득기), 從氣(종기), 兩神成相(양신성상), 三象(삼상)	大運(대운)과 歲月(세월)의 喜忌(희기)가 같음
	假從(가종), 假化(가화)	大運(대운)의 喜忌(희기) 취용은 內格(내격)과 동일, 歲月(세월)의 喜忌(희기)는 從神(종신)과 化神(화신) 위주
雜格(잡격)	暗沖暗合(암충암합) ☝ 八字(팔자)에 없는 財官(재관)을 허공에서 불러 쓰는 격	大運(대운)의 喜忌(희기) 취용은 內格(내격)과 동일, 歲月(세월)의 喜忌(희기)는 塡實(전실)과 刑沖(형충) 기피
	祿貴刃虛(록귀인허) ☝ 地支(지지)의 어느 특정한 글자가 傷害(상해)되는 것을 기피하는 격	大運(대운)의 喜忌(희기) 취용은 內格(내격)과 동일, 歲月(세월)은 특정 地支(지지)의 글자 刑沖(형충) 기피

'자평진전'은 외격(外格) 전체를 잡격(雜格)으로 취하고, 여타의 서책은 일반적 외격(外格)의 형태를 벗어난 경우에 잡격(雜格)을 쓴다. 명리(命理)의 3대 텍스트는 '난강망'과 '자평진전'이 일부 내용을 수용한 반면, '적천수' 잡격(雜格)을 취하지 않았다. 한편 하나의 격국(格局)이 어느 한 가지 형태의 격(格)으로 분류되지 않는 경우도 있다. 가령 양인격(陽刃格) 같은 경우에 팔자(八字)의 관살(官殺)을 용(用)하면 내격(內格)으로 분류되고, 관살(官殺)이 없으면 별격(別格)으로 분류된다. 이때 지지(地支)의 인(刃)은 글자 자체가 화난비수(禍難悲愁)의 작용과 관련이 깊으므로 유독 이 글자가 형충(刑沖)됨을 기피하기에 잡격(雜格)으로 분류하기도 한다. 재차 강조하건대, 지지(地支) 형충(刑沖)의 불리한 작용력은 체신(體神)의 '필드'인 대운(大運)에서는 거론하지 않고, 동적(動的)인 용(用)의 '필드'인 세월(歲月)에서만 논하는 것이다. 따라서 잡격(雜格) 일체는 모두 세월(歲月)의 범주에서 희기(喜忌)를 조율하는 것이다.

歲運論[세운론]

Original

休咎係乎運，尤係乎歲，衝戰視基孰降，和好視其孰切.

COMMENT

휴구(休咎)는 운(運)에 관계(關係)되는데 특히 세운(歲運)과 관계(關係)하고, 충전(衝戰)은 어느 것이 항복(降伏)함을 시(視)하며 화호(和好)는 어느 것이 절(切)되는지를 시(視)해야 한다.

*Spectrum

休咎係乎運，尤係乎歲，衝戰視基孰降，和好視其孰切.

'적천수'가 세운(歲運)을 하나의 '챕터'로 다루는 점은 특별하다. 원시(原詩)는 세운(歲運)이 휴구(休咎)와 특히 관련이 깊다고 했다. 休란 '저조와 정체'를 의미한다. 咎는 재앙(災殃)으로 대운(大運)보다는 세월(歲月)이 명주(命主)를 압박하는 직접 요인이 됨을 확고히 했다. 休咎尤係乎歲란 비록 대운(人運)이 바람직할지라도 세월(歲

月)의 衝戰和好에 따라 용이하지 않음을 실감하는 수가 많음을 의미하는 것이다. 즉 팔자(八字)의 부귀(富貴)가 원국(元局)과 대운(大運)의 체신(體神)에 달렸다해도 세운(歲運)에서 얼마든지 걸려 넘어질 수 있다는 얘기다.

일설에는 命好不如運好라 해서, 이른바 명(命)이 좋은 것이 운(運)이 좋은 것만 못하다는 말이 있다. 그렇다면 '적천수'는 休咎에 通昌을 덧붙였을 것이다. 이는 실로 체용(體用)의 무게 중심이 어디에 있는지 몰라서 하는 소리다. 衝戰視基孰降과 和好視其孰切에서 降하고 切되는 글자는 어디까지나 팔자(八字) 원국(元局)의 체신(體神)을 위주로 해서 논하는 것이다. 이를테면 부억용신(扶抑用神)이 되는 운간(運干)보다, 팔자(八字)의 기신(忌神)을 제거하는 간합운(干合運)이 더 좋은 것이다. 또 지지(地支)의 충(沖)으로 인해 개고(開庫)된 장간(藏干)이 팔자(八字)의 기신(忌神)을 제거해 주는 게 좋다. 이때 충(沖)으로 인해 기물(器物)이 파괴되는 지지(地支)의 글자도 그것이 운지(運支)일 경우에는 백번 이로우나, 팔자(八字)의 지지(地支)라면 손실(損失)을 면치 못한다.

衝戰和好에 대해 '진소암'은 衝戰은 지충(支沖)과 간극(干剋)이고, 和는 간합(干合)과 지합(支合), 그리고 好는 동기(同氣)의 운(運)으로 구분해서 설명한다. 그러나 和好視其孰切의 의미를 감안한다면 和好는 지합(支合)과 간합(干合)을 말하는 것으로 봐야 옳다고 생각한다. 무릇 衝戰이 되면 응당 운(運)의 간지(干支)가 항복(降伏)함이 마땅하고, 和好 또한 운(運)의 간지(干支)가 절(切)될 때 무리가 없다. 그러나 衝戰和好의 현상이 명주(命主)에 이로운 방향으로만 진행되는 경우는 몹시 드물기에 어떤 형태로든 성패희기(成敗喜忌)의 변화가 나타나기 마련이다.

용렬(庸劣)한 위인들은 생극제화(生剋制化)에 따른 오행(五行)의 희기(喜忌)로만 한 해의 성패(成敗)를 마치 두부를 자르듯 판단하는데, 어찌 그것이 다가 될 수 있겠는가. 예컨대 부친(父親)이 수(壽)를 다 하고, 집을 구입했다면 재적(財的) 성취를 논할 수 있는가. 혹은 매관(賣官)으로 직위를 구했다면 관적(官的) 성취인가, 재패(財敗)인가. 처(妻)를 잃고, 아들을 얻으면 그것이 득(得)인가, 실(失)인가. 실제로는 이보다 훨씬 복잡하게 전개되는 한 해의 '히스토리'를 알량한 부억(扶抑)의 이치로만 다 헤아릴 생각은 애당초 접는 게 옳다. 간지(干支)와 물상(物象), 유형과 무형의 성패(成敗), 득실(得失), 길흉(吉凶) 전반을 팔자술(八字術)은 모두 '커버'하는데 이 모두는 간지(干支)의 작용에 달렸다. 기존의 각종 팔자서(八字書)를 통독(通讀)하면서 늘 납납하게 여기기로 운로(運路)에서 간지(干支)를 구분하여 각각의 중요성을 명확하게 구분해서 개운하게 설명하는 것을 보지 못했다. 보통 대운(大運)은 지지(地支)가 중요하고, 세운(歲運)은 천간(天干)이 중요하다고 하는데 참으로 어설프기 짝이 없는 설명이다. 더구나 간지(干支)를 구분하여 시기를 선후(先後)로 구분하는 용법에 이르면 더 이상 할말이 없어진다. 나아가 아직도 개두(蓋頭)와 절각(截脚)으로 한 해의 득실(得失)을 계량하는 지침으로 삼는 수준이라면 향후 몇 년간은 여전히 미로(迷路)를 해맬 공산이 크다.

운간(運干)과 운지(運支)가 지니는 각각의 작용력과 연계 작용을 이해한다면 개두(蓋頭)와 절각(截脚)이 개입할 여지가 없음을 자연 깨닫게 된다.

❐ 운간(運干), 운지(運支)의 '포인트'

運	主眼	干支 구분	포인트
大運	格局成敗	大運 運干	生剋制化의 理法 위주로 格局 成敗 판단
		大運 運支	藏干의 調候 위주로 向方의 喜忌에 따른 貴賤 계량
歲運	吉凶得失	歲運 運干	扶抑喜神에 準하여 당해 成敗吉凶 판단
		歲運 運支	刑沖會合의 作用으로 得失喜忌成敗 조율

예컨대 팔자(八字)가 木을 기뻐하면, 막연히 甲寅과 乙卯가 좋다는 생각에 그친다면 반풍수(半風水)와 하등 다를 게 없다. 乙卯가 팔자(八字)의 庚과 합(合)이 되면 어쩔 것인가, 혹은 卯酉 충(沖)이면 어떤 반전이 있을 것인가. 또 팔자(八字)에 辛이 있으면 乙木은 과연 작용할 것인가, 卯戌 합(合)은 어떤 작용을 할 것인가. 卯酉가 충(沖)하여 개고(開庫)된 酉中 庚金이 운간(運干) 乙木을 합거(合去)하면 희신운(喜神運)을 잃은 것이다. 그러나 원국(元局)의 희신(喜神)이 기반(羈絆)되지 않은 한, 그것으로 흉패(凶敗)를 논해서는 안 된다. 이때 기상(氣象)은 패하지 않으나 원국(元局)의 酉金 기물(器物)은 파괴되어 물실(物失)이나 육친궁(六親宮)에 손상을 입을 수 있다. 반면 卯木의 유입(流入)은 순조로워 득(得)이 있을 것이다. 팔자(八字)

에 辛이 있으면 乙木은 항복(降伏)하므로 용(用)을 다하지 못한다. 이때 壬水가 있다면 乙木이 구제(救濟)되어 용(用)을 다 한다. 이와 같이 팔자(八字)의 성패(成敗), 희기(喜忌), 득실(得失), 길흉(吉凶)은 하나로 수렴되는 법이 없다. 이중 가장 중요한 것은 성패(成敗)를 들 수 있는데 성패(成敗) 또한 간지(干支)가 공히 작용해서 정해지는 이치를 간과해선 안 될 것이다.

'적천수'는 세운(歲運)의 이치를 단지 21글자로 함축한 시(詩)로 다 표현해냈다. 후학(後學)들은 원시(原詩)에 몰두해서 오의(奧義)를 궁구(窮究)하면 그만이다. '적천수'가 논한 것을 지나쳐 모르거나, 원뜻을 훼손하면 곤란하다. 이보다 더한 문제는 '적천수'가 거론하지 않은 지엽(枝葉)에 매달리는 데 있다. 命好不如運好(명호불여운호)나 개두(蓋頭), 절각(截脚)과 같은 얕은 견해에 쉽게 동조되는 자신을 항시 경계하고 衝戰視基孰降(충전시기숙항)과 和好視其孰切(화호시기숙절)의 의미를 깨치는데 힘써 마땅하다. 단언하건대 '적천수'는 여타의 명서(命書)와는 차별되는 신서(神書)의 가치를 지니고 있다. 스스로 총명한 체하여 함부로 비평할 책이 아니다.

體用論[체용론]

Original

도 유 체 용 　 불 가 이 일 단 론 야 　 요 재 부 지 억 지 득 기 의

道有體用，不可以一端論也，要在扶之抑之得其宜.

COMMENT

도(道)에는 체용(體用)이 있어 일단(一端)만을 논(論)해서는 안 되며, 요(要)는 부(扶)하거나, 억(抑)하여 마땅함을 얻는 데 있다.

***Spectrum**

도 유 체 용 　 불 가 이 일 단 론 야

道有體用，不可以一端論也,

우주(宇宙)의 모든 현상과 사물에는 체용(體用)이 존재한다. 체용(體用)은 광대한 영역으로 혹은 미세하게 구분되며 체(體) 속에 체용(體用)이 있고, 용(用)에 또한 체용(體用)이 있다. 따라서 먼저 명리(命理)의 전체와 각 영역을 분할해서 '무엇이 체(體)고, 무엇이 용(用)'인지를 가려 다 같이 중요하게 고려하는 것이 관건이 된다.

요 재 부 지 억 지 득 기 의

要在扶之抑之得其宜.

扶抑 일반은 팔자(八字)의 체(體)에서 정해지는 희신(喜神)을 扶하고 기신(忌神)을 抑하여 기의(機宜)를 도모하는 바를 뜻한다. 아마도 體用에 관한한 '서락오'만큼이나 고뇌한 인물이 드물 것이다. 가령 팔자(八字)를 성격(成格)시키는 글자는 상신(相神)은 원국(元局)의 체(體)에 대한 용(用)이 되는데, 후대의 학습자들은 상신(相神)과 부억용신(扶抑用神)을 다 같이 혼용(混用)하는 점이 몹시 혼란스러웠고 '서락오' 또한 예외가 아니었다. '서락오'는 결국 그가 도해한 체용(體用) 전체에서 오직 부억용신(扶抑用神)만이 용(用)의 한결같은 작용을 수행한다는 점에 주안삼아 '일원(日元)은 체(體), 부억용신(扶抑用神)이 용(用)'이라는 결론에 도달했다. 그러나 근자에 들어 내가 대운(大運)을 체신(體神)의 범주에 넣고 체용(體用)을 재차 분할하는 용법을 취하여 상신(相神)의 의미를 부활하는 4세대의 체용론(體用論)을 완성하기에 이르렀다.

體用을 구분하고 體에 따른 用을 살피면 다음과 같다.

1. 팔자(八字)에서 일간(日干)을 체(體)로 본다면 월지(月支)가 용(用)이 된다.

□ 體 □ □
□ □ 用 □

'자평진전' 논용신(論用神)에 이르길, 팔자용신전구월령(八字用神專求月令)이라 했다. 즉 팔자의 용신(用神)은 월령(月令)을 떠나 구할 수 없다는 얘기다. 월지(月支)는 격국(格局)이 되므로 '격국(格局)은 곧 용신(用神)'이라 할 수 있다. 후대에 이 대목을 두고 논쟁이 일었다. "용신(用神)을 어찌 월령(月令)에서만 구할 수 있는가"하는 반론이 요지다. 용신(用神)은 팔자, 여덟 글자 중 어디에서나 구할 수 있는데 원전(原典)을 제대로 해독(解讀)하지 못하는 부류들이 월지(月支)의 글자 하나에만 얽매여 올바른 용신(用神)을 구하지 못한다는 것이다. 가령 국내에 이미 소개된 '포여명(鮑黎明)'의 '앞서 가는 중국명운학'을 예로 들 수 있다. 여기에서 언급하는 체용(體用)의 분할은 팔자 원국(元局)에서 일간(日干)을 체(體)로 놓고, 정해진 용(用)을 말한다. 포(鮑)가 후대 인사들의 원서 독해력까지 언급하며, 급기야 제 스스로 '자평진전'의 원시(原詩)를 곡해한 사연은 체용(體用) 분할의 기준을 세우지 못했기 때문이다. 포(鮑)씨는 '서락오'을 전혀 엉뚱하게 옹호한 셈이다. 적어도 '서락오'는 체용(體用) 분할의 준거(準據)를 분간했다. 이를테면 체(體)를 어디에 두는가에 따라 용(用)이 달라지는 당연한 결과를 이해했다. 결론적으로 포(鮑)가 언급한 용신(用神)은 팔자 원국(元局)을 체(體)로 놓았을 때 이에 대비되는 부억용신(扶抑用神)이고, 고서(古書) 일반이 거론한 용신(用神)은 일간(日干)을 체(體)로 놓았을 때 격국(格局)이 되는 월지(月支)를 말한 것이다. 이와 같이 체신(體神)에 따라 변하는 게 용신(用神)이다.

2. 명식(命式)을 체(體)로 보면, 용(用)은 몇 가지로 구분된다.

팔자(八字)를 체신(體神)으로 보면, 용신(用神)은 부억용신(扶抑用神) 하나로만 정의되는 게 아니다. 가령 '자평진전'이 말하는 상신(相神)도 용(用)이 된다. 또 팔자의 기후(氣候)를 위주로 살펴 취하는 '난강망'의 조후용신(調喉用神)도 용(用)이 된다. 이뿐만이 아니다. 팔자가 체(體)라면 대운(大運)을 용(用)의 영역으로도 구분할 수 있다. 이중 특정한 글자를 지칭하는 '부억용신'과 '상신', '조후용신'은 각기 의미와 용법을 달리 하므로 일치하지 않는 경우가 허다하다.

상신(相神)	팔자의 격국을 성격(成格)시키는 글자로 격국의 귀천(貴賤)을 좌우
조후용신(調喉用神)	팔자의 기후(氣候)를 완성시키는 글자로 격국의 고저(高低)를 좌우
부억용신(扶抑用神)	팔자의 균형과 발전 가능성을 암시하는 글자로 격국의 귀천(貴賤)을 판정하는데 고려되는 성분

체용(體用) 일반에서 '서락오'의 실수는 격국의 귀천(貴賤)을 가르는 글자로 '부억용신'을 포커스로 삼은 데 있다. 혼동의 원인은 다음 '자평진전'의 두 구절이 제공한다.

- 八字用神專求月令
- 八字中擦其旺弱喜忌, 或扶或抑, 卽以扶抑之神爲用

원문(原文)의 두 번째 대목은 "팔자 가운데 그 왕, 약, 희, 기를 가려서 혹은 부조하고 혹은 억제한다. 즉 부억(扶抑)의 신(神)으로 용신을 정한다."는 뜻이다. 따라서 전자의 월령지신(月令之神)만을 용신(用神)으로 볼 수 없다고 생각한 것이다. 곧 부억용신(扶抑用神)으로 격국의 귀천(貴賤)을 가리면 그만일 것을, 굳이 상신(相神)이라는 모호한 개념을 쓸 필요가 없다는 사유(思惟)에 이르렀다. 이는 한 마디로 체용(體用) 분간의 기준을 망각한 데서 비롯된 현상으로 '자평진전평주'에서 '서락오'는 해설상의 빈번한 오류를 낳고 있다. 결론적으로 八字用神專求月令이란 일간(日干)을 체신(體神)으로 본 경우고, 或扶或抑(혹부혹억), 卽以扶抑之神爲用(즉이부억지신위용)은 팔자(八字)의 원국(元局)을 체신(體神)으로 구분했을 때의 정의되는 용신(用神)을 논한 것이다.

투파(透派)의 체용론(體用論)은 특별히 취할 게 없다. 그저 명식(命式)를 체(體)로, 행운(行運)을 용(用)으로 구분하는 일반적 입장만을 피력했을 뿐이다. 한 마디로 명리학사(命理學史)의 구분은 체용론(體用論)의 발전사로 요약될 수 있다. 그러므로 투파(透派)를 독보적 문파(門派)로 인정하기엔 무리가 따른다. 반면 '서락오'는 명리(命理)의 획을 긋는 존재로 명성을 굳혔다. 종래의 체용법(體用法)에서 한결 진화된 체용(體用) 분해를 시도했기 때문이다. 그의 주빈론(主賓論)은 분명 이전에 비해 한 단계 상승한 대목이다. '적천수보주'에서 스스로 자부한 주빈(主賓)의 개념으로 설명한 체용(體用)의 도해는 다음과 같다.

- 體(격국) – 일간은 體의 體, 월령은 體의 用이다.
- 用(용신) – 용신은 用의 體, 희신은 用의 用이다.

그는 격국(格局)을 체(體)로 놓고, 이것을 다시 체용(體用)으로 분할해서, 고서(古書) 일반이 정의하는 용신(用神), 월령지신(月令之神)과 자신이 정의하는 용신(用神), 부억지신(扶抑之神)이 상치되지 않도록 논리의 틀을 세웠다. 그런데 한 가지 간과한 점이 있다. 바로 상신(相神)의 존재다. '자평진전'의 이론 체계는 이미 팔자, 체신(體神)의 범주 내에서 체용(體用)의 변수를 모두 확장시켜 놓고 있었다. '體의 用'은 '體(일간)의 用(월령)'이기도 하고, '體(격국:월령)의 用(상신)'이 되기도 한다. '서락오'는 끝내 상신(相神)과 부억용신(扶抑用神)을 선명하게 구분해서 운용하는 팔자술(八字術)을 구사하지 못했다. 결국 최근까지 가장 발전된 '서락오'의 체용(體用) 수법은 공

(功)과 과(過)로 남았다. 따라서 '서락오'의 주빈론(主賓論)에서 한층 더 세분화된 체용론(體用論)이 명리학(命理學)의 신기원을 여는 열쇠가 될 것이다.

❒ 자평(子平) 3대 '텍스트' 체용(體用) 분할

區分(구분)	體神(체신)	用神(용신)
子平眞詮(자평진전)	八字(팔자)와 大運(대운)	歲月(세월)
欄江網(난강망), 滴天髓(적천수)	八字(팔자)	大運(대운)과 歲月(세월)

體用(체용) 分割(분할)	體(체)의 體(체)	體(체)의 用(용)	用(용)의 體(체)	用(용)의 用(용)
子平眞詮(자평진전)	格局(격국)	相神(상신)		
欄江網(난강망)	月別日干(월별일간)	十干喜用(십간희용)		
滴天髓(적천수)	日干(일간)	月令(월령)	扶抑用神(부억용신)	扶抑喜神(부억희신)

✍ **Note**

'팔자술 파이널블로' 체용론(體用論)

명리학(命理學)의 발전 과정은 한 마디로 체용(體用)의 분할 과정이라 할 수 있다. 도(道)에는 체용(體用)이 있고, 체(體)에 또한 체용(體用)이 있으며 용(用)에도 체용(體用)이 존재한다. 이렇게 무한대로 분화되는 체용(體用)의 개념을 이해하지 못하면, 희기(喜忌)의 관건이 되는 용신(用神)마저도 오해하기 일쑤니 올바른 명리(命理)는 요원해진다. 그동안 한국(韓國)의 팔자학(八字學)은 고인(古人)들의 과거 이론을 신봉하는데 그쳐 근세(近世)에 이르러 재해석된 이론체

계도 따라가지 못하는 실정이었다. 최근까지 가장 선진적인 체용(體用) 분할을 시도한 이는 '서락오'다. 그의 이론 핵심은 부억용신(扶抑用神)으로 최종적으로 팔자(八字)의 오행(五行) 세력(勢力)을 중시하는 관법을 굳힌 셈이다. 따라서 응당 기후(氣候)가 개입된 용신(用神) 체계의 보완과 융합이 시도된다. 이로써 탄생한 개념이 기세(氣勢) 양면을 고려한 십간용신(十干用神) 체계다. '서락오'의 체용론(體用論)이나 '장요문'의 십간론(十干論)은 모두 당대에 최적의 논리임을 자부(自負)했지만, 추명(推命) 각각의 '필드'에서 체(體)와 용(體)을 정확하게 구분하는 용법(用法)은 성숙치 못한 결과로 나타났다.

먼저 팔자(八字)를 구성하는 전체 영역에 대해 체용(體用)으로 구분해 보자. 송대(宋代)와 명대(明代), 그리고 자평학(子平學)의 전성기인 청대(淸代)에 이르기까지 18세기 무렵에는 팔자(八字)의 원국(元局)과 대운(大運)으로 체용(體用)이 구분되었다. 이때의 명서(命書)에는 주로 격국(格局)의 성패(成敗)와 대운(大運)의 희기(喜忌)를 설명하는데 집중하고, 세월(歲月)의 성패(成敗)를 설명하는 내용은 부차적인 사항에 불과했다.

體(체)	用(용)
八字(팔자)	大運(대운)

세월(歲月)의 성패(成敗)와 희기(喜忌)에 대한 전반적인 설명은 '서자평' 이후의 신법(新法) 시대에 비해 이전의 고법(古法)이 더욱 세세하게 다룬다. 그래서인지 명리(命理) 학습의 한계에 봉착한 이들은 간혹 '삼명소식부'와 '이허중명서' 등의 고법(古法) 시대로 회귀하는 경향을 보이기도 한다. 학문 과정에 '피드백'이나 '백투더베이

식'은 마땅한 일이나, 다만 어느 하나에 얽매여서는 온고지신(溫故知新)의 발전을 기대하기 어렵다. 무릇 현존하여 생명력을 과시하는 사물은 쉽사리 부정될 대상이 아닌 것이다. 아무튼 청대(靑代) 이후 근세(近世)를 거쳐 오늘날에 이르기까지 세월일시(歲月日時)의 영역에 대한 집중적인 조망이 이루어졌다. 따라서 체용(體用)의 거시적 구분도 종래와 다른 입장이 세워졌다.

體(체)	用(용)	
八字(팔자)	大運(대운)	歲月(세월)

이상과 같은 체용(體用) 도해의 시각은 중요한 점을 시사한다. 이를테면 용(用)의 범주에 속하는 '대운(大運)이나 세월(歲月)'에 적용하는 희기(喜忌) 구분의 기준이 같아야 한다. 즉 체(體)인 팔자(八字)의 귀천(貴賤) 여부는 전체 세력(勢力)의 균형과 기후(氣候)의 조화를 고려해서 가리지만, 용(用)인 대운(大運)과 세월(歲月)은 세력(勢力) 양상에 준(準)한 부억 抑)의 잣대로 희기(喜忌)를 가린다는 얘기다. 한 마디로 팔자(八字), 격국(格局)의 성패(成敗)는 기세(氣勢)의 청탁(淸濁)으로, 운로(運路)의 성패(成敗)는 부억용신(扶抑用神)으로 판단한다는 것이다. 이것이 명리(命理)의 3대 '텍스트'를 모두 주해하고, 종내 '적천수후보주'를 통해 결론 내려진 '서락오' 이론의 골자(骨子)이자, 현대(現代) 명리(命理)의 대세라 할 수 있다. 용(用)의 영역에서도 기후(氣候)적 요소를 전혀 배제할 수 없다는 차원에서 제기된 십간용신(十干用神) 또한 부억법(扶抑法)의 틀을 넘어서지는 못한다.

지난해 내가 명리(命理)의 3대 '텍스트'를 새롭게 조망하면서, 체용(體用)의 최신 도해를 선보인 바 있다. 핵심은 대운(大運)을 체신

(體神)의 영역으로 간주해야 된다는 점이다. '자평진전리뷰'를 저술하는 과정이 시초가 되었는데, '심효첨'의 '자평진전'과 '서락오'의 '자평진전평주'에는 도저히 융합되지 않는 괴리감이 존재하기 때문이다. 결론적으로 '서락오'의 부억용신(扶抑用神)이 용(用)의 영역을 주관하는 것은 이론의 여지가 없지만, 그것이 팔자(八字)나 대운(大運)의 체신(體神) 영역의 성패(成敗)를 간주하는 기준이 될 수 없다는 점을 논한 것이다.

체 體		용 用
팔 자 八字	대 운 大運	세 월 歲月

팔자(八字)나 대운(大運)의 성패(成敗), 희기(喜忌)를 구분하는 요소는 '자평진전'이 말하는 상신(相神)이나 '난강망'이 거론하는 조후용신(調喉用神)이 '포인트'다. 이 두가지 '텍스트'에는 세월(歲月)의 희기(喜忌)를 거론하는 내용이 거의 없다. 그런데 '서락오'는 상신(相神)과 부억용신(扶抑用神)을 일치된 개념으로 설명하기 위해 지나친 수고를 기울였다. 이로 인해 '자평진전평주'는 '심효첨'의 논리와 거리가 멀어졌다. 또한 그는 '적천수보주'에서 고인(古人)들이 상신(相神)이라는 모호한 개념을 쓴다고 우회해서 비판했다. 이뿐 아니다. 조후용신(調喉用神)과 부억용신(扶抑用神)이 상치되는 경우에는 부억법(扶抑法)이 우선이라는 대가(大家)답지 못한 단견을 피력했다.

이즈음에서 일차적인 정리가 필요하다. 용(用)의 영역에서는 부억용신(扶抑用神)이 관건이라는 '서락오'의 이론은 옳다. 그것이 그의 공(功)이다. 그러나 체(體)의 영역에서조차 부억(扶抑) 일반으로 성패(成敗)를 가려보고자 시도한 점은 그의 과(果)다. 짐작은 간다. '적천수'의 체용론(體用論)과 세운론(歲運論)이 '모티브'를 제공했을 것이다. 아무튼 지금 '팔자(八字)는 부억(扶抑)이 관건' 내지 기껏 "팔자(八字)의 세력(勢力) 강약(强弱)만을 가려 부억용신(扶抑用神) 하나를 도출해 내는 격용법(格用法)" 정도로 팔자학(八字學)의 반(半)은 수립한 것으로 착각하는 이들이 어디 한둘인가. 이상은 다 옳지 않다. 다시 처음으로 돌아가 '자평진전'부터 제대로 살펴보자. '심효첨'을 위시한 당시의 선학(先學)들이 팔자(八字) 원국(元局) 자체를 체용(體用)으로 분할한 내용은 다음과 같다.

체 신 體神		용 신 用神	
체 체 신 體의 體神	체 용 신 體의 用神	용 체 신 用의 體神	용 용 신 用의 用神
일 간 日干	월 지 月支	상 신 相神	희 신 喜神

'표'에서 용신(用神)이라는 글자만도 세 번 나온다. 첫째는 월지(月支)가 용신(用神)이다. 즉 일간(日干) 체(體)에 대비되는 용(用)으로 용신(用神)이란 곧 격국(格局)을 의미한다. 둘째로는 격국(格局) 체(體)에 대비되는 용(用)으로 '용(用)의 체(體)'인 상신(相神)을 들 수 있다. 마지막으로 상신(相神)과 조화되는 글자, 희신(喜神)을 들 수 있다. 물론 '심효첨' 스스로가 이 같은 체용(體用) 분할을 정리한 것은 아니지만, 당시의 명서(命書)들은 대략 이 같은 관점을 피력하고 있었다. 이때는 부억용신(扶抑用神)이란 용어 자체도 없었다. 그럼에도 불구하고, 고서(古書)의 원시(原詩)에 언급된 용(用)이나 용신(用神)을 체용(體用)의 명확한 구분 없이 제멋대로 해석하는 부류들도 적지 않다.

그렇다면 '자평진전' 격국용신론(格局用神論)의 열쇠가 되는 상신(相神)이란 무엇일까. 그리고 왜 '서락오'는 끊임없이 상신(相神)과 부억용신(扶抑用神)을 '오버랩'하려 시도했을까. 그것은 두 글자 모두 팔자(八字)가 기뻐하는 희신(喜神)으로 정의되기 때문이다. 한 마디로 희신(喜神)과 기신(忌神)의 구분이 일치해야 학문적 원칙이 세워지므로 조급한 마음이 일었을 법도 하다. 또 상신(相神)과 부억용신(扶抑用神)이 일치할 때가 적지 않기 때문이다. 이를테면 재격(財格)이나 살격(殺格)은 신약(身弱)한 경우가 많다. 이때 팔자(八字)의 희신(喜神)으로 일간(日干)을 생부(生扶)하는 인수(印綬)의 글자가 적합하다. 상신(相神)이란 한 마디로 팔자(八字)를 귀격(貴格)으로 성격(成格)시키는 글자를 말한다. 따라서 재격(財格)의 사주(四柱)가 인수(印綬)를 보게 되면 재격투인(財格透印)의 귀격(貴格)을 이루고, 이러한 귀격(貴格)을 이루는데 도움이 된 글자인 인수(印綬)가 바로 상신(相神)이 된다. 이를 부억(扶抑)의 관점에서 봐도 마찬가지로 인수(印綬)를 용신(用神)으로 삼게 되므로 이때는 '상신(相神) = 부억용신(扶抑用神)'의 관계가 성립되고, 둘 다 용(用)이나, 용신(用神), 희신(喜神) 등으로 묘사해도 무방하다. 그러나 재격(財格)이 귀격(貴格)으로 성격(成格)되는 경우는 비단 인수(印綬)에만 한정되지 않는다. 가령 관살(官殺)을 보아도 재왕생관(財旺生官)이나 재자약살(財慈弱殺)고 귀격(貴格)을 이룬다. 이때는 당연히 상신(相神)이 관살(官殺)이다. 그런데 부억용신(扶抑用神)이 관살(官殺)로 정해질 때는 몹시 드물다. 재격(財格)의 신약(身弱)한 명(命)이라면 응당 인비(印比)의 글자로 부억용신(扶抑用神)이 정해질 수밖에 없다. '자평진전'에는 격국(格局)의 성패(成敗)를 논하면서 신강신약(身强身弱)을 따로 거론하지 않지만, '자평진전평주'는 건건히 강약(强弱)의 사족을 붙이며 주해(註解)했다. 그렇다면 '서락오'가 최종적으로 정리한 체용(體用) 분할은 어떤 것인지를 살펴보겠다.

<table>
<tr><td colspan="2">體[主]</td><td colspan="2">用[賓]</td></tr>
<tr><td>體의 體[主]</td><td>體의 用[賓]</td><td>用의 體[主]</td><td>用의 用[賓]</td></tr>
<tr><td>日干</td><td>月支</td><td>用神</td><td>喜神</td></tr>
</table>

'서락오'는 종래의 인사들이 체용(體用)을 엄밀하게 구분하지 못함을 비판하면서 주빈론(主賓論)으로 체용(體用)을 확실하게 구분했다고 자부(自負)한 이다. 사실 이만하면 꽤 면밀한 분할이 아닐 수 없다. 이상으로 기존의 월지(月支), 격국용신(格局用神)과 용(用)의 체(體)인 부억용신(扶抑用神)의 정의와 개념을 확고히 하는 일대 원칙을 수립한 것이다. 그런데 보다 세밀히 살피면 격국(格局) 체(體)에 대비되는 용(用)을 부억용신(扶抑用神) 하나만으로 정하는 실수를 범한 것이다. 체용(體用)을 분할할 때는 항상 체신(體神)을 먼저 정하고, 이에 대비되는 용신(用神)을 정하는데, 격국(格局)을 체신(體神)으로 정하면 용신(用神)은 한 가지가 아닌 세 가지로 나타나고 각각의 용도와 용법이 다른 것이다.

❐ 팔자(八字) 체용(體用) 분할 순서

<table>
<tr><td>구분</td><td>體</td><td colspan="2">用</td></tr>
<tr><td>1차</td><td>日干[命主]</td><td colspan="2">月支[格局]</td></tr>
<tr><td rowspan="3">2차</td><td rowspan="3">格局</td><td rowspan="3">用神</td><td>相神</td></tr>
<tr><td>調候用神</td></tr>
<tr><td>扶抑用神</td></tr>
<tr><td rowspan="3">3차</td><td>相神</td><td rowspan="3">喜神</td><td>喜神</td></tr>
<tr><td>調候用神</td><td>輔佐用神</td></tr>
<tr><td>扶抑用神</td><td>扶抑喜神</td></tr>
</table>

끝으로 '팔자술 파이널블로'에서 확정한 팔자(八字)의 영역별 체용(體用) 구분에서 각 용신(用神)의 용법과 효용을 살피겠다. 요약하자면, 상신(相神)이나 조후용신(調喉用神)은 먼저 팔자(八字) 원국(元局)의 성패(成敗)를 조율하고 또한 대운(大運)에서 성패(成敗)와 희기(喜忌)를 정의하는 역할을 수행한다. 반면 부억용신(扶抑用神)은 대운(大運)에서 작용력이 전혀 없진 않으나 후순위로 밀리고, 용(用)의 영역인 세월(歲月)에서 성패(成敗)와 희기(喜忌)를 주관하는 절대 요소가 된다. 간혹 세월(歲月)의 범주에서 조후(調喉)나 격국(格局)의 완성을 논하는 엉뚱한 상황을 접할 때가 있는데, 이것은 몹시 곤란한 애기가 된다.

구분	體	用
필드	命運 [八字와 大運]	歲運 [年月日時]
相神	格局 成敗 主觀 [팔자의 그릇]	
調候用神	格局 高底 細分 [부귀의 정도]	
扶抑用神		每時 成敗 主觀
十干用神	日干, 用神, 喜神, 忌神의 十干 喜忌 關係의 對比로 吉凶 調律	
刑沖會合	成敗 轉移, 得失	

精神論[정신론]

Original

인 유 정 신 　 불 가 이 일 편 구 야 　 요 재 손 지 익 지 득 기 중

人有精神, 不可以一偏求也, 要在損之益之得其中.

COMMENT

인(人)에는 정(精)과 신(神)이 있어 하나로 치우쳐 구(求)함은 불가(不可)하고 손(損)하고 익(益)하여 중용(中庸)을 얻는 것이 중요하다.

*Spectrum

인 유 정 신 　 불 가 이 일 편 구 야 　 요 재 손 지 익 지 득 기 중

人有精神, 不可以一偏求也, 要在損之益之得其中.

오행(五行)은 대략 金水의 정기(精氣)와 木火의 신기(神氣)로 양분된다. 精이 응축(凝縮: condensation)이라면 神은 발산(發散: radiation)과 같은 개념이다. 팔자(八字)는 木火 혹은 金水의 이행(二行)으로 편중(偏重)되는 경우를 가장 꺼리게 된다. 이것은 기후(氣候)와 관련이 깊다. 하목(夏木)의 목분화열(木焚火熱), 동금(冬金)의 금침수탕(金沈水蕩)을 특히 기피(忌避)하고, 화염토조(火炎土燥)도 역시 좋지 않다. 이상은 모두 빈천(貧賤), 병약(病弱), 절사(絶嗣) 등

을 암시하여 흉한 사상(事象)을 지니고 있다. 木火傷官喜見水나 金水傷官喜見官하는 이치도 같은 맥락이다. 가령 木의 종아격(從兒格)은 진종(眞從)의 귀(貴)를 이루어도 목분화열(木焚火熱)의 흉의(凶意)를 피할 수 없으므로 귀명(貴命)을 논하기 어려운 것이다.

'임철초'는 精神을 정신기(精神氣), 삼자(三者)로 정의했다. 정(精)은 일원(日元)을 생(生)하는 육신(六神)이고, 신(神)은 극(剋)하는 육신(六神), 기(氣)는 동기(同氣)의 육신(六神)으로 남는 것은 덜어내고, 부족한 것은 보태는 부억(扶抑) 일반의 용법(用法)을 설명하면서 '진소암'의 설(說)을 반박한다. 그러나 精神不可一偏이란 기세(氣勢) 양면의 중용(中庸)을 논한 것으로, 기후(氣候)를 배제한 해설은 적합지 않은 것이다. 다음과 같이 기세(氣勢)가 편중(偏重)되면 잔병(殘病)이 많거나 요절(夭折)이 따르는 유형의 팔자(八字)가 된다.

壬 乙 戊 □
午 巳 午 □

午月 乙木이 癸水를 보지 못하면 . 壬水도 해갈(解渴)하는 역할을 하나 癸水에 비할 바가 못 된다. 이것은 마치 여름철의 논밭에 저수지 물을 대는 것과 단비가 내리는 차이와 같다. 팔자(八字)에 癸는 없고 壬만 있다면 죽음은 면하되, 잔병은 떨치기 어렵다. 반면 癸水가 출간(出干)하고 뿌리가 건전하면 자연 부귀격(富貴格)을 이룬다.

癸 乙 甲 辛
□ 亥 午 □

✍ **Note**

정신론(精神論)에서 자칫 양신성상(兩神成象)과 혼동을 범할 소지가 있는데, 팔자(八字)의 오행(五行)이 이기(二氣)로 균등하게 양분(兩分)되고, 잡기(雜氣)가 개입되지 않으면 청순(淸純)하여 절대(絶對) 귀(貴)로 여긴다. 즉 일간(日干)을 제외한 여타의 이기(二氣) 균등(均等)은 차격(此格)에 해당되지 않는다. 상생(相生)의 양신성상(兩神成象)은 비식(比食)의 관계로 대개 천여(天與)의 자격(資格)을 유지하고 대업(大業)을 성취하며, 상극(相剋)의 양신성상(兩神成象)은 보통 비재(比財)의 관계로 관록(官祿)이나 경영(經營)으로 일대부영(一代富榮)이 보증된다.

❐ 양신성상격(兩神成象格)

상생 오국 相生 五局		상성 오국 相成 五局	
목화광휘 木火光輝	목화상생격 木火相生格	목토배양 木土培養	목토상성격 木土相成格
화토협잡 火土夾雜	상생격 相生格	토수윤하 土水潤下	토수상성격 土水相成格
토금육수 土金毓秀	상생격 相生格	수화기제 水火既濟	수화상성격 水火相成格
금수극청 金水極淸	상생격 相生格	화금주인 火金鑄印	화금상성격 火金相成格
수목청기 水木淸奇	상생격 相生格	금목성기 金木成器	금목상성격 金木相成格

衰旺論[쇠왕론]

☝Original

能知衰旺之眞機, 基於立命之奧, 思過半矣.

✌ COMMENT

쇠왕(衰旺)의 참된 기틀을 잘 알면 생각건대 입명(立命)의 오의(奧義)에 반(半) 이상은 도달한 것이다.

*Spectrum

能知衰旺之眞機, 基於立命之奧, 思過半矣.

衰는 월령(月令)의 기(氣)가 일원(日元)을 극(剋)할 때를 말하고, 왕(旺)은 일원(日元)과 월령(月令)의 기(氣)가 일치할 때를 말한다. 이를테면 춘목(春木)은 왕(旺)이고, 추목(秋木)은 쇠(衰)라 할 수 있다. 고래(古來)로 왕강쇠약(旺强衰弱)의 이치를 분간하는 위인이 많지 않은데 팔자(八字)를 볼 때는 강약(强弱)과 쇠왕(衰旺)의 기미(幾微)를 잘 가려 취해야 한다.

❐ 왕강쇠약(旺强衰弱)

區分	氣勢	定意	備考
旺	氣	月支 계절의 기운을 得한 것	陽干은 氣從하므로 衰旺의 영향을 더 많이 받으며 陰干은 從勢하므로 强弱이 관건
衰		月支 계절의 기운이 反하는 것	
强	勢	地支에 通根한 것	歲의 輕重은 月支, 時支, 日支, 年支 順임
弱		地支에 뿌리를 내리지 못한 것	

'임철초'를 위시한 많은 선학(先學)들은 월지(月支)를 위주로 쇠왕(衰旺)을 보지만, 年日時에서도 왕상휴수사(旺相休囚死)를 돕거나 손상시키는 권력을 행사한다고 생각했다. 그러나 이것은 오행(五行) 생극제화(生剋制化)의 이법(理法)에만 국한된 발상으로, 팔자(八字)를 음양(陰陽)과 기세(氣勢) 양면으로 분간하여 판단하는 방법에 익숙지 못한 까닭이다. '적천수천미'는 결국 세력(勢力)의 강약(强弱)만을 논할 뿐이다. 이는 결국 팔자(八字)의 강약(强弱)을 판별하고 귀천(貴賤) 여부를 결정짓는 추명(推命)의 첫 단추를 꿰는 과정, 즉 명리(命理)의 원칙마저 명확하게 세우지 못하는 결과를 야기한 셈이다. 예컨대 팔자(八字)의 용신(用神)이 건왕(健旺)해야 참다운 귀격(貴格)을 논할 수 있는데, 이때 용신(用神)이 양간(陽干)이 양간(陽干)이면 월지(月支)에 통근(通根)될 뿐만 아니라, 계절의 기운을 얻어야만 진신(眞神)이라 할 수 있는 것이다. 반면 음간(陰干)은 오직 세력(勢力)을 중시하므로 월지(月支)에 통근(通根)되기만 하면 진신

(眞神)을 논할 수 있다.

왕강쇠약(旺强衰弱)을 기(氣)와 세(勢)로 따로 구분하지 않고, 힘의 세기로만 정의하면 유력(有力)과 무력(無力)이 된다. 이상의 차이를 구분할 수 있어야 비로소 立命之奧에 한층 다가서는 것이다.

❐ 유력무력(有力無力)과 왕강쇠약(旺强衰弱)

<table>
<tr><th colspan="2">區分</th><th>氣勢</th><th>陽干 有形</th><th colspan="2">陰干 有形</th></tr>
<tr><td rowspan="3">有力</td><td>旺</td><td rowspan="2">氣</td><td>巳午月 丙</td><td>午月 丁</td><td>寅戌巳月 丁</td></tr>
<tr><td>衰</td><td>亥子月 丙이 他支에 通根</td><td>子月 丁</td><td>酉月 丁</td></tr>
<tr><td>强</td><td>勢</td><td>丙이 地支에 通根</td><td colspan="2">丁이 地支에 通根</td></tr>
<tr><td rowspan="2">無力</td><td>衰</td><td>氣</td><td rowspan="2">丙이 無根</td><td colspan="2" rowspan="2">丁이 無根</td></tr>
<tr><td>弱</td><td>勢</td></tr>
</table>

中和論[중화론]

☝Original

能識中和之正理，而於五行之妙，有全能焉.

✌ COMMENT

중화(中和)의 바른 이치를 잘 판별하면 오행(五行)의 묘리(妙理)에 전능(全能)해진다.

✍*Spectrum

能識中和之正理，而於五行之妙，有全能焉.

中和는 사핑(子平)의 도(道)라 할 수 있다. 精神을 알고, 衰旺을 분간하면 일원(日元)의 중용(中庸)을 알 수 있다. 부억지도(扶抑之道)는 단순히 세력(勢力)의 강약(强弱)을 조율하는 정법(定法)에 국한 된 것이 아니므로, 기세(氣勢) 양면을 고려해야 하고 병약(病弱)을 가려 취(取)하는 법에 익숙해져야 한다. 한정된 지식 틀에 자만(自慢)하지 않고 새로운 지평에 도달해야 비로소 오행(五行)의 묘리(妙理)에 밝아진다.

❒ 여섯 가지 용신(用神)과 '챕터'

用神(용신)	'장르'	八字(팔자)와 大運(대운), 歲月(세월)의 體用(체용) '필드' 구분
調候(조후)	精神(정신), 衰旺(쇠왕), 寒暖(한난)	八字(팔자)와 大運(대운)의 體神(체신) 영역
扶抑(부억)	中和(중화), 體用(체용)	體用(체용) 전 영역, 歲月(세월) 喜忌(희기)는 扶抑(부억)이 主管(주관)
專旺(전왕)	順逆(순역)	大運(대운), 歲月(세월)의 體用(체용) 전 영역
通關(통관)	通隔(통격)	大運(대운) 영역, 歲月(세월)에서는 大運(대운)에 成格(성격) 여부에 따라 제한 運用(운용)
病藥(병약)	衰旺(쇠왕), 寒暖(한난), 中和(중화)	八字(팔자) 元局(원국)의 體神(체신) 영역으로 正法(정법)이 따로 없음
十干(십간)	剛柔(강유)	八字(팔자)와 大運(대운)의 體神(체신) 영역, 調候(조후)와 달리 藏干(장간)을 취하지 않음

剛柔論[강유론]

Original

剛柔不一也, 不可制者, 引其性情而已矣.

COMMENT

강(剛)과 유(柔)는 불일(不一)하니 제(制)가 불가(不可)하면 그 성정(性情)을 인(引)할 뿐이다.

*Spectrum

剛柔不一也, 不可制者, 引其性情而已矣.

剛柔는 동일한 것이 아니며 제(制)할 수 없는 것은 설(洩)이 마땅한 것이다. 강유론(剛柔論)의 요체(要諦)는 不可制者에 있다. 그렇다면 '제(制)할 수 없는 것'이란 무엇일까. 이는 두 가지 경우를 말한다. 하나는 세력이 지나치게 왕성해서 그것을 제복(制伏)하기 보다는 설기(洩氣)하는 것이 효율적인 처리가 될 때고 나머지 하나는 너

무 유약해서 극제(剋制)가 불가(不可)한 때다.

'진소암'과 '임철초'는 전자의 경우에 주목하여 '춘목(春木), 하화(夏火), 추금(秋金), 동수(冬水), 계토(季土)'와 같이 당령(當令)했을 때 원국(原局)에 극신(剋神)이 없으면 설기(洩氣)하여 팔자(八字)를 청수(淸秀)하게 만든다고 했다. 그러나 록겁격(祿劫格)이나 양인격(陽刃格)은 기본적으로 관살(官殺)로써 귀(貴)를 결정한다. 이를테면 祿劫用官(록겁용관)이나 祿劫用殺(록겁용살), 陽刃露殺(양인로살), 陽刃用官(양인용관)으로 성격(成格)되는 것이다. 반면 祿劫食傷(록겁식상), 즉 식상(食傷)의 수기(秀氣)로 귀격(貴格)을 이루는 경우는 唯春木之木火通明而秋金之金水相涵(유춘목지목화통명이추금지금수상함)으로 오직 춘목(春木)과 추금(秋金)의 木火通明(목화통명), 金水相涵(금수상함)에 한정된다.

명징파(明澄派)는 후자의 경우에 주목해서 십간론(十干論)의 견해를 피력한다. 오양간(陽干干)은 성질이 강(剛)하므로 대개 극설(剋洩)이 모두 유효하지만, 오음간(五陰干)은 유(柔)하여 대개 설(洩)이 좋을 뿐, 극(剋)은 좋지 않다고 본 것이다. 이것은 '난강망'에서 팔자(八字)의 부귀(富貴)를 결정짓는 조후용신(調候用神) 체계만 살피면 어렵지 않게 인지할 수 있는 내용이다. 팔자(八字)의 쇠왕(衰旺)을 가려 적합한 십간(十干) 관계를 살피면 그것이 곧 '난강망'의 기후론(氣候論)이 되는 것이고, 쇠왕(衰旺)의 요건을 배제한 채 음양간(陰陽干)의 십간(十干)별로 희기(喜忌) 관계를 나누면 십간론(十干論)이 된다. 아무튼 '적천수'의 강유론(剛柔論)은 십간용신(十干用神) 체계에 한결 부합되는 이론으로 볼 수 있다.

❐ 기후론(氣候論)과 십간론(十干論)

氣候論	調候用神	氣	八字의 富貴를 결정짓는 干으로 日元의 衰旺, 즉 月別로 喜忌가 구분되고, 藏干에서도 取用
十干論	十干用神	勢	陰陽, 配像의 屬性에 따른 十干別 喜忌로 구분하고, 日元과는 扶抑을 위주로 喜忌로 정하며, 藏干은 取하지 않음

✍ **Note**

십간론(十干論) '서베이'

❐ 음양(陰陽) 속성(屬性)에 따른 효과적 부억(扶抑) 관계

陰陽	身强	身弱
陽干	七殺	印綬
陰干	傷官	劫財

이상의 일반적 부억(扶抑) 육신(六神) 처리법을 각 십간(十干)에 대입하면 빈드시 일치하는 결과를 보진 못한다. 또 음양산(陰陽干)의 일반적 속성(屬性)에 위배되는 경우도 있다. 먼저 양간(陽干)이 강한 경우, 칠살(七殺)과의 관계를 중심으로 희기(喜忌)를 살펴보겠다.

❐ 양간(陽干)과 칠살(七殺)의 희기(喜忌) 관계

陽干	喜: 좋은 관계	忌: 나쁜 관계	주안점
甲	庚	辛	
丙	壬	癸	
戊	乙		七殺 甲木과의 관계는 喜忌가 정해지지 않음
庚	丁		七殺 丙火와의 관계는 喜忌가 정해지지 않음
壬	戊	己	

양간(陽干)이 약한 경우, 인수(印綬)와의 관계는 모두 무난하다.

❐ 양간(陽干)과 인수(印綬)의 관계

陽干	喜
甲	壬, 癸
丙	甲, 乙
戊	丙, 丁
庚	戊, 己
壬	庚, 辛

음간(陰干)이 강할 경우, 상관(傷官)과의 관계는 모두 좋다. 원시(原詩)의 不可制者, 引其性情而已矣에 부합되는 내용이다.

❐ 음간(陰干)과 상관(傷官)의 관계

음간 陰干	희 喜
을 乙	병 丙
정 丁	무 戊
기 己	경 庚
신 辛	임 壬
계 癸	갑 甲

음간(陰干)과 상관(傷官)의 관계를 강약(强弱)의 세력(勢力)적 측면이 아닌, 쇠왕(衰旺)의 기후론(氣候論)적 관점에서 살피면 乙木과 辛金은 사시(四時)를 막론하고, 상관(傷官)을 기뻐하므로 丙火와 壬水는 부귀(富貴)의 요체가 되는 것이다. 즉 乙日과 辛日은 팔자(八字)에서 장간(藏干)까지 포함하여 丙火나 壬水가 구비(具備)되지 않는 한, 참다운 부귀(富貴)를 논할 수 없다는 얘기다. 따라서 柔(유)의 일반적 속성(屬性)에 가장 부합되는 십간(十干)은 乙木과 辛金이라 할 수 있고, 이 같은 내용이 세력에 따른 부억(扶抑) 일반과 차별되는 기후론(氣候論)의 단면이라 할 수 있다.

음간(陰干)이 약하면 대개 겁재(劫財)의 방조(傍助)를 기뻐하지만, 인수(印綬)와 더 좋은 관계를 이룰 때도 있다.

❐ 음간(陰干)이 약할 때 십간(十干) 처리법

음간 陰干	겁재 劫財	인수 印綬
을 乙	갑 甲	
정 丁		갑 甲
기 己		병 丙
신 辛	경 庚	
계 癸	임 壬	

총론해서 팔자(八字)의 강약(强弱)에 따른 부억(扶抑)의 효율적인 십간(十干) 관계를 정리하면 다음과 같다. 다만 이것은 쇠왕(衰旺)과 기후(氣候)가 배제된 것으로 온전한 내용은 아니다. 이를테면 戊土는 丁火보다 丙火의 생조(生助)가 부귀(富貴)를 결정짓는 필수 요건이 되는 경우를 일례로 들 수 있다.

❒ 부억(扶抑)에 따른 십간(十干) 처리법

<table>
<tr><td rowspan="5">甲</td><td rowspan="3">身强</td><td>丙</td><td rowspan="2">八字에 水가 있으면</td></tr>
<tr><td>丁</td></tr>
<tr><td>庚</td><td>八字에 水가 없으면</td></tr>
<tr><td rowspan="2">身弱</td><td>甲</td><td>八字에 水가 있으면</td></tr>
<tr><td>癸</td><td>八字에 水가 없으면</td></tr>
<tr><td rowspan="5">乙</td><td rowspan="3">身强</td><td>丙</td><td rowspan="3">☞ 不可制者, 官殺로 貴格을 이루는 경우가 없음</td></tr>
<tr><td>丁</td></tr>
<tr><td>戊</td></tr>
<tr><td rowspan="2">身弱</td><td>甲</td><td>八字에 水가 있으면</td></tr>
<tr><td>癸</td><td>八字에 水가 없으면</td></tr>
<tr><td rowspan="4">丙</td><td rowspan="3">身强</td><td>壬</td><td rowspan="2">☞ 癸水는 보통 殺의 작용으로 기피하지만, 太旺한 경우에는 用神으로 취함</td></tr>
<tr><td>癸</td></tr>
<tr><td>己</td><td></td></tr>
<tr><td>身弱</td><td>甲</td><td>☞ 印綬보다는 寅巳에 通根하거나 火局을 얻는 것이 효율적</td></tr>
<tr><td rowspan="2">丁</td><td>身强</td><td>戊</td><td></td></tr>
<tr><td>身弱</td><td>甲</td><td></td></tr>
</table>

戊	身强	甲	☞ 甲木은 보통 殺의 작용으로 기피하지만,
		乙	太旺한 경우에는 用神으로 취함
	身弱	丁	
己	身强	乙	☞ 陰干이 七殺을 用하는 것은 陰干의 일반적 屬性에 위배되는 사항
		庚	
		辛	
		癸	
	身弱	丙	
庚	身强	丁	八字에 火가 있으면
		丙	八字에 火가 없으면
		壬	
	身弱	庚	八字에 火가 있으면
		戊	八字에 火가 없으면
辛	身强	壬	八字에 火가 있으면
		丙	八字에 火가 없으면
	身弱	庚	八字에 火가 있으면
		戊	八字에 火가 없으면
壬	身强	戊	
		丙	
	身弱	癸	
癸	身强	己	☞ 陰干이 七殺을 用하는 것은 陰干의 일반적 屬性에 위배되는 사항
	身弱	壬	

팔자(八字)의 강약(强弱)에 따른 십간(十干)별 희기(喜忌) 관계를 구분하면 다음과 같다.

❐ 신강(身强)시, 십간(十干) 희기(喜忌) 관계 구분

日干(일간)		甲	乙	丙	丁	戊	己	庚	辛	壬	癸
좋은 관계	食(식)	丙(병), 丁(정)	丙(병), 丁(정)	己(기)	戊(무)	庚(경), 辛(신)	庚(경), 辛(신)	壬(임)	壬(임)		甲(갑)
	財(재)		戊(무)				癸(계)			丙(병)	丙(병)
	官(관)	庚(경)		壬(임)		乙(을)	乙(을)	丁(정)		戊(무)	己(기)
나쁜 관계	食(식)							癸(계)			乙(을)
	財(재)						壬(임)				
	官(관)	辛(신)	辛(신)	癸(계)	癸(계)				丁(정)	己(기)	

❐ 신약(身弱)시, 십간(十干) 희기(喜忌) 관계 구분

日干(일간)		甲	乙	丙	丁	戊	己	庚	辛	壬	癸
좋은 관계	印(인)	壬(임), 癸(계)	壬(임)	甲(갑), 乙(을)	甲(갑)	丙(병), 丁(정)	丙(병)	戊(무), 己(기)	戊(무)	庚(경), 辛(신)	辛(신)
	比(비)	甲(갑)	甲(갑)		丁(정)	戊(무)	戊(무)	庚(경)	庚(경)	癸(계)	壬(임)
나쁜 관계	印(인)								己(기)		庚(경)
	比(비)	乙(을)						辛(신)	辛(신)		癸(계)

십간론(十干論)에서는 일간(日干)과 관살(官殺)과의 십간(十干) 관계가 좋으면 '관(官)'이라 칭하고, 관계가 나쁘면 '살(殺)'로 구분하므로 일반적 육신(六神) 정의와 의미를 달리한다. 마찬가지로 일간

(日干)과 관계가 좋은 인수(印綬)의 글자는 '인(印)', 관계가 나쁘면 '효(梟)'로 구분한다. 이로써 '자평진전'의 일반적 격국(格局) 성패(成敗)의 유형을 벗어나는 '난강망' 이론 체계를 한결 수월하게 이해할 수 있다. '관(官), 살(殺), 인(印), 효(梟)'를 구분하면 다음과 같다.

❒ 관(官), 살(殺), 인(印), 효(梟)

日干(일간)		甲	乙	丙	丁	戊	己	庚	辛	壬	癸
좋은 관계	官(관)	庚(경)	庚(경)	壬(임)	壬(임)	乙(을)	甲(갑)	丁(정)	丙(병)	戊(무)	戊(무)
나쁜 관계	殺(살)	辛(신)	辛(신)	癸(계)	癸(계)				丁(정)	己(기)	
좋은 관계	印(인)	壬(임), 癸(계)	壬(임)	甲(갑), 乙(을)	甲(갑)	丙(병), 丁(정)	丙(병)	戊(무), 己(기)	戊(무)	庚(경), 辛(신)	辛(신)
나쁜 관계	梟(효)		癸(계)						己(기)		庚(경)

이중 살(殺)의 관계는 다른 육신(六神)과의 관계에서도 유용하게 응용할 수 있다. 이를테면 인수(印綬)가 식상(食傷)에 해(害)를 주는 경우에, 특히 꺼려지는 십간(十干) 관계를 활용해서 약신(藥神)으로 용(用)할 수 있다는 의미다.

❒ 살(殺)의 관계

日干(일간)	甲	乙	丙	丁	戊	己	庚	辛	壬	癸
殺(살)	辛(신)	辛(신)	癸(계)	癸(계)				丁(정)	己(기)	
食傷(식상)이 忌神(기신)일 경우, 印綬(인수)의 효과적인 十干(십간) 처리										
食傷(식상)	丙(병)	丙(병)			辛(신)	辛(신)	壬(임)	壬(임)	乙(을)	乙(을)
印綬(인수)	癸(계)	癸(계)			丁(정)	丁(정)	己(기)	己(기)	辛(신)	辛(신)

종합해서 육신(六神)별 이상적인 십간(十干) 관계와 가장 꺼리는 관계를 정리하면 다음과 같다. 일반적으로 거론하는 십간용신(十干用神)의 넓은 의미는 상호 이상적인 관계를 말한다.

❒ 이상적인 십간(十干) 관계

日干(일간)	甲	乙	丙	丁	戊	己	庚	辛	壬	癸
比劫(비겁)	甲(갑)	甲(갑)				戊(무)			癸(계)	
食傷(식상)	丙(병)	丙(병)	己(기)	戊(무)	庚(경)	庚(경)	壬(임)	壬(임)	乙(을)	甲(갑)
財星(재성)	己(기)		庚(경)	庚(경)	壬(임)	癸(계)	甲(갑)		丙(병)	丙(병)
官殺(관살)	庚(경)	庚(경)	壬(임)	壬(임)	乙(을)	甲(갑)	丁(정)	丙(병)	戊(무)	戊(무)
印綬(인수)	癸(계)	癸(계)		甲(갑)	丁(정)	丙(병)	戊(무)	戊(무)	庚(경)	

❒ 십간(十干) 최기(最忌) 관계

甲(갑)	乙(을)	丁(정)	己(기)	庚(경)	辛(신)	壬(임)	癸(계)
辛(신)	辛(신)	癸(계)	壬(임)	癸(계)	丁(정)	己(기)	乙(을)

順逆論[순역론]

Original

순역부제야, 불가역자, 순기기세이기의
順逆不齊也, 不可逆者, 順其氣勢而已矣.

COMMENT

순(順)과 역(逆)은 같지 않으니 역(逆)이 불가(不可)하면 그 기세(氣勢)에 순(順)할 뿐이다.

***Spectrum**

순역부제야, 불가역자, 순기기세이기의
順逆不齊也, 不可逆者, 順其氣勢而已矣.

順逆을 剛柔와 연계해서 이해하는 인사들이 적지 않은데, 剛柔는 십간(十干)의 희기(喜忌)를 논한 것이므로 順逆과는 의미를 달리 한다. 순역론(順逆論)에서는 종격(從格)이나 일행득기(一行得氣)와 같은 독상(獨象)의 희기(喜忌)를 논하고 있다. 외격(外格)은 기세(氣勢)의 순수(純粹)함으로 귀(貴)를 논하므로 사지(四支)의 국(局)이 완전하고 거스르는 기운(氣運)이 없어야 진격(眞格)을 이룬다. 진종

(眞從)과 가종(假從)의 채용(採用)에 대해서는 종화론(從化論)에서 이미 설명한 바 있다. 종격(從格)의 희신(喜神)은 종신(從神)과 화신(化神)으로 정해진다. 화(化)란 외격(外格)의 용신(用神)과 상생(相生)하는 오행(五行)으로 이를테면 양신성상(兩神成象)의 통관(通關), 일행득기(一行得氣)의 토수(吐秀) 등을 들 수 있다.

❒ 독상(獨象)의 육신(六神) 희기(喜忌) 처리법

區分(구분)	喜神(희신)	化地(화지)	忌神(기신)
一行得氣(일행득기)	印比(인비)	食傷(식상)	財官(재관)
從旺(종왕)	比劫(비겁)	印綬(인수)	食財官(식재관)
從强(종강)	印綬(인수)	比劫(비겁)	食財官(식재관)
從兒(종아)	食傷(식상)	財星(재성)	官印比(관인비)
從財(종재)	財星(재성)	官殺(관살)	印比(인비)
從殺(종살)	官殺(관살)	財星(재성)	印比食(인비식)

寒暖論[한난론]

Original

천 도 유 한 난, 발 육 만 물, 인 도 득 지, 불 가 과 야
天道有寒暖, 發育萬物, 人道得之, 不可過也.

지 도 유 조 습, 생 성 품 휘, 인 도 득 지, 불 가 편 야
地道有燥濕, 生成品彙, 人道得之, 不可偏也.

COMMENT

천도(天道)에 한난(寒暖)이 있어 만물(萬物)을 발육(發育)하니 인도(人道)에 이를 득(得)할 때 과(過)하면 불가(不可)하다.

지도(地道)에 조습(燥濕)이 있어 품휘(品彙)를 생성(生成)하니 인도(人道)에 이를 득(得)할 때 편(偏)하면 불가(不可)하다.

*Spectrum

천 도 유 한 난, 발 육 만 물, 인 도 득 지, 불 가 과 야
天道有寒暖, 發育萬物, 人道得之, 不可過也.

天道에 寒暖이 있다고 했는데, 寒暖은 음양(陰陽)으로 나뉘어 천간(天干)에 한난(寒暖)을 대표하는 글자는 癸水와 丙火를 들 수 있다. 만물(萬物)의 발육(發育)은 癸水와 丙火를 떠날 수 없다. 人道에

서 寒暖을 얻을 때 不可過也란 동월(冬月)의 癸水가 강하거나, 하월(夏月)의 丙火가 강한 것을 일컫는 말이다. 팔자(八字)에 동월(冬月) 계수(癸水)나, 하월(夏月) 丙火가 강하면 생의(生意)를 잃게 되어 좀체 양호한 명(命)으로 성격(成格)되기 어렵다.

地道有燥濕, 生成品彙, 人道得之, 不可偏也.

地道에 燥濕이 있다고 했는데, 燥는 '寅, 巳, 午, 戌, 未'의 글자를, 濕은 '申, 亥, 子, 辰, 丑'의 글자를 가리킨다. 팔자(八字)에 燥濕의 글자가 치우치지 않고 배합(配合)되면 生成品彙, 즉 생의(生意)를 상실하는 법이 없으므로 최소한의 조후(調候)는 상실하지 않은 것이다. 따라서 의식(衣食)은 잃지 않는다.

'적천수'는 寒暖燥濕의 이치를 간지(干支)로 구분해서 논했다. 이것이 바로 '난강망'이 규정하는 조후용신(調候用神)의 동태를 천간(天干)뿐만 아니라 장간(藏干)까지 살펴야 하는 근거(根據)가 되는 것이다. 또한 천도(天道)와 인도(人道)와의 관계에서 여름철과 겨울철이 아니면 기후(氣候)가 오행(五行)의 생극제화(生剋制化) 이법(理法)을 뒤엎을만한 영향력을 행사하지 못함을 시사하기도 한다. '자평진전'의 論用神配氣候得失은 바로 이점을 논한 것이다. 寒暖燥濕의 일반적 규칙에 대한 '임철초'의 해설은 한 마디로 함량 미달이다. '난강망'은 寒暖燥濕과 연계되는 팔자(八字)의 빈부귀천(貧富貴賤)을 일간(日干)의 생월(生月)에 따라 적시(摘示)하는 세밀한 공을 들였다. 후대에 십간론(十干論)을 표방하는 유파(流波)들은 '난강망'의 지식 체계를 압축하여 지지(地支)는 水와 火의 존재 여부로만 살피고 천간(天干)의 효율적인 십간(十干) 분포를 중시하여 이론을 요약하였는데, '난강망'이 열거한 십간(十干)의 조후(調候)와 보좌(輔佐) 관계만큼 정밀하지 못하다. 이를테면 명징파(明澄派)는 지지(地支) 장간(藏干)의 丙丁이나 壬癸 구분은 필요치 않다고 여기지만, '난강망'은 이를 중요하게 가려 부귀(富貴)를 결정짓는 글자로 취하므로 십간론(十干論)에 비해 보다 세련(洗練)된 이론 체계를 구사한다. 실상에는 '난강망'의 용신(用神) 체계가 한결 정교하게 부합되므로 이론의 정치(精緻)와 우수성에는 재론(再論)의 여지가 없다.

결론적으로 팔자(八字)의 귀천(貴賤)은 먼저 생극제화(生剋制化) 이법(理法)에 따라 격국(格局)의 성패(成敗)를 가리고, 동시에 기후(氣候)와 제강(提綱)의 희신(喜神) 경중(輕重)을 가려 성패고저(成敗高低)를 분별하는 것이다. 이때 격국(格局) 성패(成敗)의 일반적 '모델'을 결정짓는 상신(相神), 희신(喜神)은 천간(天干)과 지지(地支)의 회지(會支)로 존재 의미를 갖게 되지만, 조후용신(調喉用神)은 천간(天干)에 투(透)하면 더욱 귀(貴)하고, 지지(地支)의 장간(藏干)에 분포하는 것도 능히 취(取)하므로 귀천(貴賤)의 판단법이 한결같지는 않은 것이다. 한편 외격(外格)의 경우에는 방국(方局)과 기상(氣象)이 순일(純一)하면 그것으로 곧 귀(貴格)을 확정짓는 경우가 많지만, 때에 따라 기후(氣候)가 전혀 배제될 수 없는 상황이 있다. 더욱이 일말의 잡기(雜氣)가 개입되면 寒暖燥濕의 이치를 거스를 수 없는 것이다. 아래의 내용은 내가 명리(命理)을 종합하고 학문적 원칙을 공고히 하는 취지에서 선학(先學)들이 확고하게 정리하지 못한 내용을 면밀하게 정리해서 밝혀 두는 것이니 온전하게 이해할 때까지 숙

독(熟讀)하길 권한다.

❐ 팔자(八字)의 귀천(貴賤) 판독 2단계

區分	焦點	內用	主眼
1段階	格局 成敗	格이 ■ 成格되면 貴, ■ 破格되면 賤	貴格이 大運에서 變格되면 貴가 훼손되고 破格이 大運에서 成格되면 일시적인 富貴를 누림
2段階	提綱의 相神 輕重	格을 成格시키는 글자가 ■月令을 得하고 透하면 大貴, ■勢가 輕해질수록 貴가 낮아짐	相神의 글자는 透한 天干이나 會支만 해당되며 藏干은 해당사항이 없음. 相神을 엄격하게 구분하지 않고 用神이나 喜神으로 거론하는 경우가 잦음
	提綱의 調候用 神 輕重	調候用神과 輔佐用神이 ■月令을 得하면 透하면 大貴, ■勢가 輕해질수록 貴가 낮아짐	氣候에 따라 八字의 貴를 결정짓는 十干用神으로 藏干까지 취하며 글자의 氣勢 輕重으로 貴의 정도를 가늠

❐ 귀격(貴格) 분할

區分	基準		備考
最上格	極品	相神이 月令을 得한 眞神인 동시에 調候用神 또한 眞神일 경우	身分이 尊貴한 八字
	一品	相神이 月令을 得한 眞神인 동시에 調候用神이 透한 경우	功名을 떨치고 富貴를 누리는 八字
上格	調候用神이 月令을 得한 眞神이고 格局이 成格된 경우 調候用神과 輔佐用神이 모두 透하고 明朗한 경우		地位가 높은 命으로 品格을 누리는 八字
貴格	格局이 成格되고 調候用神을 갖춘 경우		福祿을 구가하는 八字
富格	格局은 成格되었지만 調候用神이 결여된 경우		제한된 일시적 富貴로 平凡 내지 不幸해질 우려가 있음
	格局이 帶忌로 成中有敗지만, 調候用神을 갖춘 경우		

✍ **Note**

격국성패(格局成敗)의 종합적인 판단하는 방법의 대강은 다음과 같다. 명례(命例) 아래에 부기(附記)된 '박스' 속의 내용은 '서락오'가 '궁통보감(窮通寶鑑)'에서 월별십간희용제(月別十干喜用提要)로 요약한 조후용신(調候用神)과 보좌용신(輔佐用神)이다. 팔자(八字)에 조후용신(調候用神)과 보좌용신(輔佐用神)을 갖추고, 그것이 천간(天干)에 드러나면 상격(上格)을 이루고, 노출(露出)되지 않아도 장간(藏干)에 구비(具備)해야 참다운 부귀(富貴)를 논할 수 있는 것이다.

■ 看法 – 1

丁 甲 丁 甲
卯 寅 卯 午

卯月	庚	丙丁戊己	陽刃架殺, 專用庚金, 以戊己滋殺爲佐. 無庚用丙丁洩秀. 不取制殺

此命은 '無庚用丙丁洩秀'한다. 月時에 丁이 있고, 寅午中에 丙丁이 있다. 庚金의 一線 用神으로 調侯하지는 못했으므로 貴는 약간 削減되지만, 富格으로는 차고 넘친다. 戊辰, 己巳運에 大發한다.

■ 看法 – 2

丙 甲 癸 丙
寅 子 巳 午

巳月	癸	丁庚	調和氣候. 癸水爲主. 原局氣潤. 庚丁爲用

格局의 겉모습은 食多用印으로 成格되었다. 調候用神 癸水가 透하고, 巳中 庚金과 午中 丁火를 모두 갖추어 貴格의 全形이다.

■ 看法 – 3

壬 庚 丙 戊
午 午 辰 子

辰月	甲	丁壬癸	頑金宜丁. 旺土用甲. 不用庚劈. 支火宜癸. 干火宜壬

辰月 庚金은 甲丁 二字中一을 缺하면 참된 富貴를 論할 수 없다. 八字는 丁壬癸를 갖추었으나 甲이 없어 貴格을 論하기 어렵다. 生剋制化의 理法으로 판난하자면 印用食傷이 身印兩旺의 조건을 갖추지 못해 成業하지 못했다.

■ 看法 – 4

癸 丙 癸 丁
巳 辰 卯 巳

卯月	壬	己	專用壬水. 水多用戊制之. 身弱用印化之. 無壬用己

官印雙全으로 成格된 八字다. 造化元鑰評註에 極品으로 예시된 韓國鈞命이다. 아마도 '서락오'가 거의 유일하게 거론한 韓國人의 八字가 아닌가 싶다. 丙火는 壬水를 用神으로 삼아 貴格을 이루는 반면 癸水를 보면 不晴不雨가 되어 貴格을 이루기 어렵다. 그러나 十干의 특성에 따른 扶抑 측면에서 살피면, 丙火가 强할 때는 癸水를 用하는 것이 효율적이다. 此命은 水火가 均停하여 旣濟를 이룬 命이다.

특집(特輯),

造化元鑰 노트[note]

조 화 원 약

- 조화원약(造化元鑰) 원문 수록 -

| 註 |

'조화원약(造化元鑰) 노트'는 팔자(八字)의 한난조습(寒暖燥濕) 처리법과 난강망(欄江網)의 전체 이론(理論)을 '월별(月別) 십간(十干)'별로 '박스'에 묶어 집약한 것입니다. 주된 내용은 팔자(八字)의 귀천(貴賤)을 분간하는 최소 요건을 간추려 적시(摘示)한 것으로 귀격(貴格)의 유형에 속하지 않으면, 보통의 격(格)이나 하격(下格)이 될 가능성이 높다는 점을 시사합니다. '박스'의 '패(敗)'에 명기(銘記)된 내용은 파격(破格)의 제반 유형을 포괄한 게 아니라, 최소 요건의 일부만을 언급했을 뿐으로 그것이 곧 빈천명(貧賤命)을 정의하는 것으로 오해하면 곤란합니다. 다만 팔자(八字)의 중대한 흠결(欠缺)로 이해하면 무난할 것입니다. '난강망'에서 자주 취용하는 병약법(病弱法)은 정법(正法)이 따로 없고, 팔자(八字) 전체의 쇠왕(衰旺)과 강약(强弱)에 따라 적절히 선택하는 것으로 제반 경우를 모두 포괄하여 요약하기는 어려운 것입니다. 결론적으로 '조화원약(造化元鑰) 노트'는 오행(五行)의 생극제화(生剋制化) 이법(理法)에만 국한된 일반적 관점을 벗어나, 보다 확장된 시각과 학습의 유연성을 도모하는 데 의미를 둔 것입니다. 즉 세력(勢力) 위주의 부억(扶抑) 관점에서 정해지는 귀격(貴格)의 일반 '포맷'에서 한 단계 나아가 재차 참다운 부귀(富貴)를 헤아려 볼 수 있는 인식 틀을 제공하고 있습니다. '스펙트럼'의 '강유론'과 '한난론'을 연계하여 학습하면 '십간론'과 '난강망' 지식 체계의 대강을 자연스럽게 인지할 수 있습니다. 난강망(欄江網)은 비단 조후(調喉)만을 논하는 게 아니라, 월령(月令)에 따른 십간(十干)의 희용(喜用) 전체와 병약법(病藥法)을 논하는 것으로, 팔자(八字)의 전국(全局)을 염두에 두고 십간(十干) 희기(喜忌)를 십간론(十干論)의 이론적 토대가 되는 것입니다. 까닭에 십간용신(十干用神)은 모두 팔자(八字)와 대운(大運)의 체신(體神) 영역에 집중되는 것이고, 세월(歲月)의 성패(成敗)는 십간(十干) 희기(喜忌) 관계와 무관하게 부억(扶抑)의 이치가 적용되는 것입니다. '간법(看法) 적요(摘要)'에 명기한 내용은 '서락오'의 조화원약(造化元鑰)에서 골자(骨子)를 간추린 것으로 부기(附記)된 원문(原文)을 참조하면 한결 이해가 용이할 것입니다. 원서(原書)의 해독(解讀)은 작심하고 읽어 보면 별반 어렵지 않습니다. 명운(命運)의 사유(思惟)와 학습(學習)을 반복하는 주체는 바로 자신(自身)입니다. 이제 독지들은 자습(自習)하는 힘을 세차게 길러야 할 때입니다.

▪ 한난조습(寒暖燥濕) 처리법

滴天髓에서 寒暖燥濕을 干支로 구분하여 논했다.

干	寒	癸水
	暖	丙火
支	燥	寅, 午, 戌, 巳, 未
	濕	申, 子, 辰, 亥, 丑

寒暖燥濕은 干支에 구애됨이 없이 調節이 가하다.

干	寒氣	干暖과 支燥를 調한다
	暖氣	干寒과 支濕을 調한다
支	燥氣	干寒과 支濕를 調한다
	濕氣	干暖과 支燥를 調한다

이를테면 八字의 多丙丁하여 炎燥하면 癸水 혹은 支濕으로 調候가 가능하고, 혹 多壬癸하여 寒冷하면 丙火 혹은 支燥로 능히 調候한다. 寒暖燥濕의 理致는 바로 이런 것이다. 엄밀히 따져 子水가 丙火에 작용하는 것이 아니라, 子中 壬癸水가 丙火를 調하는 것이다. 즉 透干과 藏干은 干支의 경계를 자유롭게 넘나들며 상호 작용하는 것이다.

透干 →	透干
透干 →	藏干
藏干 →	透干
藏干 →	藏干

반면, 五行 生剋制化의 理法은 動靜說을 벗어나 論할 수 없다. '干대 干', '支대 支'의 작용 경계를 넘지 못한다.

透干 →	透干
藏干 →	藏干

이때 地支가 天干에 작용할 수 있는 경우는 會支의 상황이다. 따라서 八字의 勢力 작용은 다음과 같이 정해진다.

透干 →	透干
透干 →	會局
會局 →	透干
藏干 →	藏干

즉 透干이나 會局은 상호 작용이 나타나지만, 藏干에 영향력을 행사할 수 없다. 藏干 또한 透干이나 會局에 영향을 미치지 못한다.

다만 刑沖의 작용으로 開庫된 藏干은 透干과 작용하여 明合이 가능해진다.

이상과 같이 氣와 勢는 공통적으로 힘의 작용력이 미치는 영역이 있고, 구분되는 영역이 있다. 이것을 이해하지 못하면 欄江網의 학습 과정조차 넘어서지 못한다. 欄江網의 理論 체계一面을 살피면 다음과 같다. 申月 壬水를 보기로 들어 살펴보겠다.

□ 壬 □ □

□ □ 申 □

먼저 夏冬의 季節이 아닌 한, 특별히 調候가 시급해 보이지 않는다. 欄江網에 申月 壬水는 戊土와 丁火로 貴를 이룬다고 했다. 戊土와 丁火의 두 글자를 딱히 정하는 이유는 日元과 月令의 衰旺이 첫 단추가 되기 때문이다. 이를 두고 欄江網의 독특한 관법으로 규정할 수는 없다. 衰旺의 考察은 八字術의 正法이기 때문이다.

□ 壬 戊 □

□ □ 申 □

아무튼 수월하게 생각해서 戊土는 旺强한 日元 壬水를 制하는 用神으로 볼 수 있다. 이는 生剋制化의 理法이므로 특별히 이해하기 어럽지 않다. 그런데 次로 取하는 丁火는 생각해 볼 여지가 있다. 丁火는 庚金을 制하기 위한 것이다. 이 또한 生剋制化의 理法이기는 마찬가지다. 그러나 특별히 申月의 倚母當令을 주목하지 않는다면, 八字가 丙戊로 成格되든, 丁戊로 成格되든 간에 다 같은 用殺의 貴格으로 논할 뿐 그 차이를 분간하지 못할 수도 있다. 혹 十干 喜忌 관계로 壬丙戊의 조합에 더 점수를 줄지도 모를 일이다. 그러나 丁戊와 丙戊는 대등한 관계로 논할 수 없다. 八字를 다 살피기 전에, 十中八九 丁戊가 透한 命이 한결 上格으로 나타날 것이다. 滴天髓에 이르길, 能知衰旺之眞機하면 基於立命之奧에 思過半矣라 했는데, 丁丙의 效用을 구분한다면 衰旺論을 얼추 이해한 것이다. 어쨌든 지금까지는 欄綱網으로 차별화되는 내용을 다루고 있지 않다.

□ 壬 戊 □
□ □ 申 □

戊土가 壬水를 制하는 역할을 수행한다면, 아직 透하지 않은 申中 庚金을 효과적으로 制하는 방법은 무엇일까. 透한 丁火보다는 藏干 丁火가 효율적인 처리법이 된다. 즉 申 옆에 午나 戌의 글자가 貼하면 丁火는 그 역할을 다한다. 그런데,

庚 壬 戊 □

戌 □ 申 □

庚金이 일단 透干하면 戌中 丁火로는 庚金을 制하는 역할을 수행하지 못한다. 이것은 寒暖燥濕의 調節이 아니라, 動靜說에 基盤하는 生剋制化의 理法과 연관되는 사항이기 때문이다. 따라서 庚金이 透하면 丁火도 透해야만 그 用을 다하는 것이다. 丁火가 庚金을 制해야 印綬用殺을 極貴가 나타난다. 혹 衰旺의 機微를 도외시한다면 "印逢官殺이 透財去印存煞로 破格되는 게 아닌가"하는 의문을 품을지도 모른다. 申月 丁火와 申月 庚金의 衰旺을 분별하고, 扶抑과 中和를 알게 되면 欄江網이 펼치는 정밀한 논리에 절로 탄복하게 된다. 핵심은 지금부터다. 欄江網은 戊土 대신에 辰戌土도 用이 마땅하다고 했다.

□ 壬 □ □

□ 戌 申 □

이것은 일난 戌中 戊土가 申中 壬水에 작용하는 것을 말한다. 또 配像의 측면을 적절히 운용하여 地之 土의 글자는 納水의 用으로 능히 활용하는 것이다. 더해서 戊土의 靜翕動闢하는 속성을 놓치지 않은 것이다. 바로 이 대목에서 일반 格局의 成敗, 즉 '格局의 겉모습'에 드러나지 않는 貴賤 여부를 藏干이 수행하는 점을 분명히 한 특징이 드러난다. 다음은 氣候의 문제다. 調候보다는 扶抑이 중요한 계절이지만, 어쨌든 氣象이 寒冷하므로 丙火의 暖이 나쁠 이유가 없다. 그러나 調候가 시급하지 않은 이상, 丙火가 透干해서 格局의 모습을 어지럽게 할 필요는 전혀 없다. 氣候의 調節은 드러나지 않고, 藏干에 潛伏해서도 얼마든지 가능하기 때문이다. 즉 水氣와 火氣의 調律은 藏干의 영향력이 透干에 미친다는 얘기다. 寒暖燥濕이 配合되면 萬物生育과 生成品彙, 즉 생의(生意)가 나타나므로 보통 衣食이 충족되는 것으로 이해하면 무난하다.

□ 壬 □ □
□ □ 申 巳

欄江網은 申月 壬水에 丙戊兩藏이면 富中取貴라 했다. 즉 地支의 글자, 寅이나 巳만 보아도 여기에는 丙戊가 暗藏되어 氣候를 調節하고, 戊土로 壬水의 旺氣를 덜어 내는 效用이 있음을 간파한 것이다. 이것은 즉 用神이 透干하지 않아도 地之에 生祿을 얻어 得所하면 나름대로 效用이 있음을 논한 것이다. 이와 같이 비록 調候가

危急한 계절이 아닐지라도, 八字의 衰旺과 동태를 치밀하게 살펴 각 十干의 效用을 透干과 藏干으로 분리해서 설명한 古人들의 理論 체계는 몹시 훌륭한 것이다. 다만 欄江網이 종종 거론하는 病藥法에는 正法이 존재하지 않으므로 藥을 취하는 방법에서 다소 혼선을 빚을 만한 내용들이 있다. 무릇 命理學의 寶書들을 註解할 때는 확고한 學習 指針을 제시해야 하는데, 이는 後代의 저술가들이 역량에 달린 문제다. 아무튼 古人들이 이미 다다른 境界에도 턱없이 미치지 못하면서, 古書에 대한 淺薄한 견해를 주저 없이 드러내는 인사들을 보면 可笑롭기 짝이 없는 것이다.

■ 甲木

生月	用神 一線	用神 二線	看法 摘要

*** Focus**

→ 甲木은 庚金으로 器物을 이루고, 丙丁火를 만나면 秀麗해지며 壬癸의 滋扶를 要한다.

→ 기본적으로 富貴를 결정짓는 三字는 庚丁癸로 壬丙의 調和가 關鍵이다.

**** Notice**

→ 寅月 萌芽의 계절에는 庚辛金을 不容하고, 이때 庚辛이 透하면 丁을 藥으로 取한다.

→ 辰月에는 壬水를 위주로 庚金을 洩氣, 甲木을 潤澤하게 한다.

→ 丙火의 調候를 必要로 하는 시기는 寅酉亥子丑月이다.

→ 甲木은 寅巳午未戌月에 癸水의 滋扶를 要한다.

■ 寅月 甲木

寅月	丙		有餘寒氣, 調和氣候爲要, 丙火一透. 秀命
	丙	藏干, 癸	癸藏丙透, 寒木向陽. 上格
	丙	癸	癸水透干, 不論奪食. 貴格
			→ 春月에는 不晴不雨로 培花하니 丙癸는 水火旣濟되어 調和를 이룬다.
	丙	支濕	丙火爲主癸水爲佐. 貴格
	丁	藏干, 庚	有薪有火. 貴格
	丁	庚	庚病丁藥. 貴格
	敗		萌芽不容金, 無丁見庚辛金不利, 貧夭
			壬癸太多壬透無土, 浮木. 壬癸太多癸透無土, 腐木
			→ 日元이 當旺하면 印綬의 生이 오히려 病이 된다.
			丙丁太多無水, 枯木

正月甲木, 初春尙有餘寒, 得丙癸透,富貴雙全, 癸藏丙透, 名寒木向陽, 主大富貴, 倘風水不及, 亦不失儒林俊秀, 如無丙癸, 平常人也

正二月甲木, 素無取從財, 從煞, 從化之理

或一派庚辛, 主一生勞苦, 剋子刑妻, 再支會金局, 非夭卽貧

如無丙丁, 一派壬癸, 又無戊己制之, 名水泛木浮, 死無棺槨

如一派戊己, 支會金局, 爲財多身弱, 富屋貧人, 終身勞苦, 妻晩子遲

正二月甲木一例, 木乘旺氣, 無金必殃, 先看庚, 次取丁, 有庚, 木能成器, 有丁, 木火通明, 庚丁兩透, 科甲定許, 卽風水不及, 亦不失

富貴, 然須運氣相扶, 如運氣不扶, 反困用神, 便成虛名無實耳

或無庚金, 有丁透, 亦屬文星, 爲木火通明之象, 又名傷官生財格, 主聰明雅秀, 一見癸水傷丁, 但作厚道迂儒, 或柱中多癸, 滋助木神, 傷滅丁火, 其人奸雄梟險, 言淸行濁之流

或一庚一戊出干, 號曰財煞相生, 運行金水, 可許科甲, 雖無陰隲風水, 亦不失儒林藝士, 若庚申 戊寅 甲寅 丙寅, 一行金水運, 發進士, 或甲午日 庚午時, 此人必富貴, 但要好運相扶, 不宜剋制庚丁

或支成金局, 又透庚辛, 此人不吉, 並無丙丁火破金, 名爲木被金傷, 殘疾之人

或支成火局, 洩氣太過, 性不愚怯, 但常有災病纏身

支成木局, 有庚方貴, 無庚, 男命鰥獨僧道, 女命孤寡, 見二庚出干, 大富大貴

支成水局, 戊透則貴, 無戊制之, 水多木泛, 不止貧賤, 且死無棺槨

總之, 正二月甲木, 有庚戊者上命, 如有丁透, 大富大貴之命, 蓋非戊, 庚金失母故也, 或木多無庚而用丁, 名木喜南而軟弱

■ 卯月 甲木

月	天干	支	內容
卯月	庚	戊己	專用庚金, 庚金休囚以戊己滋殺爲佐, 殺刃兩停. 上格
	庚	藏干, 丁	羊刃露殺, 假殺僞權. 貴格
			→ 假殺僞權은 食傷의 制伏이 不利하고 身旺運으로 흘러야 權威가 나타난다.
	丁	金局	傷官駕殺. 上格
			→ 庚金을 丁火로 制하면 吉한 것은 中和되기 때문이다. 劈甲引丁하면 이 또한 木火通明의 象이 된다.
	丙 丁	藏干, 庚	用丙丁洩秀, 木火通明. 貴格
		敗	庚金全無
			壬癸太多壬透無土, 浮木. 壬癸太多癸透無十, 腐木
			丙丁太多無水, 枯木

正月甲木, 初春尙有餘寒, 得丙癸透,富貴雙全, 癸藏丙透, 名寒木向陽, 主大富貴, 倘風水不及, 亦不失儒林俊秀, 如無丙癸, 平常人也

正二月甲木, 素無取從財, 從煞, 從化之理

或一派庚辛, 主一生勞苦, 剋子刑妻, 再支會金局, 非夭卽貧

如無丙丁, 一派壬癸, 又無戊己制之, 名水泛木浮, 死無棺槨

如一派戊己, 支會金局, 爲財多身弱, 富屋貧人, 終身勞苦, 妻晩子

遲

正二月甲木一例, 木乘旺氣, 無金必殀, 先看庚, 次取丁, 有庚, 木能成器, 有丁, 木火通明, 庚丁兩透, 科甲定許, 卽風水不及, 亦不失富貴, 然須運氣相扶, 如運氣不扶, 反困用神, 便成虛名無實耳

或無庚金, 有丁透, 亦屬文星, 爲木火通明之象, 又名傷官生財格, 主聰明雅秀, 一見癸水傷丁, 但作厚道迂儒, 或柱中多癸, 滋助木神, 傷滅丁火, 其人奸雄梟險, 言淸行濁之流

或一庚一戊出干, 號曰財煞相生, 運行金水, 可許科甲, 雖無陰隲風水, 亦不失儒林藝士, 若庚申 戊寅 甲寅 丙寅, 一行金水運, 發進士, 或甲午日 庚午時, 此人必富貴, 但要好運相扶, 不宜剋制庚丁

或支成金局, 又透庚辛, 此人不吉, 並無丙丁火破金, 名爲木被金傷, 殘疾之人

或支成火局, 洩氣太過, 性不愚怯, 但常有災病纏身

支成木局, 有庚方貴, 無庚, 男命鰥獨僧道, 女命孤寡, 見二庚出干, 大富大貴

支成水局, 戊透則貴, 無戊制之, 水多木泛, 不止貧賤, 且死無棺槨

總之, 正二月甲木, 有庚戊者上命, 如有丁透, 大富大貴之命, 蓋非戊, 庚金失母故也, 或木多無庚而用丁, 名木喜南而軟弱

或二月甲木, 庚金得所者, 名陽刃架煞, 可許異途小貴, 若武職便顯, 但要財資煞, 柱中逢財, 英雄獨壓萬人, 若見癸水, 困了財煞, 主爲光棍, 重刃必定遭凶, 煞重無凶, 但性格橫暴, 正二月甲木, 無從財化土之格

書云, 木旺宜火之光輝 秋闈可試 木向春生 處世安然有壽 日主無依 却喜運行財地

■ 辰月 甲木

辰月	庚	壬	木氣相渴, 先取庚金, 次用壬水. 上格
			→ 辰月에는 庚金을 洩하는 用으로 癸水보다 壬水가 효율적이므로 壬水로 甲木을 潤澤하게 한다.
	壬	藏干, 庚	橫塘柳影, 無庚用壬, 財格透印. 丁病合壬, 大貴. 貴格
	丁	金局	棟梁之材. 上格
	庚	藏干, 丁	用庚金必須丁火制之, 庚金失令. 貴格
		庚	丁火無制, 納粟奏名. 富格
		壬	全無庚金. 凡命
	敗		財輕比重, 魂奪財神. 貧命
			庚壬全無

三月木氣將竭, 先取庚, 次取壬

壬庚兩透, 可許一榜, 但要運用相生, 見丁壬者大貴, 或無庚透, 獨取壬用, 壬透者, 淸秀多能, 才學必富

或天干透出二丙, 庚藏支下, 斯爲鈍斧無鋼, 無有學問, 富貴艱難, 得壬癸破火者秀才

或柱中全無一水, 多見戊己透干, 支成土局, 又作棄命從財, 因人而致富貴, 妻子有能

或見比肩及乙多者, 名爲混奪財神, 此人勞碌到老, 無馭內之權, 女命合此, 女掌男權, 賢而有力者也,比劫重見, 卽淫惡不堪

總之三月甲木, 先庚次壬, 或支成金局, 方可用丁, 不然, 三月無用丁之法

書曰, 甲乙生寅卯, 庚辛干上逢, 南離推富貴, 坎地却爲凶

■ 巳月 甲木

巳月	癸	庚	調和氣候. 貴格
	癸	丁, 支濕	傷官佩印. 貴格
	丁	庚, 支濕	原局氣潤, 庚丁爲用, 富中取貴. 貴格
	壬	庚	有財無貴. 富格
			→ 夏月 甲木의 眞神은 癸水로 雨露는 자연적인 富貴를 암시하지만, 壬水 江湖는 조화의 쓰임으로 貴는 없다.
	敗		丙戊兩透, 火炎土燥
			癸丁不透
			無水
			戊土制水

四月木氣已退, 丙火司權, 先癸次丁, 又須有庚透

但庚多甲小, 反爲受病, 有壬水則中和, 爲人淸高, 好做假富貴, 因受庇蔭而得顯名, 善爲詞談, 善作詩文, 然終日好作禍亂, 此理極驗

如一庚兩丁, 稍有富貴, 金多火多, 又爲下格

或癸丁與庚齊透天干, 此命可言科甲, 卽風水淺薄, 亦有選拔之才, 癸水不出, 雖有庚金丁火, 不過富中取貴, 異途官職而已, 壬透可云一富, 若全無滴水, 又無庚金丁火, 一派丙戊, 此無用之人也

■ 午月 甲木

午月	癸	庚	調和氣候. 貴格
	癸	丁, 支濕	傷官佩印, 木火傷官喜見水. 貴格
	丁	庚, 支濕	原局氣潤, 庚丁爲用, 富中取貴. 貴格
	壬	庚	有財無貴. 富格
			→ 夏月 甲木의 眞神은 癸水로 雨露는 자연적인 富貴를 암시하지만, 壬水 江湖는 조화의 쓰임으로 貴는 없다.
	敗		癸丁不透
			水氣全無, 傷官用財不貴燥土不甚靈秀, 南方火運, 木灰
			戊土制水

五六月甲木, 木性虛焦, 一理共推, 五月先癸後丁, 庚金次之

六月甲木, 木盛先庚, 庚盛先丁, 五月癸庚兩透爲上格, 六月丁庚兩透, 亦爲上格, 用神旣透, 木火通明, 自然富貴, 或丁多庚少, 又是平人, 或一庚一丁, 定許成名

總之, 五六月用丁火, 雖運行北方, 不致於死, 却不利運行火地, 號曰木化成灰, 必死, 行西程又不吉, 號曰傷官遇殺, 不測災來, 惟東方則吉, 北方次之, 此五六月用丁之說也

或滿柱丙火, 又加丁火, 不見官殺, 謂之傷官傷盡最爲奇, 反成淸貴, 定主才學過人, 風水好, 定主科甲, 但歲運不宜見水, 若柱中有壬癸, 運又逢之, 必貧夭死

凡用神太多. 不宜剋制, 須洩之爲妙

凡成木火傷官者, 聰明慈善, 多見多疑, 雖不生事害人, 每抱不平之憤, 女命不然

若柱中多金, 名曰殺重身輕, 先富後貧, 運不相扶, 非貧卽夭, 或庚多, 有一二丙丁制伏, 又有壬癸透干, 洩金之氣, 又爲先貧後富

或四柱多土, 未內有乙, 切勿作棄命從財

時月兩透己土, 名二土爭合, 男主奔流, 女主淫賤, 見二甲則不爭矣, 亦屬平庸之輩, 或四柱有辰, 干見二己二甲, 此人名利雙全, 大富大貴, 若在六月見辰支, 名爲逢時化合, 極驗

化合格, 以癸水爲妻, 丁火爲子, 若二己一甲爭合, 取支中比劫爲用, 見辰干支, 亦以甲爲用, 壬癸爲妻, 甲乙爲子

其餘用庚者, 土妻金子, 用丁者, 木妻火子

或純是己土, 不見戊土, 乃爲假從, 其人一生縮首, 反畏妻子, 若無印綬, 一生貧苦, 六月猶可, 五月斷不可無水

■ 未月 甲木

未月	癸	庚	調和氣候. 貴格
	癸	丁, 支濕	傷官佩印, 木火傷官喜見水. 貴格
	丁	庚	原局氣潤, 庚丁爲用, 富中取貴. 貴格
			→ 大暑 이후에는 三伏生寒하여 癸水가 없어도 무방하나, 炎燥한 때로 北方水運으로 흘러야 佳命이 된다.
			丁多庚弱. 凡命

	敗	癸丁不透
		水氣全無, 傷官用財不貴燥土不甚靈秀, 南方火運, 木灰
		→ 丁火를 用하면, 火運은 木化成灰로 죽음에 이르고, 金運 역시 傷官見官하여 不測의 災殃이 우려된다.
		戊土制水

五六月甲木, 木性虛焦, 一理共推, 五月先癸後丁, 庚金次之

六月甲木, 木盛先庚, 庚盛先丁, 五月癸庚兩透爲上格, 六月丁庚兩透, 亦爲上格, 用神旣透, 木火通明, 自然富貴, 或丁多庚少, 又是平人, 或一庚一丁, 定許成名

總之, 五六月用丁火, 雖運行北方, 不致於死, 却不利運行火地, 號曰木化成灰, 必死, 行西程又不吉, 號曰傷官遇殺, 不測災來, 惟東方則吉, 北方次之, 此五六月用丁之說也

或滿柱丙火, 又加丁火, 不見官殺, 謂之傷官傷盡最爲奇, 反成淸貴, 定主才學過人, 風水好, 定主科甲, 但歲運不宜見水, 若柱中有壬癸, 運又逢之, 必貧夭死

凡用神太多. 不宜剋制, 須洩之爲妙

凡成木火傷官者, 聰明慈善, 多見多疑, 雖不生事害人, 每抱不平之憤, 女命不然

若柱中多金, 名曰殺重身輕, 先富後貧, 運不相扶, 非貧卽夭, 或庚多, 有一二丙丁制伏, 又有壬癸透干, 洩金之氣, 又爲先貧後富

或四柱多土, 未內有乙, 切勿作棄命從財

時月兩透己土, 名二土爭合, 男主奔流, 女主淫賤, 見二甲則不爭矣,

亦屬平庸之輩, 或四柱有辰, 干見二己二甲, 此人名利雙全, 大富大貴, 若在六月見辰支, 名爲逢時化合, 極驗

化合格, 以癸水爲妻, 丁火爲子, 若二己一甲爭合, 取支中比劫爲用, 見辰干支, 亦以甲爲用, 壬癸爲妻, 甲乙爲子

其餘用庚者, 土妻金子, 用丁者, 木妻火子

或純是己土, 不見戊土, 乃爲假從, 其人一生縮首, 反畏妻子, 若無印綬, 一生貧苦, 六月猶可, 五月斷不可無水

■ 申月 甲木

<table>
<tr><td rowspan="6">申月</td><td rowspan="2">庚</td><td rowspan="2">丁</td><td>庚金眞神, 劈甲引丁. 上格</td></tr>
<tr><td>→ 丁火로 金木이 器物을 이루면 申月에는 殺印同宮하여 金水運을 向하면 用神이 得地하여 필시 大貴한다.</td></tr>
<tr><td>庚</td><td>藏干, 丁</td><td>欣木爲材. 貴格</td></tr>
<tr><td rowspan="2"></td><td>庚</td><td rowspan="2">有庚無丁, 有丁無庚, 小富</td></tr>
<tr><td>丁</td></tr>
<tr><td colspan="2">敗</td><td>無丁無庚</td></tr>
</table>

七月甲木堪爲戟, 然非丁不能造庚, 非庚不能造甲, 丁庚兩透, 科甲可許

庚祿居申, 煞印相生, 運行金水, 必然顯達, 用庚者, 金水運大貴

或庚透無丁, 一富而已, 主爲人操心太重, 不能坐亨, 或丁透庚藏, 亦主靑衿小富, 或庚多無丁, 殘疾病人, 弱爲僧道, 災厄可免

或四柱庚旺, 又見水多, 難作棄命從煞, 見土多, 可作從煞論

庚多戊己亦多, 無壬癸水, 專用丁火制金, 以暖群土, 此命大富, 丁藏富小貴輕, 財露, 卽風水不及, 定許豪富, 得二丁不坐死絶, 必然富

而且貴，卽癸水不及，亦能富中取貴，異途顯達，或癸水疊疊，制伏丁火，雖有學問，終難顯達，得運行火土破癸，畧可假就功名，歲運皆背，定作勞碌之人，支成土局，戊己透干，制去癸水，存其丁火，又可出科甲，但此等命，主爲人心地好詐好訟，卽富貴不肯收心，因貪致禍，招成怨尤，決非安份之人也

總之七月甲木，丁火爲尊，庚金次之，但不可少，火隔水不能鎔金，丁火鎔金，必賴甲木引助，方成洪爐，若有癸水阻隔，便滅丁火，壬水無礙，且能合丁，但須見戊土，方可制水存火

■ 酉月 甲木

酉月	庚	丁	庚金眞神，劈甲引丁. 上格
			→ 酉月은 丁火의 生宮으로 用神이 有力有情하여 大吉하다.
	庚	丙	用丙調候. 富貴雙全. 富格
			→ 庚金을 用할 때, 秋庚과 冬庚은 丙丁이 공히 透해도 官殺混雜의 破格을 논하지 않는다. 丁火制殺, 丙火調候로 貴格을 이룬다.
		癸	癸透火制. 凡命
		金局	金破木氣，病疾
	敗		無丙丁庚

八月甲木，木衰金旺，丁火爲先，次用丙火，庚金再次

一丁一庚，科甲定顯，癸水一透，科甲難全

丙庚兩透，富大貴小，丙丁全無，僧道之命，丙透無癸，富貴雙全，癸出制丙，便是常人

支成火局, 可許假貴, 戊己一透, 可作富翁

或支成金局, 干露庚金, 爲木被金傷, 必主殘疾, 得丙丁破金, 亦主老來暗疾

或支成木局, 干透比劫, 反取庚金爲先, 次用丁火

■ 戌月 甲木

<table>
<tr><td rowspan="11">戌月</td><td>戊</td><td>庚, 支燥</td><td>財旺生官. 貴格</td></tr>
<tr><td>戊</td><td>支濕</td><td>一榜許諾. 富格</td></tr>
<tr><td>丁</td><td>庚, 支濕</td><td>木性凋零, 獨愛丁火, 壬癸滋扶. 貴格</td></tr>
<tr><td>庚</td><td>丙</td><td>殺用食制, 自手成家. 貴格</td></tr>
<tr><td>丁</td><td>戊</td><td>傷官生財, 同宮丁戊, 富貴</td></tr>
<tr><td>壬</td><td rowspan="2">丁, 火局</td><td>假傷官得地奉生貴元武. 貴格</td></tr>
<tr><td>癸</td><td>→ 甲乙秋生貴元武는 傷官佩印格을 말한다.</td></tr>
<tr><td>甲</td><td>庚</td><td>身殺均停. 貴格</td></tr>
<tr><td>甲</td><td>藏干, 庚</td><td>小富小貴</td></tr>
<tr><td colspan="2" rowspan="2">敗</td><td>火局無水, 木性焦腐</td></tr>
<tr><td>無丁癸庚</td></tr>
</table>

九月甲木, 木性凋零, 丁火壬癸滋扶

戊己亦透, 配得中和, 可許一榜, 庚金得所, 科甲無疑, 但要心地風水運程相合, 或見一二比肩, 無庚辛制伏之, 便是常人, 運不得用, 貧無立錐

一命甲辰甲戌甲辰甲戌富貴壽考, 台閣之命, 此命天元一氣, 又名一財一用, 遇比用財, 專取季土

或見庚見丙, 有能生員, 白手成家, 凡用火者, 木妻火子, 妻賢子肖

或四柱木多, 用丙用丁, 皆不爲善, 用庚爲妙, 九月用庚者, 却不取

土妻金子, 當取水妻木子, 凡四季甲木, 總不外乎庚金, 譬如木爲犂, 能疏季土, 非庚爲犁嘴, 安能疏土, 雖兼丙丁癸水爲用, 庚必居先

凡季月之甲, 多見戊己, 定作棄命從財論, 火爲妻土爲子

三秋甲木, 以庚爲貴, 若見一派丙丁傷金, 不過假道斯文, 有壬癸破丙丁者, 必有眞學問, 無水破火, 支又成火局, 乃是枯朽之木, 有庚亦何能爲力, 孤貧下賤之流, 男女一理

或有假傷官得地逢生, 此正合甲乙秋生貴元武之說, 用水制傷官者, 以金爲妻, 水爲子

或丁戊俱全, 總不見水, 又爲傷官生財格, 亦可云富貴, 此格取火爲妻土爲子

凡九月甲木, 甲多庚透, 富貴. 庚藏小富貴, 用庚者, 忌丁火制伏, 恐難富貴, 若柱中多庚, 則又以丁爲奇, 富貴人也. 如庚申年 丙戌月 甲申日 壬申時, 此主功名顯達, 有才能, 若無庚丙年月, 又無火星出干, 好學而難成名

九月甲木, 或專用丁火癸水, 見戊透干, 貴. 如戊戌 壬戌 甲子 戊辰. 已成水局, 壬水出干, 正合貴宜元武之說, 又得戊透, 配得中和, 一榜之命, 家計豊足, 富有千金, 但庚丁不生, 出仕不顯

■ 亥月 甲木

<table>
<tr><td rowspan="6">亥月</td><td>경
庚</td><td>정
丁</td><td>경정량투 귀격
庚丁兩透. 貴格</td></tr>
<tr><td>경
庚</td><td>무 지조
戊, 支燥</td><td>거탁류청 귀격
去濁留淸. 貴格</td></tr>
<tr><td></td><td>병
丙</td><td rowspan="2">한목향양 부격
寒木向陽. 富格</td></tr>
<tr><td></td><td>정
丁</td></tr>
<tr><td colspan="2" rowspan="2">패
敗</td><td>수왕무제범목
水旺無制泛木</td></tr>
<tr><td>무경정병
無庚丁丙</td></tr>
</table>

十月甲木, 以庚爲君, 以丁爲佐, 丙火次之, 忌壬水泛木, 須戊土爲制, 故戊又次之

得庚丁出干, 又加戊透, 名去濁留淸, 大富大貴, 卽無丁火, 亦稍有富貴, 或甲多破戊, 庚金無根, 難作棟樑之器, 平常人也, 庚戊旣透, 雖多比劫, 亦定富貴而壽

或多比劫, 只一庚出干, 坐祿逢生, 乃爲捨丁從庚, 逢財畧有富貴, 運行東南吉, 西北凶

或支見申亥, 得戊土當頭以救庚丁, 科甲可許, 若單己土, 其力弱小, 不過貢監而已

用庚者土妻金子, 用丁者, 木妻火子

總之十月甲木, 先庚後丁, 戊土亦不可少

■ 子月 甲木

子月	丁	庚, 支燥	寒氣除去爲要, 丁先後庚. 貴格
	丙	寅巳	丙火調候, 印用食神. 貴格
			→ 丙火는 甲乙木의 生이 도움이 되지 않고, 寅巳의 根氣로 파워가 증대된다.
	庚	丙	用庚者丙火爲佐. 必須支見寅巳. 貴格
		戊	壬癸透戊己制. 富格
		己	
	敗		水局壬透, 水泛木浮
			無庚無火

十一月甲木, 木性生寒, 先丁後庚, 取丙佐之, 癸水司權, 爲火金之病

庚丁兩透, 支見巳寅, 科甲有准, 風水不及, 選拔有之, 若癸透傷丁,

無戊己輔救，殘疾之人，或壬水重出，丁庚全失用，得丙方妙

或支成水局，加以壬透，名水泛木浮，死無棺木

總之十一月甲木爲寒枝，不比春木淸茂，專取庚丁，無丁見丙，富中取貴，異途武職耳

用庚，土妻金子，但子多不肖，用火木妻火子

■ 丑月 甲木

<table>
<tr><td rowspan="6">丑月</td><td rowspan="2">庚</td><td rowspan="2">丁，支燥</td><td>劈甲引丁，木火通明，必須支見寅巳．貴格</td></tr>
<tr><td>→ 劈甲引丁格은 春木의 木火通明과 달리 死木이 庚金을 필수 요건으로 삼는 경우를 말한다.</td></tr>
<tr><td>丁</td><td>藏干，庚</td><td>丁透庚藏．貴格</td></tr>
<tr><td>庚</td><td>丙</td><td>殺用食制．貴格</td></tr>
<tr><td colspan="2" rowspan="2">敗</td><td>無庚，貧賤</td></tr>
<tr><td>無丁，寒儒</td></tr>
</table>

十二月甲木，天氣寒凍，木性極寒，無發生之意，先用庚劈甲以引丁火，木火始有通明之象，故丁次之

庚丁兩透，科甲有准，庚透丁藏者，小富貴，丁透庚藏者，富貴，無庚者貧賤，無丁者寒儒，庚金劈甲引丁，故庚丁不相離，以庚取貴，以丁取富

或無庚，有丁透重重，亦是富貴中人，但須比肩發丁之燄，自有才德，如無比肩，便是尋常之士，稍有衣食而已，或支無丁火，而多見水，卽有比肩，亦是常人

總之臘月甲木，雖有庚劈，丁不可少，然無丁猶可，無庚不成格矣，書云，假木無庚，難免夭病

■ 乙木

生月	用神 一線	用神 二線	看法 摘要

*** Focus**

→ 乙木은 芝蘭이나 花草의 象으로 向陽하니 四時를 막론하고 丙火를 기뻐한다.

→ 甲木은 進氣하지만, 乙木은 退氣하니 癸水의 生扶를 要한다.

→ 乙木은 대개 丙癸로 名利通達하고 柔하여 庚辛金을 用하지 않는다.

**** Notice**

→ 申月에는 丙癸 이 외에 필시 己土를 要한다.

→ 亥子丑月에는 丙火의 向陽으로만 富貴가 성립된다.

■ 寅月 乙木

寅月	병 丙		공응한기 취병화해동 병화일투 염양려 恐凝寒氣, 取丙火解冬, 丙火一透, 艶陽麗 화 수명 花. 秀命
	병 丙	갑 甲	목화통명 귀격 木火通明. 貴格
	정 丁	갑 甲	목화통명 수명 木火通明. 秀命
	병 丙	장간 계 藏干, 癸	한목향양 상격 寒木向陽. 上格
	병 丙	계 癸	계수투간 불론탈식 귀격 癸水透干, 不論奪食. 貴格
		병 丙	병다핍계 춘한 탁부지인 丙多乏癸, 春旱. 濁富之人
		계 癸	병소다계 곤병 종위한사 丙小多癸, 困丙. 終爲寒士
	패 敗		맹아불용금 무화견경신금필흉 빈요명 萌芽不容金, 無火見庚辛金必凶. 貧夭命
			계기다견 습토지목 癸己多見, 濕土之木
			병정태다무수 소초 丙丁太多無水, 燒草

正月天氣, 猶有餘寒, 非丙不長, 雖有癸潤, 恐凝寒氣, 故先用丙, 癸次之

丙癸兩透, 科甲定然, 或有丙無癸, 門戶顯揚, 或丙多無癸, 名曰春旱, 獨陽不長, 不過粗俗濁富之人

或丙少癸多, 又爲困丙, 終爲寒士, 或戊己多見, 爲濕土之木, 皆下格

用丙者木妻火子, 火多用癸水者, 金妻水子

卯月 乙木

卯月	병 丙	계 癸	이 계 자 목 이 병 설 수 상 격 以癸滋木, 以丙洩秀. 上格
	병 丙	갑 甲	목 화 통 명 수 명 木火通明. 秀命
	정 丁	갑 甲	
	병 丙	장 간 계 藏干, 癸	목 화 통 명 귀 격 木火通明. 貴格
	계 癸	경 지 조 庚, 支操	살 인 상 생 귀 격 殺印相生. 貴格
		패 敗	불 의 견 금 무 제 不宜見金無制

二月陽氣漸升, 木不寒矣, 以丙爲君, 癸爲臣, 丙癸兩透, 庚藏, 科甲富貴無疑

或庚透得位, 支下無辰, 不能化金, 貴亦無疑, 見辰則爲假化, 便是常人

或支成木局, 見癸透養木, 乃作貴命, 更得丙洩木氣, 大貴之命, 但須透癸, 有丙無癸者, 常人. 或水多用丙, 戊多化癸者, 下格

二月乙木, 專用丙癸, 用丙者, 木妻火子, 丙多用癸者, 金妻水子

辰月 乙木

辰月	계 癸	병 丙	양 기 증 성 선 계 후 병 상 격 陽氣增盛, 先癸後丙. 上格
	계 癸	장 간 병 藏干, 丙	청 초 조 로 재 격 투 인 귀 격 靑草朝露, 財格透印. 貴格
	병 丙	갑 甲	목 화 통 명 귀 격 木火通明. 貴格
	정 丁	갑 甲	목 화 통 명 수 명 木火通明. 秀命
	계 癸	무 수 국 戊, 水局	약 지 성 수 국 취 무 위 좌 인 다 용 재 귀 격 若支成水局, 取戊爲佐, 印多用財. 貴格
		패 敗	재 살 무 제 財殺無制

三月陽氣愈熾, 先癸次丙

癸丙兩透, 不見己庚, 玉堂之客, 見己庚者, 平常之人, 或一乙逢庚, 不見己者, 主小富貴, 但不顯達, 或庚己混雜, 丙癸全無, 下格

或水多見己, 只恐高才不第, 見戊可發異途, 或提支局中會水, 見丙戊出干, 亦是武科甲, 或暗途功名, 或柱中無丙戊, 支合水局, 此離鄕之命

或見一派癸水, 又有辛金, 則作旺看, 得一戊己制癸, 亦主小富貴, 若一派壬癸, 不特貧賤, 而且夭折, 見戊者方云有壽, 但終爲技術之人

又或庚辰時月, 名二庚爭合, 乃貧賤之輩, 如年見丁破庚, 可云從化, 雖不科甲, 亦不失武職之權

用癸者, 金妻水子, 癸多用丙者, 木妻火子

■ 巳月 乙木

巳月	癸[계]	支濕[지습]	調候爲急[조후위급], 專用癸水[전용계수], 傷官佩印[상관패인]. 上格[상격]
	丙[병]	支濕[지습]	木火通明[목화통명], 亦宜運行北地[역의운행북지]. 貴格[귀격]
	敗[패]		水氣全無[수기전무]

四月乙木, 巳宮自有丙火, 專取癸水爲尊

癸透庚辛又透, 科甲定然, 獨一點癸水, 無金是水無根, 雖透天干, 不過秀才小富, 須要水運相扶方妙, 或土多困癸, 貧賤之人, 丙戊太多, 支又成火局, 瞽目之流

用癸者, 金妻水子

總之四月乙木, 專用癸水, 丙火酌用, 雖取庚辛佐癸, 尤以辛透爲淸

■ 午月 乙木

巳月	계 癸	지습 支濕	조후위급 전용계수 상관패인 상격 調候爲急, 專用癸水, 傷官佩印. 上格
	병 丙	지습 支濕	목화통명 역의운행북지 귀격 木火通明, 亦宜運行北地. 貴格
		패 敗	수기전무 水氣全無
			목분화열 木焚火熱

五月乙木, 丁火司權, 禾稼俱旱, 上半月屬陽, 先癸次丙, 下半月屬陰, 三伏生寒, 丙癸尊, 四柱多金水, 丙火爲先, 餘皆用癸水

乙木重逢火位, 名爲氣散之文, 支成火局, 洩乙精神, 皆用癸滋, 癸透有根, 富貴雙全, 或庚辛年干, 癸出時干, 定許科甲, 無癸者常人

若無癸而見丙透, 支又成火局, 陽焦木性, 此人殘疾, 無癸必夭, 見壬可解, 或火土太多, 其人愚賤, 或爲僧道門下

■ 未月 乙木

未月	계 癸	지습 支濕	윤토자목 희용계수 상격 潤土滋木, 喜用癸水. 上格
	병 丙	지습 支濕	주다금수 선용병화 재봉식신 귀격 柱多金水, 先用丙火, 財逢食神. 貴格
		갑 甲	하월임계 절기무기잡란 토병갑약 귀격 夏月壬癸, 切忌戊己雜亂, 土病甲藥. 貴格
			전무계수 범명 全無癸水. 凡命
		패 敗	무기잡란무제 戊己雜亂無制

六月乙木, 性枯而寒, 柱多金水, 丙火爲尊, 支成木局, 乙得無傷, 丙癸兩透, 大富大貴, 無癸者常人, 運不行北, 困苦一生

凡五六月乙木, 氣退枯焦, 用癸者切忌戊己雜亂, 便是下格, 或得甲木透, 制伏土神, 名爲去濁留清, 可許俊秀, 土多乏甲, 秀氣脫空, 庸人而已

或丙癸兩透, 加以甲透制戊, 一榜, 卽風水不及, 選拔必然, 若不見丙癸, 祇有丁火, 亦屬常人, 有壬可保衣祿

或柱中無水, 又無比劫出干, 名棄命從財, 富大貴小, 納粟奏名, 貢監三考皆利, 能招賢德之妻, 從財格, 以火爲妻, 土爲子

或一派戊土出干, 不見比劫與印者, 名財多身弱, 終爲富屋貧人, 見一甲制土, 必有福壽

或丙辛貪合, 非嫖卽賭, 終非承受之器, 或丙合而癸亦合, 不爲下賤, 亦是離鄕奔流之客, 丙合癸不合, 亦下格

或一派乙木, 不見丙癸, 名亂臣無主, 平常勞碌之人, 又加支藏辛金者, 爲閒中孤命, 僧道之流

或一派甲木, 無癸無丙, 又無庚金, 此人一生虛浮無實, 有庚制甲, 定有作爲, 否則不顧廉恥, 巧言令色, 因酒色敗德, 不修品行, 男女一理

總之夏月乙木, 專用癸水, 丙火酌用, 庚辛次之

■ 申月 乙木

申月	丙	支操	月垣庚金司令, 取丙火制之, 雖傷官見官爲上格
	癸	丙	庚金司令, 癸水化之, 殺印相生. 貴格
			壤土培花, 壬水混入泥土乙木根培養. 富格
		己	→ 申月 乙木은 己土가 사상 妙하다. 己土와 壬水가 혼합하면 肥沃한 땅이 되어 乙木의 뿌리를 培養한다. 또한 己土는 汚金하여 庚金의 예리함을 꺾는다. 丙癸가 없어도 己土가 있으면 富貴를 잃지 않고, 丙癸兩透하면 大富大貴格을 이룬다.
	敗		官殺無制

七月乙木, 庚金司令, 庚雖輪情於乙妹, 而干乙難合支庚, 見庚, 乙必受傷, 或丙癸出干, 又加柱有三己, 以汚金, 可許科甲, 有己透加丙, 方是上命, 甲妻火子

七月乙木, 喜己土爲用, 或不見丙癸, 己土決不可少, 却取己土爲用, 此又以火爲妻, 土爲子, 如丙癸己俱透, 大富大貴

甲爲進氣之木, 生在休囚之地, 如支無寅卯之助, 亟宜濕土培植基礎, 其看法與乙木大致相通也

或癸透丙藏, 庚少, 此不用己土, 只許貢監生員, 無丙有癸透者, 不失刀筆門戶, 三考知名, 或支藏癸水, 多庚, 無丙己二神者, 平常人物, 又無癸水, 下格, 用癸者金妻水子

或生辰時, 爲從化及時, 大富大貴, 凡從化格, 俱從所生之神, 如化金者, 戊作用神, 忌丙丁煆煉破格, 從化者, 以火爲妻, 土爲子, 其餘俱以金爲妻, 妻必賢美, 以水爲子, 子必克肖, 但忌刑冲破害, 卽主妻招刑, 此理易通, 不特七月乙木已也

■ 酉月 乙木

酉月	癸(계)	支操(지조)	上半月癸先後丙(상반월계선후병), 殺印相生(살인상생). 上格(상격)
	癸(계)	丙(병)	水火既濟(수화기제). 上格(상격)
	丙(병)	支濕(지습)	秋分後丙先癸後(추분후병선계후). 傷官架殺(상관가살). 上格(상격)
	丁(정)	金局(금국)	支成金局(지성금국), 埋根之鐵(매근지철), 宜用丁鍊(의용정련). 貴格(귀격)
	敗(패)		無癸丙己(무계병기)

八月乙木, 芝蘭禾稼均退, 以丹桂爲乙木, 在白露過後, 桂蕊未開, 專用癸水, 以滋桂萼, 若秋分後, 桂花已開, 又當向陽, 宜先用丙, 癸水次之, 丙癸兩透, 科甲名臣

或支成金局, 宜暗藏丁制, 無丁恐木被金傷, 無癸無火, 帶病之人

若有癸水, 如子得母, 其人一生豊盛, 若癸出干, 終身秀才, 或丙癸兩透, 見戊雜出, 不過異路顯職

生秋分後, 有丙無癸, 可許小富貴, 有癸無丙, 名利虛花, 或四柱中有丙癸藏支, 常人中能士, 無丙癸下格

或癸在支, 丙透時干, 名爲木火文星, 定主上達, 生於秋分後方準

或生上半月, 無癸則木枯, 姑用壬水, 不然, 枯木無用, 平常閒人, 四柱多見戊己, 亦主貧賤下格

■ 戌月 乙木

戌月	癸(계)	支濕(지습)	木性凋落(목성조락), 財格透印(재격투인). 上格(상격)
	癸(계)	丙(병), 支濕(지습)	傷官偏印(상관패인). 上格(상격)
	甲(갑)	戊(무)	藤蘿繫甲(등라계갑). 富格(부격)
	敗(패)		戊己太多無制(무기태다무제), 財多身弱(재다신약)
			金水太過(금수태과), 金寒水冷(금한수냉)
			水氣全無(수기전무)

九月乙木, 枝枯葉落, 必賴癸水滋養, 如見甲申時, 名爲藤蘿繫甲, 可秋可冬

若柱中見癸水, 又遇辛金發水源, 定主科甲, 或有癸無辛, 常人, 有辛無癸, 貧賤, 或四柱壬多, 惟難泛乙, 每作尋常人物中之上品

三秋木氣休囚, 土多從財, 乃一定之理, 但不可有比印, 一見比印, 只作財多身弱看, 不作從論

用癸者, 金妻水子, 但子女艱難, 季土剋制故也

■ 亥月 乙木

月			
亥月	丙	支燥	乙木向陽, 專取丙火. 上格
	丙	戊	水多以戊爲佐. 貴格
	戊	甲	鮮花名瓶, 土多甲制, 藤蘿繫甲. 富格
	敗		印星太過
			丙火全無

十月乙木, 丙不受氣, 壬水司令, 丙爲尊, 或壬多, 用戊土

丙戊兩透, 定許科甲, 有戊無丙, 雖非科甲, 亦入儒林, 支藏丙火, 見火土運, 必得祿位, 若不驗, 風土之薄也

或水多無戊, 乙性漂浮, 游食好閒之人, 不見丙己, 妻子難全, 或一點壬水, 見戊常人

多見戊土, 亦爲不妙, 得甲出制戊, 可許能士, 但好生禍亂, 搆訟爭非, 雖非秀士, 亦廣交善談, 或時月皆透甲木, 壬多無庚丙戊, 貧賤, 男女一理

支成木局, 時値小陽, 又與春木同旺, 再見癸水, 取戊爲尊, 加以丙出干, 可許科甲, 若無丙戊二字, 自成自敗, 終非大受之器, 故十月乙木, 必兼丙火爲用

■ 子月 乙木

月			
子月	丙		寒木向陽, 專用丙火. 上格
	丙	戊	水多以戊爲佐. 上格
	丁	甲	繫甲引火. 秀命
	敗		忌見癸水, 雪降
			丙火全無
			無甲見丁, 枯草引燈持難

十一月根葉寒凍, 喜丙復一陽, 用丙火解凍, 斯花木有向陽之意, 不宜癸水出干以凍花木, 故專用丙火

得一二點丙火出干, 不見癸破, 定許科甲, 若二丙藏支, 不過選拔, 得此不貴, 必因風水薄, 或壬出干, 見戊制, 可作能人, 丙藏者, 秀才, 壬多無戊, 貧賤

或支水局, 子出壬癸, 全無丙火, 雖見戊制, 不免貧寒到老, 入南方運, 稍有衣祿, 丁火有亦如無, 即或用丁, 燈燭之光, 豈能解嚴寒之凍, 無用之人, 設丙丁戊全無, 金水重見, 奔波下賤之人, 或全無戊己, 有火亦屬常人, 貧寒而不至下賤, 或一派丁火, 大奸大詐之徒, 無甲引丁, 孤鰥到老, 長臥白雲深山, 丁火見甲, 妻賢子肖, 且麟趾振振, 芝蘭繞膝

或支成水局, 壬癸兩透, 則木浮矣, 不特貧賤, 而且夭折, 得一戊救方可

總之冬月乙木, 取戊止可補救, 不可用丁, 必須用丙, 然滿局壬癸, 得一戊, 亦可免孤與夭, 用火者, 木妻火子, 用土者, 火妻土子

乙木生於冬至之後, 坐下木局, 得丙透干者, 富貴之造, 即丁出干, 亦有衣祿, 須忌癸制丁, 乙木生於冬月, 己土透干, 又有丙透, 大富貴之造

■ 丑月 乙木

<table>
<tr><td rowspan="4">丑月</td><td>병
丙</td><td></td><td>한곡회춘 전용병화 상격
寒谷回春, 專用丙火. 上格</td></tr>
<tr><td></td><td>장간 병
藏十, 內</td><td>빈한면피 범명
貧寒免避. 凡命</td></tr>
<tr><td rowspan="2" colspan="2">패
敗</td><td>병화전무 한목동결 청빈명
丙火全無, 寒木凍結, 淸貧命</td></tr>
<tr><td>계수파병 흑운차일 빈명
癸水破丙, 黑雲遮日, 貧命</td></tr>
</table>

十二月寒木見丙, 有回春之意

得一丙透, 無癸出破格, 科甲顯宦, 或支藏丙火, 不過廩貢生員, 終作貧寒之士

或一派戊土, 見甲, 專用丙火, 不能大富, 頗有衣祿

或四柱皆戊己, 不見比劫, 作從財論, 大富, 比劫破財, 貧無寸土

■ 丙火

生月	用神 一線	用神 二線	看法 摘要

*** Focus**

→ 丙火 太陽이 江湖 壬水를 비추면 水晶같이 빛나니, 壬水가 없으면 貴를 취할 수 없다.

→ 丙火는 壬水의 剋을 두려워하지 않으며, 微弱하지 않은 한 癸水도 害가 되지 않는다.

→ 丙火가 弱하면 土의 晦光을 忌하고, 甲木의 生을 반긴다.

**** Notice**

→ 亥月에는 丙火가 失令하여 가장 弱한 때로 壬水를 用하지 않고 甲木을 取한다.

→ 申月과 酉月에 甲木이 없으면 乙木을 取하는데, 이때는 丙火로 말려 枯草引燈한다.

■ 寅月 丙火

寅月	壬	庚	取壬爲尊, 庚金佐之. 上格
	壬	藏干, 庚	水火旣濟, 庚金發水之源爲佐, 異途顯達. 貴格
	庚	藏干, 壬	富中取貴. 富格
	壬	火局	春江, 天和地潤. 貴格
	癸	支濕	印綬用官, 小貴
		戊	無水, 火土傷官. 凡命
	敗		土多制水, 晦火無光
			一派戊土無甲, 孤貧
			壬水全無

正月三陽開泰, 火氣漸炎, 取壬爲尊, 庚金爲佐

壬庚兩透, 定許科甲, 卽壬透庚藏, 雖不由科甲, 恰有異途恩封

若一壬高透, 有一二丙藏寅巳, 雖納粟奏名, 顯職可期, 爲人英風慷慨, 磊落光明, 有才邁衆

或丙少壬多而無戊制, 殺重身輕, 斯人笑裏藏刀, 胆大光棍, 見一戊制壬, 便是大富大貴, 但宜見 一二比肩方妙

或一派庚辛混雜, 常人. 或時月兩透庚金, 無辛雜亂, 秀才. 或辛年辛時, 名爲貪合, 定昏迷酒色之人, 女命一理, 己業難創, 祖業難承

或一片戊洩, 甲不出干, 難成大器, 且恐貧賤死外, 故正月丙火, 最忌戊土晦光, 或支成火局, 專取壬水爲淸貴, 無壬, 癸亦姑用, 若壬癸俱無, 則取戊以洩火氣, 但屬平人

或支成火局, 又作炎上格論, 但支成不得令, 運不見東南, 則爲孤貧

或四柱有甲木, 得庚金暗制者, 可作秀才

無壬用癸者, 畧富貴, 且官殺亦要旺相有根, 丙火無壬, 多主貧賤, 屢徵屢驗, 或火多無木, 一至水鄕必死, 不然定主災咎, 五月丙火合炎上格, 亦不宜水破格, 用癸無根, 定主目疾

用壬者, 金妻水子, 用庚者土妻金子, 先壬次庚, 壬忌多見

卯月 丙火

卯月	壬	支濕	耑用壬水, 江暉相映. 貴格
	壬	庚, 支濕	水火既濟, 庚金發水之源爲佐, 科甲. 上格
	壬	辛, 支濕	
	庚	藏干, 壬	亦主秀才. 秀命
	辛		
		壬	宜運行北地. 貴格
	甲	壬	水多用印化之. 貴格
	戊	壬	食神帶殺. 貴格
		己, 支濕	無壬用己, 傷官生財. 小富
	敗		土多制水, 晦火無光
			壬水全無

二月丙火, 陽氣舒升, 專用壬水

壬透不見丁化, 加以庚辛亦透, 壬水有根, 科甲無疑, 或壬藏支, 亦主秀才, 但必庚辛方妙

或無壬癸, 姑用己土, 但是常人, 雖有才學, 不得成名, 不過衣祿充足

或一派壬水, 見一戊透, 雖不科甲, 不失異途顯達, 或無戊透, 用四庫辰戌丑未之戊, 恐辰宮癸水合化, 不能制壬, 不過衣祿常人, 若干支不見一戊, 奔波客外之人, 加以金多生水者, 下賤之命

或一派戊土, 仍以壬水爲用, 喜行東方木運, 土運不祥, 見土年程卽死, 行火運亦迍邅

或丙子日辛卯時, 假從失令, 貪財壞印, 難承祖業, 若得兩重丁火破辛, 壬水得位, 亦主富貴, 雖不科甲, 亦有異途, 風土雖薄, 名傳都邑, 合此主多妻妾, 兼多子, 或時月俱辛卯, 又見丙子日, 名爲爭合, 年不透丁破辛, 昏迷酒色, 祖業破耗

有丁則吉, 或支見未, 成木局, 反因奸得祿, 因酒獲利

專用壬水者, 金妻水子, 用己者, 火妻土子

■ 辰月 丙火

辰月	임 壬	갑 甲	전용임수 토중이갑위좌 귀격 專用壬水, 土重以甲爲佐. 貴格
	임 壬	장간 갑 藏干, 甲	임투갑장 부대귀소 귀격 壬透甲藏, 富大貴小. 貴格
	임 壬	경 庚	재자약살 귀격 財滋弱殺. 貴格
		갑 甲	유갑무임 로록소부 有甲無壬, 勞碌小富
	경 庚	토국 土局	무갑용경 부격 無甲用庚. 富格
		장간 임 藏干, 壬	임장무갑 일개한유 壬藏無甲, 一介寒儒
	패 敗		無壬無甲,貧賤之格

三月火氣漸炎, 專用壬水, 或支成土局, 取甲爲輔, 壬不可離

壬甲兩透, 科甲有準, 但忌金出干破甲, 止於秀才能士, 壬透甲藏, 富大貴小, 無甲用庚助壬, 又能洩土氣, 有甲無壬, 勞碌小富, 壬藏無甲, 一介寒儒, 無壬無甲, 貧賤之格

或丁己雜亂, 常人

或支成水局, 宜用戊土, 勿用壬, 戊透稍富貴, 戊藏常人

用壬者, 金妻水子, 用甲者, 水妻木子

■ 巳月 丙火

巳月	임 壬	경 庚	호해왕양 굉영대양 광휘현서 문명지상 상격 湖海旺洋, 廣映太陽, 光暉顯著, 文明之象. 上格
	임 壬	지습 支濕	기제지공 상격 旣濟之功. 上格
	계 癸	경 庚	불귀이부다 차인교모선변 출중초군 귀격 不貴而富多, 此人巧謀善辯, 出衆超群. 貴格
		신 申	용신중수 역주과갑 귀격 用申中水, 亦主科甲. 貴格
		해 亥	해수불과생원능사 부귀개경 亥水不過生員能士, 富貴皆輕
	패 敗		계임구무 고양실보 난투청광 무용인야 癸壬俱無, 孤陽失輔, 難透淸光, 無用人也
			화염토조 승도지류 火炎土燥, 僧徒之流

四月丙火，建祿於巳，炎勢嘆離，專用壬水，解炎威之力，或旣濟之功，無壬，名孤陽失輔，難透清光，然必有庚，方爲有源之水，壬庚兩透，不見戊己出干，號曰湖海汪洋，廣映太陽，光輝顯著，文明之象，合此不但科甲崢嶸，必有榮封顯職，若不驗，風土之薄也

或無壬透，宜用申中壬水，亥水恐甲洩無力，用申中水，亦主科甲，亥水不過生員能士，富貴皆輕

或無壬水，癸水姑用，庚癸兩透，不貴而富多，此人巧謀善辯，出衆超群

或癸壬俱無，無用人也，火炎土燥，僧道之流，不止貧賤，而且夭折，男女一理

或一派庚金，不見比劫，有富無貴，若火出，實爲貧人

或丙午日干，四柱壬多，不見戊制，名曰羊刃煞重，光棍之流，或支成水局，又一二壬透，無一戊制，盜賊之命，見己土亦是下賤鄙夫，見財起意

用壬者金妻水子

■ 午月 丙火

<table>
<tr><td rowspan="7">午月</td><td>임
壬</td><td>경
庚</td><td>득 이 임 일 경 출 간 상 격 경 임 양 투 부 귀 비 경
得二壬一庚出干，上格. 庚壬兩透，富貴非輕</td></tr>
<tr><td></td><td>임
壬</td><td>일 임 무 경 공 감 생 원 소 귀
一壬無庚，貢監生員，小貴</td></tr>
<tr><td>계
癸</td><td>경
庚</td><td>의 록 충 족 부 격
衣祿充足. 富格</td></tr>
<tr><td rowspan="2"></td><td rowspan="2">신
申</td><td>가 입 사 림
可入詞林</td></tr>
<tr><td>지 파 무 기 잡 란 변 위 이 로 은 봉
只怕戊己雜亂，便爲異路恩封</td></tr>
<tr><td colspan="2" rowspan="2">패
敗</td><td>지 성 화 국 불 견 일 적 수 내 승 도 환 독 지 명
支成火局，不見一滴水，乃僧道鰥獨之命</td></tr>
<tr><td>득 무 기 출 간 설 화 기 역 주 형 극 고 과 행 북 운 다 흉
得戊己出干洩火忌，亦主刑剋孤寡，行北運多凶</td></tr>
</table>

五月火氣愈炎, 得二壬一庚出干, 方爲上格, 或一壬無庚, 貢監生員, 還須好運, 或戊己出干, 加丁出干, 與壬化合, 則爲平人, 卽不透庚壬, 而有申宮長生之水, 濟之以坐祿之金, 至妙, 可入詞林, 只怕戊己雜亂, 便爲異路恩封

或支成火局, 不見一滴水, 乃僧道鰥獨之命, 卽有一二癸水, 多遇火土, 用之無力, 瞽目之人, 得戊己出干洩火氣, 亦主刑剋孤寡, 行北運多凶, 何也, 正謂過於燥熱, 水激處反爲災殃

或成炎上格, 柱運不見庚辛, 多見甲乙者, 大富大貴, 然亦不可見水運

或庚壬兩透, 富貴非輕, 但運氣不扶, 出仕不顯, 或庚癸兩透, 衣祿充足, 支火輕者, 無目疾, 支見水者(癸), 異途

或支成土局, 又爲洩氣太過, 得壬輔火, 甲出制土, 富貴福壽俱全

用壬者, 金妻水子

■ 未月 丙火

未月	壬	庚, 支濕	庚壬兩透, 貼身相生, 可云科甲名宦. 上格
	壬	藏干, 庚	秀才小富
	戊	壬	見戊制壬, 不過一方能人, 鄕黨賢者而矣
	敗		壬水在支, 己土出干, 貧苦
			壬水全無. 下格

六月火氣漸退, 三伏生寒, 己土洩氣, 取庚佐壬用

庚壬兩透, 貼身相生, 可云科甲名宦, 若無庚貼, 有壬不見戊出, 秀才小富, 見戊制壬, 不過一方能人, 鄕黨賢者而矣, 或己土出干混濁, 庸夫俗子, 或壬水在支, 己土出干, 貧苦, 無壬下格, 賤而且頑, 男女

一理, 用壬者, 金妻水子

或干見一派丙火, 干支兩見庚壬, 陽極生陰, 科甲大臣

總之六月丙火用壬, 不同餘月用壬, 故運入東南, 家富千金, 西北則貧苦無聊, 餘月用壬, 俱喜行西北之運

■ 申月 丙火

申月	壬		專用壬水, 輔映太陽光輝. 上格
	壬	戊	科甲有準. 貴格. 壬多無癸, 得一戊制, 所謂衆殺猖狂, 一仁可化, 科甲顯宦
	壬	辰 戌	不過生員
		戊	申中一壬, 多見戊制, 常人
	敗		壬水全無

七月太陽轉西, 陽氣漸衰, 日近西山, 見土皆晦, 惟日照湖海, 暮夜燃光, 故專用壬水, 輔映太陽光輝

壬多取戊制方妙, 申中有壬, 又有壬出干, 又見戊透, 科甲有準, 如辰戌藏戊, 不過生員, 多壬無戊制, 常人, 或申中一壬, 多見戊制, 亦屬常人, 或壬多無癸, 得一戊制, 所謂衆殺猖狂, 一仁可化, 科甲顯宦

或見一派庚金, 不見比印及辛金者, 又爲棄命從財, 奇特之造, 雖不科甲, 異途顯達, 但多依親戚爲進身之階

用木者, 水妻木子, 妻必賢能

總之七月丙火, 專壬次戊

■ 酉月 丙火

酉月	임 壬	지 조 支燥	일 임 고 수 위 기 광 휘 상 격 一壬高秀爲奇, 光煇. 上格
	임 壬	장 간 계 藏干, 癸	의 운 행 남 지 귀 격 宜運行南地. 貴格
	임 壬	병 丙	사 주 다 병 일 임 고 투 위 기 부 귀 무 궁 四柱多丙, 一壬高透爲寄, 富貴無窮
	임 壬	무 戊	유 임 투 간 우 견 무 토 출 간 가 운 과 갑 귀 격 有壬透干, 又見戊土出干, 可運科甲. 貴格
		계 癸	약 무 임 수 계 역 가 용 단 발 달 불 구 若無壬水, 癸亦可用, 但發達不久
	패 敗		병 화 무 근 무 인 丙火無根無印
			임 수 전 무 壬水全無
			지 성 금 국 무 신 출 간 불 작 종 재 론 직 주 문 아 支成金局, 無辛出干, 不作從財論, 直朱門餓 부 이 재 다 신 약 莩耳, 財多身弱

八月丙火, 日近黃昏, 丙有餘光, 存於湖海, 仍用壬水輔映

四柱多丙, 一壬高透爲奇, 富貴無窮, 如獨壬藏支, 定至秀才, 或土多困水, 不過一方能士, 若無壬水, 癸亦可用, 但發達不久

或多見辛出干, 不能從化, 但享祖宗餘福, 親歿則貧苦到老, 或見丁制辛, 奸詐無常, 女命合此, 長舌之婦, 主淫賤

或支成金局, 無辛出干, 不作從財論, 直朱門餓莩耳, 如支成金局, 有辛出干, 不見比劫, 正從財格, 富貴, 或得貴人提拔, 親戚扶持, 妻賢內助

總之八月丙火, 專壬次癸, 用水者, 金妻水子, 用木者, 水妻木子

■ 戌月 丙火

戌月	甲	壬	忌土晦光, 先取甲疏土, 次用壬水, 富貴顯達. 貴格
	甲	癸	若無壬輔丙資甲, 得癸透干, 亦主異途顯達
		藏干, 壬	貢監而已. 小貴
		藏干, 癸	
	甲	藏干, 壬	可許秀才
	壬	藏干, 甲	
			無甲壬癸者下格

九月丙火愈衰, 忌土晦光, 先用甲木, 次取壬水

甲壬兩透, 科甲有準, 富貴非凡, 若無壬輔丙資甲, 得癸透干, 亦主異途顯達, 壬癸藏支, 貢監而已, 甲藏壬透, 無庚破甲, 可許秀才, 或庚困木戊困水, 定是庸才, 無甲壬癸者下格

或一派火土, 雖不旺, 亦自旱燥, 如不離鄕過往, 亦主奔流到老, 或作僧道, 可以優閑, 加以無庚辛壬癸出干者, 貧而夭

或支成火局, 炎上失令, 運入西方, 貧乏異常, 不顧妻子

或己土出干, 甲木不透, 雖有比肩助身, 難制當權之土, 無用人也

用甲者水妻木子, 用壬者金妻水子

■ 亥月 丙火

亥月	甲	庚	見甲戊庚齊透, 科甲有準. 貴格
			→ 亥月은 丙火가 失令한 때로 壬水를 用神으로 삼지 않는 유일한 계절이다. 子月 冬至는 陽이 生하는 때로 丙火는 弱한 가운데 다시 生旺해지므로 壬水를 先用한다.
		辛	或丙日辛透, 又見辰字, 化合逢時, 大貴
		戊	水多用戊, 隨宜酌用可也
		庚	木多用庚,
		壬	火多用壬,
		己	用己土混壬殺方妙
			水多無戊, 木盛無庚, 常人而已
	敗		無甲庚戊

十月丙火, 太陽失令, 見甲戊庚齊透, 科甲有準, 風土不及, 終成選拔, 主爲人性好淸高, 斯文領袖

或丙日辛透, 又見辰字, 化合逢時, 大貴之命

或水多但有甲無戊, 却難從殺, 須用己土混壬煞方妙

或四柱多壬, 多申, 作棄命從煞論, 雖不發科甲, 亦不失宦門之士

總之十月丙火, 木多用庚, 水多用戊, 火多用壬, 隨宜酌用可也, 若水多無戊, 木盛無庚, 常人而已

■ 子月 丙火

子月	壬	戊	氣進二陽, 丙火弱中腹強, 用壬水, 取戊制之, 殺用食制. 貴格
		己	多戊見己, 不過秀才, 或異途顯達, 秀命
	戊	甲	用戊者, 不可少甲, 壬戊酌用. 貴格
			→ 冬至 후는 陽이 돌아왔어도 氣勢가 매우 弱하므로 甲木의 火旺을 要한다. 子月 丙火가 一派壬水를 보면 戊土로 制해도 實速이 없는데 이는 戊土가 晦光하기 때문이다. 이때는 甲이 藥이다.
	敗		水多無制
			火多無壬

十一月冬至陽生, 弱中生旺, 先壬,戊佐之

壬戊兩透, 科甲有準, 卽風土不及, 定然選拔, 多戊見己, 不過秀才, 或異途顯達,

或一派壬水, 專用戊土, 此人雖不成名, 文章邁衆, 但一生名利虛浮, 何也, 因戊晦光, 須甲木爲藥也, 或水多無戊, 火多無壬, 配合不得中和, 下格

或無壬水, 有癸出干, 得金滋無傷, 又有丙透以解凍, 可許衣衿

或四柱多壬無甲, 乃作棄命從煞, 亦有雲路

或水多有甲無戊, 却非從煞, 宜用己土濁壬, 十一月丙火, 與十月頗同

■ 丑月 丙火

<table>
<tr><td rowspan="7">丑月</td><td>임
壬</td><td>갑
甲</td><td>희 임 위 용 토 다 불 가 소 갑 귀 격
喜壬爲用. 土多不可少甲. 貴格</td></tr>
<tr><td>임
壬</td><td>장 간 갑
藏干, 甲</td><td>불 과 수 재 수 명
不過秀才, 秀命</td></tr>
<tr><td>임
壬</td><td></td><td>부 중 취 귀 부 격
富中取貴. 富格</td></tr>
<tr><td rowspan="3"></td><td rowspan="3">기
己</td><td>일 파 계 수 기 토 출 간 자 수 성 가
一派癸水, 己土出干, 自手成家</td></tr>
<tr><td>일 파 기 토 가 상 관 총 명 명 리 허 상
一派己土, 假傷官聰明, 名利虛像</td></tr>
<tr><td>계 신 양 투 귀 격
癸辛兩透, 貴格</td></tr>
<tr><td colspan="2">패
敗</td><td>기 토 회 광
忌土晦光</td></tr>
</table>

十二月氣進二陽, 侮雪欺霜, 應先壬爲用, 己土司令, 己多須用甲爲佐

壬甲兩透, 科甲有準, 雖風土淺薄, 貢監可許, 甲藏, 不過秀才, 或無甲得一壬透, 富中取貴, 三春皆利

或一派癸水, 己土出干, 必自創基業, 若己土制癸太多, 又取辛金洩己滋癸, 必透癸乃秀, 雖不成名, 有雅人風度

■ 丁火

生月	用神 一線	用神 二線	看法 摘要

*** Focus**

→ 丁火는 燈燭으로 겉은 밝아도 속은 衰竭하여 母星 甲木이 반드시 있어야 한다.

→ 甲木은 庚金의 劈甲으로 引火하므로 대개 丁火의 富貴는 甲庚의 짝으로 완성된다.

→ 乙木은 引丁도 못하고, 戊土를 破하지도 못하므로 많이 있어도 이롭지 않다.

**** Notice**

→ 午月에는 火旺하여 丁火가 令을 잡았으므로 함부로 甲木을 取하면 안 된다.

■ 寅月 丁火

<table>
<tr><td rowspan="6">寅月</td><td>경
庚</td><td>임
壬</td><td>재관쌍미 귀격
財官雙美. 貴格</td></tr>
<tr><td>갑
甲</td><td>경
庚</td><td>수명벽갑인정 귀격
秀命劈甲引丁. 貴格</td></tr>
<tr><td>갑
甲</td><td>장간 경
藏干, 庚</td><td>의운행서지 귀격
宜運行西地. 貴格</td></tr>
<tr><td colspan="2" rowspan="3">패
敗</td><td>견을무경 고명
見乙無庚. 孤命</td></tr>
<tr><td>화국무수 빈명
火局無水. 貧命</td></tr>
<tr><td>무갑무경
無甲無庚</td></tr>
</table>

正月丁火, 甲木當權, 乃爲母旺, 非庚不能劈甲, 何以引丁, 先庚次壬

如壬透化木, 弱復生旺, 合此身伴帝王, 但不宜庚破格, 有庚不過秀才

或有庚及壬癸, 得己出干制之, 雖不由科甲, 亦有異途恩封

或一派壬癸, 不得寅時, 又無庚金, 必致困窮

或一派甲木, 無庚制之, 非貧卽夭, 或只有一甲, 多見乙木者, 離鄕奔波之客, 勿問妻子矣, 或甲乙並見, 生庚子時, 又主妻早子早, 且可採芹

支成火局, 無滴水解炎, 僧道之命, 孤貧庸俗, 見甲出署吉

總之, 丁不離甲, 見甲如子遇嫡母, 可秋可冬, 然亦不可少水, 但不宜多

■ 卯月 丁火

卯月	庚(경)	甲(갑)	因濕乙傷丁(인습을상정), 非庚不能掃乙(비경불능소을), 非甲不能引丁(비갑불능인정), 先庚後甲(선경후갑). 貴格(귀격)
			→ 乙木(을목)은 卉木(훼목)과 같아 불에 잘 타지 않으므로 濕乙(습을)이라 한다.
	甲(갑)	癸(계)	印旺殺高(인왕살고), 大貴(대귀)
	甲(갑)	藏干(장간), 庚(경)	以庚去乙(이경거을), 以甲引丁(이갑인정), 異路功名(이로공명)
	庚(경)	藏干(장간), 甲(갑)	貢監生員(공감생원)
		庚(경)	庚無甲者(경무갑자), 清雅能士(청아능사)
		甲(갑)	甲無庚者(갑무경자), 常人(상인)
	敗(패)		見乙無庚(견을무경). 孤命(고명)
			無甲無庚(무갑무경)

二月因濕乙傷丁, 非庚不能掃乙, 非甲不能引丁, 先庚後甲

庚甲兩透, 科甲有準, 庚透甲藏, 貢監生員, 甲透庚藏, 異路功名, 有庚無甲者, 清雅能士, 有甲無庚者, 常人也, 印旺煞高者主大貴

或庚乙俱透, 庚必輸情於乙妹, 未免貪合, 運行金水之鄉, 一貧澈骨, 或庚透乙藏, 則不能貪合, 庚有害乙之勢, 乙木不傷丁, 反引丁火之燄, 卽用乙亦無害, 運入木火之鄉, 自然富貴清雅, 如不驗, 風土之薄也, 用乙者, 水妻木子

若一派都是乙木, 不見一甲, 此人富貴不久, 因貪致禍, 弄巧反拙, 且不能承先人之業, 有乙無庚, 主貧苦無依

或一派癸水, 無戊己制, 貧寒之格, 或乙少癸多, 有土出制, 異途顯達, 用土者, 火妻土子

或支成火局, 有庚透, 反成清貴, 和雅顯達, 不見庚者, 常人. 其懶惰奸詐, 常居人下

總之, 二月丁火, 乙木司權, 不可無庚, 有乙無庚, 主貧苦無依, 用庚者, 土妻金子

■ 辰月 丁火

辰月	甲	庚	用甲木引丁制土. 次看庚金. 貴格
	甲	藏干, 庚	一藏一透, 儒秀
	庚	藏干, 甲	
	庚	木局	異路功名
	戊	壬, 水局	廊廟之材
	己	壬, 水局	
	庚	戊	木盛用庚, 水盛用戊, 傷官生財, 貴格
	敗		水局壬透, 殺重身輕, 夭命
			無甲無庚

三月戊土司令, 洩弱丁氣, 先用甲木引丁制戊, 次看庚金

甲庚兩透, 科甲有準, 合此不驗, 風土之薄也, 或一藏一透, 亦主儒秀, 缺一便是常人

或支成木局, 取庚爲先, 得庚透, 丁癸不透, 亦有異路功名

或支成水局, 加以壬透, 名殺重身輕, 終身有損, 不夭折天年, 終遭凶死, 若得戊己兩透, 定作廊廟之材, 雖風土不及, 貢監生員不少, 甲出破土, 卽是常人

用甲者, 水妻木子, 用金者, 土妻金子

■ 巳月 丁火

<table>
<tr><td rowspan="11">巳月</td><td>甲</td><td>庚</td><td>良工巧匠, 木火通明. 上格</td></tr>
<tr><td>壬</td><td rowspan="2">丙</td><td>丙奪丁光, 水制顯達極品. 上格</td></tr>
<tr><td>癸</td><td>→ 乙木은 繫甲을 기뻐하나, 丁火는 丙奪을 꺼린다. 乙이 甲을 보면 甲木으로 논하고, 丁이 丙을 보면 丙火로 논한다. 이것은 氣가 生旺을 따르는 이치다.</td></tr>
<tr><td>甲</td><td>戊, 支濕</td><td>印用傷官, 貴格</td></tr>
<tr><td></td><td>戊</td><td>多戊, 不見甲乙, 又不見水, 傷官傷盡, 可作出色秀才, 但不富貴, 淸命</td></tr>
<tr><td>庚</td><td rowspan="2">戊</td><td rowspan="2">若無甲, 長夏天金疊疊格. 富格</td></tr>
<tr><td>辛</td></tr>
<tr><td colspan="2" rowspan="3">敗</td><td>庚見癸水, 有水必滯庚濕甲傷丁</td></tr>
<tr><td>丙奪丁光</td></tr>
<tr><td>無水無甲無庚</td></tr>
</table>

四月火氣乘旺, 雖取甲引丁, 必須庚金制甲, 有庚有甲, 方云木火通明, 甲多又取庚爲先, 但四柱忌見癸水, 有水必滯庚濕甲, 並傷丁火, 故以癸爲病

或無癸暗藏, 獨以壬水出干制丙火, 不奪丁光, 自是玉堂淸貴, 位居極品

或有庚無甲, 戊透天干, 名傷官生財, 富發千金, 此取戊爲用, 或四柱多戊, 不見甲乙, 又不見水, 名傷官傷盡, 可作出色秀才, 淸高之人, 但不主富, 亦不致大貴, 多見乙木, 定是常人

或四柱丙奪丁光, 不見壬癸破丙, 此人貧苦無依, 有壬癸破丙, 異途威權顯達, 不止秀才

或丁年 巳月 丁巳日 丙午時, 一丙難奪二丁, 雖不顯達, 亦名傳都邑, 或甲年 巳月 丁日 丙時, 名甲引丁光, 五福三多之命, 故書曰, 丁火其形一燭燈, 太陽相見奪光明, 柱中若見甲木透, 定敎福壽兩綿綿

用甲者, 水妻木子, 用庚者, 土妻金子

■ 午月 丁火

午月	壬	庚	火旺金水調候急要, 遇干透隔位之壬, 忠而且孝. 上格
	癸		獨殺當權. 上格
			→ 午月은 水의 絶地로 火局을 이루면 滴水가 핍박받아 반드시 庚金이 水를 發原해야 한다. 그러나 壬水대신 癸水가 있으면 枯渴될 염려가 없으므로 獨當一面하니 恩封을 잃지 않는다.
		壬	須用甲木, 又要庚金劈甲, 方作木火通明, 主大富貴
			→ 午月 丁火는 壬庚이 透하지 않은 이상, 甲木을 用하여 貴格을 이루지 못한다.
			土制壬水, 凡命
	敗		無水解炎

五月丁火時逢建祿, 不得輕用甲木, 遇干透隔位之壬, 忠而且孝

或支成火局, 干見火出, 得庚壬兩透者, 科甲有準, 土透制壬, 常人卽壬藏支中, 亦非白丁, 但要運行西北, 方許富貴, 或支無壬水, 得一癸透, 名獨殺當權, 出人頭地, 不失恩封

若見亥卯未三字會木生火, 平常人物, 不過豊衣足食, 運好中年可富, 終刑子息, 勞而無功

或丙午年 甲午月 丁未日 丙午時, 無水解救, 爲僧道孤獨, 或丙午月 丁亥日 丙午時, 有亥水制丙, 不致孤貧, 如年支見子, 淸貴, 雖不發科甲, 衣衿不少, 且名傳鄕邑

若丁日干下無火局, 壬水透干, 須用甲木, 又要庚金劈甲, 方作木火通明, 主大富貴, 或木少火多, 竟焚木性, 不能光奪九霄, 榮華不久

若生月居祿, 支皆生旺合局, 又加以火透出干, 丁無炎上之理, 不得水解炎, 乃身旺無依, 孤貧僧道, 女必尼寡, 卽運行北地, 反見凶危

用壬者, 金妻水子, 用甲者, 水妻木子

■ 未月 丁火

<table>
<tr><td rowspan="6">未月</td><td>甲</td><td>壬</td><td>甲木化壬引丁爲用. 貴格</td></tr>
<tr><td>甲</td><td>庚, 木局</td><td>見亥中之壬, 壬爲甲根, 卽引丁火, 更得庚透,
必然科甲. 貴格</td></tr>
<tr><td>壬</td><td>木局</td><td>濕木傷丁, 凡命, 甲透, 亦有才能, 必有庚透,
方無刑傷, 若無甲木, 假名假利</td></tr>
<tr><td colspan="2" rowspan="2">敗</td><td>無甲無庚</td></tr>
<tr><td>無水焚木</td></tr>
</table>

六月丁火, 陰柔日弱, 又値三伏生寒, 丁弱極矣, 專用甲木, 壬水次之

甲出天干, 支成木局, 見亥中之壬, 壬爲甲根, 卽引丁火, 更得庚透, 必然科甲, 卽不成木局, 支有壬水生甲, 雖止貢監衣衿, 自有凌雲之志, 無庚不妙

或支成木局, 見水透干, 則濕木性, 不能引丁, 必爲常人, 但有甲透, 亦有才能, 必有庚透, 方無刑傷, 若無甲木, 假名假利, 雖能生財, 固執懦夫

或丁未年 丁未月 丁未日 丁未時, 一片純陰, 尋常無用之人, 卽生大家, 亦難成名, 亦不能成業, 或壬子 丁未 丁巳 丁未, 丁多散壬水, 亦怯弱無能, 妻子主事

用甲者, 水妻木子

■ 申月 丁火

申月	甲	庚	庚取劈甲. 貴格
	甲	丙	不畏丙奪丁光, 用丙暖金曬甲, 破財護印, 三秋甲庚丙竝用. 上格
			→ 秋月 丁火는 丙奪丁光을 두려워하지 않는다.
	乙	丙	無甲用乙, 見丙爲枯草引燈. 富格
			→ 申月과 酉月에 甲木이 없으면 乙木을 取하는데, 이때는 丙火로 말려야 枯草引燈格을 이룬다. 즉 甲은 반드시 庚이 있어야 하고, 乙은 丙이 있어야 한다.
		戊	水旺用戊. 貴格
	敗		無甲無乙
			用乙無丙

三秋丁火, 陰柔退氣, 專用甲木, 金雖乘旺司權, 無傷丁之理, 仍取庚劈甲, 爲引火之物, 又借丙暖金曬甲, 不畏丙勢奪丁, 凡兩丙夾丁者, 夏月忌之, 餘月不忌, 但此格幼年困厄刑剋, 中年可主富貴, 必支見水制丙方妙

三秋甲庚丙並用, 仍分優劣, 何也, 七月甲丙, 申中有庚, 八月甲丙庚皆用, 七八月無甲木, 乙亦姑用, 名枯草引燈, 却不離丙曬也, 九月專用甲庚, 總之甲不離庚, 乙不離丙, 其理極明, 當細參之,或見甲, 又透庚丙, 科甲有準, 卽風土不及, 定居選拔, 無甲用乙者, 富貴皆小, 且富而不貴者多, 卽不富, 亦衣食充足

或一重壬水, 又多見癸水, 雖戊己制之, 自然富貴光輝

或八月一派辛金, 無庚, 又無比印, 名棄命從財, 富貴兩全, 雖不科甲, 亦有異途, 位顯名揚, 從財者, 金爲妻, 不剋, 有正偏, 水爲子, 不刑

或九月一派戊土, 洩丁火之氣, 但有戊無壬, 不見甲木, 爲傷官傷盡, 富貴非凡, 非尋常可比, 或有甲透, 爲文當淸貴, 運入東方, 秋闈可奪, 用甲者, 庚不可少, 水妻木子

■ 酉月 丁火

酉月	甲	庚	庚取劈甲. 上格
	甲	丙	不畏丙奪丁光, 用丙暖金曬甲, 破財護印, 三秋甲庚丙竝用. 上格
			→ 秋月 丁火는 丙奪丁光을 두려워하지 않는다.
	乙	丙	無甲用乙, 見丙爲枯草引燈. 富格
			→ 申月과 酉月에 甲木이 없으면 乙木을 取하는데, 이때는 丙火로 말려야 枯草引燈格을 이룬다. 즉 甲은 반드시 庚이 있어야 하고, 乙은 丙이 있어야 한다.
		戊	水旺用戊. 貴格
	敗		無甲無乙
			用乙無丙

三秋丁火, 陰柔退氣, 專用甲木, 金雖乘旺司權, 無傷丁之理, 仍取庚劈甲, 爲引火之物, 又借丙暖金曬甲, 不畏丙勢奪丁, 凡兩丙夾丁者, 夏月忌之, 餘月不忌, 但此格幼年困厄刑剋, 中年可主富貴, 必支見水制丙方妙

三秋甲庚丙竝用, 仍分優劣, 何也, 七月甲丙, 申中有庚, 八月甲丙庚皆用, 七八月無甲木, 乙亦姑用, 名枯草引燈, 却不離丙曬也, 九月專用甲庚, 總之甲不離庚, 乙不離丙, 其理極明, 當細參之,或見甲, 又透庚丙, 科甲有準, 卽風土不及, 定居選拔, 無甲用乙者, 富貴皆小, 且富而不貴者多, 卽不富, 亦衣食充足

或一重壬水, 又多見癸水, 雖戊己制之, 自然富貴光輝

或八月一派辛金, 無庚, 又無比印, 名棄命從財, 富貴兩全, 雖不科甲, 亦有異途, 位顯名揚, 從財者, 金爲妻, 不剋, 有正偏, 水爲子, 不刑

或九月一派戊土, 洩丁火之氣, 但有戊無壬, 不見甲木, 爲傷官傷盡, 富貴非凡, 非尋常可比, 或有甲透, 爲文當淸貴, 運入東方, 秋闈可奪, 用甲者, 庚不可少, 水妻木子

■ 戌月 丁火

戌月	甲	庚	庚取劈甲. 上格
	戊		一派戊土無甲, 爲傷官傷盡. 上格
	甲	戊	爲文當淸貴
	敗		全無庚甲

三秋丁火, 陰柔退氣, 專用甲木, 金雖乘旺司權, 無傷丁之理, 仍取庚劈甲, 爲引火之物, 又借丙暖金曬甲, 不畏丙勢奪丁, 凡兩丙夾丁者, 夏月忌之, 餘月不忌, 但此格幼年困厄刑剋, 中年可主富貴, 必支見水制丙方妙

三秋甲庚丙並用, 仍分優劣, 何也, 七月甲丙, 申中有庚, 八月甲丙庚皆用, 七八月無甲木, 乙亦姑用, 名枯草引燈, 却不離丙曬也, 九月專用甲庚, 總之甲不離庚, 乙不離丙, 其理極明, 當細參之,或見甲, 又透庚丙, 科甲有準, 卽風土不及, 定居選拔, 無甲用乙者, 富貴皆小, 且富而不貴者多, 卽不富, 亦衣食充足

或一重壬水, 又多見癸水, 雖戊己制之, 自然富貴光輝

或八月一派辛金, 無庚, 又無比印, 名棄命從財, 富貴兩全, 雖不科甲, 亦有異途, 位顯名揚, 從財者, 金爲妻, 不剋, 有正偏, 水爲子, 不刑

或九月一派戊土, 洩丁火之氣, 但有戊無壬, 不見甲木, 爲傷官傷盡, 富貴非凡, 非尋常可比, 或有甲透, 爲文當淸貴, 運入東方, 秋闈可奪, 用甲者, 庚不可少, 水妻木子

■ 亥月 丁火

亥月	甲	庚	庚金劈甲引丁, 甲木爲尊, 庚金爲佐. 上格
	甲	藏干, 庚	如有嫡母, 可秋可冬.貴格
	丙	藏干, 庚	一丙奪丁, 賴支水破之, 加以支金發水之源, 官高權重
			→ 丁火는 昭融하여 丙火가 불꽃을 도우면 財官을 기뻐한다. 寒暖燥濕의 처리는 藏干이 出干에 영향력을 행사한다.
		戊	水旺用戊. 小貴
	敗		無甲無庚

三冬丁火微寒, 專用甲庚, 庚乃甲之良友, 用甲木, 庚不可少, 無庚不能劈甲, 無甲何以引丁, 難云木火通明, 冬丁有甲, 雖水多金多, 可稱上格, 得庚透天干, 科甲有準, 卽非科甲, 亦儒雅風流, 見己則否, 己多合甲, 便是常人

或一丙奪丁, 賴支水破之, 加以支金發水之源, 官高權重, 無金水, 無用之人, 或有金無水, 貧寒之士, 有壬無金, 又主淸貴

或時月二壬爭合, 取戊破之, 有戊主小富貴, 無戊常人, 戊藏得位, 不失衣衿

或二丙奪丁, 得癸出干, 支又帶合, 金水得所, 異途重職, 此格極驗, 卽無癸出干, 亦有能秀才

或仲冬金旺水多, 全無比印, 作棄命從煞論, 大貴

比印破格, 常人, 且主骨肉浮雲, 六親流水, 或戊出破癸, 多賢兄弟, 六親有力, 此格用戊, 火妻土子

或四柱丙火太多, 又用癸破之, 用癸者, 金妻水子

■ 子月 丁火

子月	甲	庚	庚金劈甲引丁, 甲木爲尊, 庚金爲佐. 上格
	甲	藏干, 庚	如有嫡母, 可秋可冬.貴格
	丙	藏干, 庚	一丙奪丁, 賴支水破之, 加以支金發水之源, 官高權重
			→ 丁火는 昭融하여 丙火가 불꽃을 도우면 財官을 기뻐한다. 寒暖燥濕의 처리는 藏干이 出干에 영향력을 행사한다.
		戊	水旺用戊. 小貴
	敗		無甲無庚

三冬丁火微寒, 專用甲庚, 庚乃甲之良友, 用甲木, 庚不可少, 無庚不能劈甲, 無甲何以引丁, 難云木火通明, 冬丁有甲, 雖水多金多, 可稱上格, 得庚透天干, 科甲有準, 卽非科甲, 亦儒雅風流, 見己則否, 己多合甲, 便是常人

或一丙奪丁, 賴支水破之, 加以支金發水之源, 官高權重, 無金水, 無用之人, 或有金無水, 貧寒之士, 有壬無金, 又主淸貴

或時月二壬爭合, 取戊破之, 有戊主小富貴, 無戊常人, 戊藏得位, 不失衣衿

或二丙奪丁, 得癸出干, 支又帶合, 金水得所, 異途重職, 此格極驗, 卽無癸出干, 亦有能秀才

或仲冬金旺水多, 全無比印, 作棄命從煞論, 大貴

比印破格, 常人, 且主骨肉浮雲, 六親流水, 或戊出破癸, 多賢兄弟, 六親有力, 此格用戊, 火妻土子

或四柱丙火太多, 又用癸破之, 用癸者, 金妻水子

■ 丑月 丁火

丑月	甲	庚	庚金劈甲引丁, 甲木爲尊, 庚金爲佐. 上格
	甲	藏干, 庚	如有嫡母, 可秋可冬.貴格
	丙	藏干, 庚	一丙奪丁, 賴支水破之, 加以支金發水之源, 官高權重
			→ 丁火는 昭融하여 丙火가 불꽃을 도우면 財官을 기뻐한다. 寒暖燥濕의 처리는 藏干이 出干에 영향력을 행사한다.
		戊	水旺用戊. 小貴
	敗		無甲無庚

三冬丁火微寒, 專用甲庚, 庚乃甲之良友, 用甲木, 庚不可少, 無庚不能劈甲, 無甲何以引丁, 難云木火通明, 冬丁有甲, 雖水多金多, 可稱上格, 得庚透天干, 科甲有準, 卽非科甲, 亦儒雅風流, 見己則否, 己多合甲, 便是常人

或一丙奪丁, 賴支水破之, 加以支金發水之源, 官高權重, 無金水, 無用之人, 或有金無水, 貧寒之士, 有壬無金, 又主清貴

或時月二壬爭合, 取戊破之, 有戊主小富貴, 無戊常人, 戊藏得位, 不失衣衿

或二丙奪丁, 得癸出干, 支又帶合, 金水得所, 異途重職, 此格極驗, 卽無癸出干, 亦有能秀才

或仲冬金旺水多, 全無比印, 作棄命從煞論, 大貴

比印破格, 常人, 且主骨肉浮雲, 六親流水, 或戊出破癸, 多賢兄弟, 六親有力, 此格用戊, 火妻土子

或四柱丙火太多, 又用癸破之, 用癸者, 金妻水子

■ 戊土

生月	用神 一線	用神 二線	看法 摘要

*** Focus**

→ 陽光 丙火의 佩印은 文武 모두 이롭고, 雨露 癸水의 滋潤으로 生意가 充滿해진다.

→ 戊土의 富貴는 無丙不生, 無甲不靈, 無癸不長으로 丙甲癸 三字의 調和가 關鍵이다.

**** Notice**

→ 午月에는 癸水가 微弱하여 壬水를 先用한다.

→ 酉月에는 秋土生金을 主眼삼아 甲木의 疏土는 不必하다.

→ 亥子丑月에는 水旺하니 癸水를 取하지 않는다.

■ 寅月 戊土

寅月	丙	甲, 支濕	無丙照暖, 戊土不生, 戊甲疏劈, 戊土不靈. 上格
			→ 三春 戊土는 丙甲癸 세 글자의 조화로 富貴가 확정된다. 丙火의 暖이 없으면 不生하고, 甲木이 疏土하지 않으면 不靈하며, 癸水로 滋潤하지 않으면 萬物이 不長한다. 즉 三春 戊土는 丙甲癸 三字가 모두 透하면 富貴가 極品에 이른다.
	丙	癸	無癸滋潤, 萬物不長. 貴格
			→ 丙癸는 不晴不雨의 象으로 대개 좋지 않은 十干 調合이 되지만, 봄철에는 丙火가 得令하여 旺하므로 不晴不雨는 佳命을 이룬다.
		癸	甲丙兩藏, 有癸異途. 秀命
	甲	庚	殺逢食制. 貴格
			丙火不透, 成敗頻煩. 凡命
	敗		癸水全無, 春旱. 困命
			官殺混雜無制

正二月宜先透丙, 三月宜先透甲, 蓋正二月雖有癸甲, 無丙亦難除寒氣, 如風雨淹淹, 萬物生而不長, 故無丙者, 一生成敗, 富貴艱辛, 或有丙無癸甲者, 名曰春旱, 如萬物生而多厄, 無甲癸者, 一生勤苦, 勞而無功

或一派丙火, 有甲欠癸, 先泰後否, 或支成火局, 不見壬癸, 僧道孤貧, 癸透者貴, 壬透者富, 用壬者, 要看水之多少

或一派甲木, 無丙, 常人, 得一庚透, 主富貴, 或支成木局, 甲又出干, 又有庚透, 定主科甲, 富貴非常

或無庚金, 不見比印, 不作從煞論, 非大惡遭凶, 定作盜賊, 若日下坐午, 不得善終

或一派乙木, 名權官會黨, 卽有庚從, 亦難制乙, 此人內奸外直, 口是心非, 難與交遊, 加一甲在內, 無庚, 必懶惰自甘, 貪心無厭, 或丙多木多, 宜以癸庚參用

■ 卯月 戊土

卯月	丙	甲, 支濕	無丙照暖, 戊土不生, 戊甲疏劈, 戊土不靈. 上格
			→ 三春 戊土는 丙甲癸 세 글자의 조화로 富貴가 확정된다. 丙火의 暖이 없으면 不生하고, 甲木이 疏土하지 않으면 不靈하며, 癸水로 滋潤하지 않으면 萬物이 不長한다. 즉 三春 戊土는 丙甲癸 三字가 모두 透하면 富貴가 極品에 이른다.
	丙	癸	無癸滋潤, 萬物不長. 貴格
			→ 丙癸는 不晴不雨의 象으로 대개 좋지 않은 十干 調合이 되지만, 봄철에는 丙火가 得令하여 旺하므로 不晴不雨는 佳命을 이룬다.
		癸	甲丙俱藏. 有癸異途. 秀命
	甲	庚	殺逢食制. 貴格
			丙火不透, 成敗頻煩. 凡命
	敗		癸水全無, 春旱. 困命
			官殺混雜無制

正二月宜先透丙, 三月宜先透甲, 蓋正二月雖有癸甲, 無丙亦難除寒氣, 如風雨淹淹, 萬物生而不長, 故無丙者, 一生成敗, 富貴艱辛, 或有丙無癸甲者, 名曰春旱, 如萬物生而多厄, 無甲癸者, 一生勤苦, 勞而無功

或一派丙火, 有甲欠癸, 先泰後否, 或支成火局, 不見壬癸, 僧道孤

貧, 癸透者貴, 壬透者富, 用壬者, 要看水之多少

或一派甲木, 無丙, 常人, 得一庚透, 主富貴, 或支成木局, 甲又出干, 又有庚透, 定主科甲, 富貴非常

或無庚金, 不見比印, 不作從煞論, 非大惡遭凶, 定作盜賊, 若日下坐午, 不得善終

或一派乙木, 名權官會黨, 即有庚從, 亦難制乙, 此人內奸外直, 口是心非, 難與交遊, 加一甲在內, 無庚, 必懶惰自甘, 貪心無厭, 或丙多木多, 宜以癸庚參用

■ 辰月 戊土

辰月	甲	丙	戊土司令, 先用甲疏, 次丙、次癸. 上格
			→ 三春 戊土는 丙甲癸 세 글자의 조화로 富貴가 확정된다. 丙火의 暖이 없으면 不生하고, 甲木이 疏土하지 않으면 不靈하며, 癸水로 滋潤하지 않으면 萬物이 不長한다. 즉 三春 戊土는 丙甲癸 三字가 모두 透하면 富貴가 極品에 이른다.
	甲	庚	殺逢食制. 貴格
	丙	癸	丙癸透者, 甲木俱藏. 小貴富格
		癸	甲丙俱藏. 有癸異途. 秀命
			丙火不透, 成敗頻煩. 凡命
			癸水不透, 旱田. 先富後貧
	敗		官殺混雜無制

三月戊土司令, 不見甲癸丙者, 貧賤無用之人, 癸透主科甲, 丙透者主廩貢衣衿, 丙透甲藏, 無癸者富, 有癸者異途顯達

若丙多無癸旱田豈能播種, 此先富後貧之造, 或火多有壬透者, 先貧後富, 癸透先賤後貴, 壬藏止有衣祿, 不過食足, 癸藏止有才能, 不過名傳, 壬癸俱藏, 一生豊足, 只要運美, 或支成火局, 得癸透者, 富貴逸獲, 壬透富貴難成, 何也, 癸乃天上甘霖, 所以自然, 壬乃江湖波浪, 所以勉强, 故有勞逸之殊

支成木局, 又甲乙出干, 此名官殺會黨, 官殺無去留之義, 得一庚透, 掃除官殺, 必小富貴, 無庚乃祿淺之人, 雖能聚財, 屢遭禍退, 不能承受, 宜用火洩木氣, 有一命, 丁未 癸卯 戊寅 乙卯, 此官殺無去留之義, 幸丁火出干, 加以戊癸化火, 將甲木暗焚, 反得武科探花

或木多無比印, 作從煞論, 主大富貴, 或有比印, 又須於月時取癸水以成貴格, 無癸無火無金, 名爲土木自戰, 主腹中疾病, 憂愁艱苦, 終無大用

用甲者, 水妻木子, 子肖, 用丙者, 木妻火子, 妻賢

■ 巳月 戊土

巳月	甲	丙, 支濕	戊土建祿, 先用甲疏劈, 眞神得時, 廊廟之才. 上格 → 巳月 戊土는 外實內虛로 寒氣가 내재되어 火炎을 꺼리지 않는다.
	丙	癸	丙透癸出, 科甲. 貴格
	癸	金局	土潤生金, 奇格. 貴格
	癸	藏干, 壬	印多用財. 富格
	丙	支濕	調化氣潤. 富格
	敗		火炎土操, 壬癸全無, 孤貧

四月戊土, 陽氣外發, 寒氣內藏, 外實內虛, 不畏火炎, 無陽氣相催, 萬物不長, 故先取甲木疏劈, 次取丙癸佐之

丙透甲出, 廊廟之材, 丙癸俱透, 科甲之士, 卽透一位, 支藏得所, 終非白丁

若一派丙火, 爲火炎土燥, 僧道孤貧, 得一癸透壬藏, 富貴有準, 或支藏一癸制丙, 衣食充足, 骨肉無刑

化合成局無破, 富貴非輕

或支成金局, 干出癸水, 此爲奇格, 正是土潤金生, 不但主大富貴, 且經綸智勇咸備

用癸水者, 金妻水子, 子肖, 妻賢能

■ 午月 戊土

午月	壬	甲	調候爲急, 先用壬水, 次取甲木, 君臣慶會. 上格
			→ 午月 戊土는 壬水가 適水로 癸水는 用神으로 微弱하다.
	壬	藏干, 甲	山明水秀. 貴格
	壬	申	見長流水. 貴格
	庚	支濕	印用食傷. 貴格
		甲	水氣全無, 土旺, 火土氣勢純粹, 羊刃倒戈. 貴命
	敗		火局, 癸水無用, 眼疾
			木火危中, 不見滴水, 孤貧
			火炎土操, 壬癸全無, 孤貧

五月戊土, 火炎土燥, 先看壬水, 次取甲木, 丙火酌用, 用癸恐其力微

壬甲兩透, 名君臣慶會, 權重位顯, 加以辛出年干, 官居極品, 如一命 辛未 甲午 戊寅 壬子, 壬甲兩透, 印旺殺高, 出將入相, 名播四夷

若支成火局, 雖有癸水, 不能大濟, 杯水難濟車薪也, 人命合此, 卽好學不倦, 終不成名, 中年且主目疾, 若得壬水出干, 雖不見甲, 富貴聲名並美, 且爲斯文領袖, 經綸滿腹, 壬藏, 不過秀才, 土出, 常人

又或木火重重, 全無滴水, 僧道孤貧之輩

用壬者, 金妻水子

■ 未月 戊土

未月	癸	甲	調候爲急, 癸不可缺, 土重不能無甲. 上格
	癸	丙	癸丙兩透, 科甲中人. 貴格
			→ 大暑 이후 金水進氣하므로 丙火 配用한다.
	壬	丙	印綬用財. 貴格
	甲	丙, 支濕	印綬用殺, 俊傑. 貴格
	癸	辛	傷官生財. 富格
	敗		無癸丙甲

六月戊土, 遇夏乾枯, 先看癸水, 次用丙火甲木

得甲癸丙齊透, 科甲有準, 卽風土不及, 亦主貢監生員, 或有癸無丙, 得見甲可許秀才, 甲不見, 不過畧富, 或有丙無癸, 假道斯文, 衣祿頗足, 或癸透辛出, 以刀筆之才, 可謀異路, 稍有富貴, 無癸辛及丙者, 常人, 若又無甲, 貧賤, 勿問妻子

或土多, 得一甲出干, 無庚, 爲人作事軒昂, 敦厚誠確, 好名好利, 卽不顯揚, 亦豪傑之人

用癸者, 金妻水子, 用丙者, 木妻火子, 用甲者, 水妻木子

■ 申月 戊土

申月	丙	癸	賴丙照暖, 喜水滋潤. 上格
	丙	藏干, 癸	日出東山. 貴格
	丙	甲	土多甲制. 貴格
	癸	甲, 支燥	異途發展. 貴格
	敗		無癸丙甲

七月戊土, 陽氣漸入, 寒氣漸出, 先丙後癸, 甲木次之

丙癸甲透者, 富貴極品, 丙透癸藏, 可期一榜, 壬透丙藏, 終成選拔, 丙甲兩透, 癸水會局藏辰, 斯文領袖, 思慮明通, 卽風土不及, 亦不失富貴, 威鎭三邊, 無丙得癸甲透者, 清操雅度, 家富千金, 異途顯達, 無癸甲者常人, 有丙火者, 妻子全, 妻賢子肖, 無癸又無丙甲, 無用之人, 勿問妻子

或支成水局, 勿作棄命從財論, 宜取甲洩水氣, 甲透者, 稍有富貴, 多能, 且處世圓通, 甲藏, 有厚道三多, 用神妻子同前

■ 酉月 戊土

酉月	丙	癸	金洩身寒, 先丙後癸賴. 上格
	癸	辛, 支燥	土金傷官秀氣. 貴格 → 酉月 戊土는 秋土生金하여 土가 매우 弱하므로 甲木을 用하지 않는다. 戊土의 用法에서 不必木疏는 酉月이 유일하다.
	癸	藏干, 丙	癸透丙藏, 富中取貴. 貴格
	丙 丁	藏干, 癸	丙透癸藏, 小貴
	敗		全無丙癸

八月戊土, 金洩身寒, 賴丙照暖, 喜水滋潤, 先丙後癸, 不必木疏

丙癸兩透, 科甲有準, 丙透癸藏, 稍有富貴, 癸透丙藏, 富中取貴, 丙透無癸, 不過秀才, 癸透無丙, 不過能人, 丙藏不透, 又無癸水, 或癸多不透, 不見丙火, 俱係常人, 無丙無癸, 無用之人

或四柱皆辛, 無丙丁, 此名土金傷官, 聰明淡雅, 功名不利於文, 定利於武, 得見癸水, 富而且貴

或支成水局, 壬癸出干, 爲財多身弱, 朱門餓莩, 富屋貧人, 愚懦無能, 鄙吝終身, 若天干有比劫分散財神, 頗有衣祿

秋土生金極弱, 須丙火丁火出干方妙, 或辛多無火制之, 人生淸貴之格, 此理極驗, 用神妻子同前

■ 戌月 戊土

戌月	甲	癸	戊土當權, 先用甲木, 次取癸水, 財滋弱殺. 貴格
	甲	丙, 支濕	先甲木, 次癸水, 後丙火, 配合支干, 定發雲程. 貴格
		甲	無癸無丙, 名利虛像. 秀命
	癸	藏干, 甲	祿劫用財, 小富
	敗		全無甲木, 貧寒

九月戊土當權, 取癸爲妙, 不必用丙, 却忌戊與癸合, 先看甲木, 次取癸水, 再取丙火配合支干, 方成有生之土, 合此定發雲程, 科甲有準

或無丙有癸, 不見甲木出干, 衣祿小富, 有甲無癸丙者, 衣祿能人, 有丙癸無甲者, 貧苦, 癸甲全無, 雖有丙火, 亦衣祿無聊, 非僧道卽一生只可傍人度活

或支成水局, 壬癸透干, 用戊止流, 有比透反主富

支成火局, 名土燥不發, 得金水兩透, 此人淸高, 畧可富貴, 無水一生困苦, 妻子同前

■ 亥月 戊土

亥月	甲	丙	非甲不靈, 非丙不暖. 上格
	丙		一丙高透. 貴格
	庚	丁	有火有爐, 刀筆異途. 貴格
	壬	戊	富中取貴. 富格
		丙	庚金暗藏. 秀命
			庚破甲木. 凡命
			甲丙兩藏, 不見庚丁. 富命
	敗		甲丙全困
			全無丙甲

十月戊土, 時値小陽, 陽氣畧出, 先用甲木, 次取丙火, 非甲土不靈, 非丙土不暖, 安能發生萬物

甲丙兩出, 科甲有準, 或甲坐長生, 水居祿地, 加以一丙高透, 亦必受職揚名, 支見庚多, 不過秀才, 庚多破甲, 常人

四柱無庚, 須甲藏亥中, 但有丙火高透, 亦主科甲, 或有庚金, 又有丁火破之, 主權位並通, 異途刀筆

或不見庚丁, 雖甲丙俱藏支下, 用神最淸, 亦主富貴, 丙甲兩困, 下格, 無丙僧道孤貧

壬透得戊救丙, 主富中取貴

■ 子月 戊土

<table>
<tr><td rowspan="7">子月</td><td rowspan="2">丙</td><td rowspan="2">甲</td><td>嚴寒氷凍, 丙火爲尙. 甲木爲佐. 貴格</td></tr>
<tr><td>→ 子丑月의 嚴凍에는 調候가 時急하여 火盛해야 財官을 감당할 수 있다. 까닭에 火重이 凶하지 않다. 丙이 두 개 出해야 진정한 富貴를 논할 수 있고, 丙이 없으면 食財官 모두 쓸모가 없다.</td></tr>
<tr><td>丙</td><td>藏干, 甲</td><td>財格透印. 貴格</td></tr>
<tr><td>甲</td><td>藏干, 丙</td><td>財旺生殺, 小貴</td></tr>
<tr><td></td><td>丙</td><td>有丙無甲, 豪富</td></tr>
<tr><td colspan="2" rowspan="2">敗</td><td>有甲無丙, 貧孤</td></tr>
<tr><td>無丙無甲, 下賤</td></tr>
</table>

十一二月嚴寒冰凍, 丙火爲尊, 甲木爲佐

或一派丙火, 運値二陽之際, 加以丙透, 弱中變强, 得一壬透干, 淸高而富, 且富中取貴, 無壬水者, 僧道孤寡

或土水寒滯, 不見一丙, 得一巳字, 亦不失交遊義氣之人

或一派壬水, 不見比劫, 作從財論, 名利因人而得

若有比劫多, 見甲出大富, 但土寒水寒, 有甲無丙丁, 亦外實內歉之人, 如戊寅 甲子 戊辰 戊午, 得甲丙爲用, 但戊多晦火, 不能成名, 奸吝飽暖, 暗惹人嫌

或二癸透月時, 名爲爭合, 雖有餘錢, 勞碌之人, 得丙己出干, 制癸, 爲忠義之士, 舍己從人

年月辛金者, 又屬土金傷官, 異路功名可許, 以金爲妻, 水爲子

■ 丑月 戊土

<table>
<tr><td rowspan="7">丑月</td><td rowspan="2">丙</td><td rowspan="2">甲</td><td>嚴寒氷凍, 丙火爲專. 甲木爲佐. 貴格</td></tr>
<tr><td>→ 子丑月의 嚴凍에는 調候가 時急하여 火盛해야 財官을 감당할 수 있다. 까닭에 火重이 凶하지 않다. 丙이 두 개 出해야 진정한 富貴를 논할 수 있고, 丙이 없으면 食財官 모두 쓸모가 없다.</td></tr>
<tr><td>丙</td><td>藏干, 甲</td><td>財格透印. 貴格</td></tr>
<tr><td>甲</td><td>藏干, 丙</td><td>財旺生殺, 小貴</td></tr>
<tr><td></td><td>丙</td><td>有丙無甲, 豪富</td></tr>
<tr><td colspan="2" rowspan="2">敗</td><td>有甲無丙, 貧孤</td></tr>
<tr><td>無丙無甲, 下賤</td></tr>
</table>

十一二月嚴寒冰凍, 丙火爲尊, 甲木爲佐

或一派丙火, 運値二陽之際, 加以丙透, 弱中變强, 得一壬透干, 淸高而富, 且富中取貴, 無壬水者, 僧道孤寡

或土水寒滯, 不見一丙, 得一巳字, 亦不失交遊義氣之人

或一派壬水, 不見比劫, 作從財論, 名利因人而得

若有比劫多, 見甲出大富, 但土寒水寒, 有甲無丙丁, 亦外實內歉之人, 如戊寅 甲子 戊辰 戊午, 得甲丙爲用, 但戊多晦火, 不能成名, 奸吝飽暖, 暗惹人嫌

或二癸透月時, 名爲爭合, 雖有餘錢, 勞碌之人, 得丙己出干, 制癸, 爲忠義之士, 舍己從人

年月辛金者, 又屬土金傷官, 異路功名可許, 以金爲妻, 水爲子

■ 己土

生月	用神 一線	用神 二線	看法 摘要

*** Focus**

→ 己土 田園은 丙火로 따뜻하게 하면 萬物을 生하나, 壬水가 泛濫하면 播種이 不可하다.

→ 丙火로 溫土하고, 癸水로 潤土하면 己土의 精神을 補하여 富貴를 이룬다.

**** Notice**

→ 卯月에는 陽氣가 盛하여 財官을 用하는 것이 正法으로 丙火를 먼저 取하지는 않는다.

→ 亥子丑月에는 濕泥가 寒冬하므로 癸水를 用하지 않는다.

■ 寅月 己土

寅月	丙	癸	用丙暖助, 取癸潤澤. 上格
			→ 三春 己土는 甲丙癸가 모두 透하면 富貴格을 이루고, 어느 것 하나라도 없으면 佳命이 되지 못한다.
	丙		取丙解寒. 富格
			→ 己土는 본성이 寒濕하여 癸水가 없어도 格을 이룬다.
		戊	壬水戊制. 富格
		甲	土多用甲. 貴格
		庚	甲多用庚, 貴格
			→ 寅月 己土는 庚金만 透하면 衣衿은 잃지 않는다.
		丁	甲多, 官印相生. 小貴
			無甲乙見. 奸命
	敗		甲多無庚. 好吃懶做, 殘疾廢人
			陀泥帶水, 忌見壬水無制

正月寒氣未退, 田園猶凍, 丙暖爲尊, 得丙照暖, 萬物自生, 忌見壬水, 蓋壬不爲丙憂, 反爲己病, 何也, 壬如長河泛濫, 田園浸沒, 急須修隄岸, 田園始得播種, 須戊作隄, 以保園圃, 八字壬多見戊者, 定主淸雅富貴, 無戊便是常人

或一派甲木, 有庚出干, 加以癸丙齊透, 配合中和, 科甲有準, 名利雙全, 即丙生寅月, 庚出天干,亦不止衣衿, 甲多無庚, 好吃懶做, 殘疾廢人, 須有丁洩, 可以小救

或一派丙丁, 全不見水, 亦爲無礙, 何也, 正月己土寒濕, 火盛反主厚祿, 加一癸透, 科甲極品, 戊透, 反作常人

凡寅中戊土, 本爲甲制難伸, 只丙火有力, 雖不出干, 亦有妙處, 或一派戊土, 宜甲出制, 又主榮顯

如見乙出, 雖多不能疏土, 用乙者, 奸詐小人

■ 卯月 己土

卯月	甲	癸, 支燥	田園未展, 宜先取甲木疏之, 忌合, 次取癸水潤之. 貴格
			→ 卯月에는 春月이 깊어지는 때로 陽氣가 盛하여 丙火를 먼저 用하지 않는다. 다만 이때 丙火 印綬로 配合하면 權勢가 매우 높아지고, 없으면 곤란하다.
	甲	壬	見壬水富貴稍輕
	庚	木局	支成木局, 庚透富貴
	甲	木局	而無比印, 必作從殺論, 貴格
		丙	丙透有小富, 丙藏衣祿無虧
			見庚制甲, 常人
			壬水剋火, 常人
			戊癸合去, 常人
	敗		無甲癸丙, 下格
			無丙貧寒

二月己土, 陽氣漸升, 雖禾稼未成, 萬物發生, 但田園未展, 宜先取甲木疏之, 忌合, 次取癸水潤之

甲癸出干, 定主科甲, 加以丙火一位, 官居極品, 權重百僚, 見壬水富貴稍輕, 或見庚制甲, 壬水戊土重重, 便是常人, 丙透猶有小富, 丙藏衣祿無虧, 無丙貧寒

或支成木局, 庚透富貴, 若柱多乙木, 乙又出干, 庚必輪情於乙妹, 不能掃邪歸正, 此必狡詐之徒, 運入東南, 不死必起不良, 須用丁洩之, 有丁者小人而已, 不致無良

二月木旺秉令, 支成亥卯未木局, 或全寅卯辰東方, 而無比印, 則必作從煞論, 甲木透出, 爲妻從 夫化從木, 亦作從煞論

若柱中甲癸丙俱無, 下格, 妻子同前

■ 辰月 己土

辰月	병 丙	갑 甲	정 재 배 화 가 지 시 선 병 후 계 토 난 이 윤 수 용 갑 소 귀 격 正栽培禾稼之時, 先丙後癸, 土暖而潤, 隨用甲疏. 貴格
			→ 三春(삼춘) 己土(기토)는 甲丙癸(갑병계)가 모두 透(투)하면 富貴格(부귀격)을 이루고, 어느 것 하나라도 없으면 佳命(가명)이 되지 못한다.
	병 丙	계 癸	병 계 무 갑 역 계 재 인 능 사 丙癸無甲, 亦係才人能士
		병 丙	유 병 무 계 역 가 치 부 有丙無癸, 亦可致富
		갑 甲	병 무 양 투 귀 격 丙戊兩透, 貴格
			→ 辰月(진월) 己土(기토)에 丙戊(병무)가 透(투)하면 戊土(무토)와 같다. 甲木(갑목)으로 疏土(소토)하지 않으면 不靈(불령)하다.
	패 敗		용 병 견 임 用丙見壬
			계 투 무 제 癸透戊制
			용 갑 경 금 用甲庚金
			병 계 무 갑 역 계 재 인 능 사 丙癸無甲, 亦係才人能士
			병 계 전 무 류 속 지 배 丙癸全無, 流俗之輩
			일 파 을 목 무 금 제 복 빈 천 요 절 一派乙木, 無金制伏, 貧賤夭折

三月己土, 正栽培禾稼之時, 先丙後癸, 令土暖而又潤, 復用甲疏之三者俱透天干, 官居極品, 合此不驗, 風土之薄也, 或三者透一, 亦主富貴, 但要得所, 無制, 用丙忌壬透, 用癸忌比肩透, 用甲忌庚透

或有丙無癸, 亦可致富, 但不貴耳, 有癸無甲丙, 亦有衣衿, 不至於賤, 但平常耳, 有丙癸無甲, 亦係才人能士, 丙癸全無, 流俗之輩

或一派乙木, 無金制伏, 貧賤夭折, 妻子同前

■ 巳月 己土

巳月	癸	丙, 支濕	調候不能無癸, 土潤不能無丙, 上格
			→ 夏月의 뜨거운 계절에도 丙火를 用하는 것은 禾稼가 뜨거울수록 더 성장하기 때문이다. 이때 辛金이 癸水를 發하면 富貴가 極品에 이른다.
	丙	辛, 支濕	水火旣濟, 科甲有準, 貴格
	壬	丙	有丙無癸, 有壬亦可, 但不大發
		癸	有癸無丙亦好, 卽不科甲
	敗		一派丙火烈烈, 加以丁火制金, 有癸無根, 貧寒鰥孤
			不得庚辛生水, 水被土剋, 不爲鰥孤, 必犯目疾心腎之災
			支成火局, 無水, 僧道孤貧

三夏己土, 時値禾稼在田, 急須甘露爲潤, 取癸爲要, 次用丙火, 夏炎用丙何也, 夏無太陽, 禾稼不長, 愈炎愈長, 故無癸曰旱田, 無丙曰孤陰

丙癸兩透, 又加辛金發癸之源, 富貴極品, 戊出干則傷癸晦丙, 不可

不辨, 或丙火上炎, 支藏癸水, 又見辛金生之, 名水火旣濟, 科甲有準, 或有癸無丙亦好, 卽不科甲, 亦高才選拔之士, 有丙無癸, 有壬亦可, 但不大發

或一派丙火烈烈, 加以丁火制金, 有癸無根, 如七八月間之旱, 則苗槁矣, 貧寒鰥孤, 有子難成, 有衣祿難久

或有甲木, 又加丙丁重重, 無滴水解炎, 則偏枯已極, 孤貧到老, 卽有壬解, 不得庚辛生水, 水被土剋, 不爲鰥孤, 必犯目疾心腎之災, 有庚辛生水, 富貴非輕

如己巳 己巳 己巳 戊辰, 乃富蓋都城, 何也, 己生初夏, 丙多, 戊己又多, 妙得三庚生起辰中癸水, 加之胎元庚申, 如破碣之水, 不爲旱田矣, 故運行西北, 橫財無數, 得於六親, 且多子有壽, 非偶然也

或支成火局, 無水, 僧道孤貧, 或癸透有源, 富而有貴, 壬透有源, 富而不貴, 且須好運方發, 或見壬癸兩透, 破丁火局, 潤己爲濕泥, 靈機四發, 事理皆通, 富貴皆從巧中得來, 正謂死水不剋靈變, 火土和濕爲佳

用癸者, 金妻水子, 用丙者, 木妻火子

■ 午月 己土

午月	癸	丙, 支濕	調候不能無癸, 土潤不能無丙, 上格
			→ 夏月의 뜨거운 계절에도 丙火를 用하는 것은 禾稼가 뜨거울수록 더 성장하기 때문이다. 이때 辛金이 癸水를 發하면 富貴가 極品에 이른다.
	丙	辛, 支濕	水火旣濟, 科甲有準, 貴格
	壬	丙	有丙無癸, 有壬亦可, 但不大發

<table>
<tr><td rowspan="4">午月</td><td></td><td>계
癸</td><td>유계무병역호 즉불과갑
有癸無丙亦好，卽不科甲</td></tr>
<tr><td colspan="2" rowspan="3">패
敗</td><td>일파병화렬렬 가이정화제금 유계무근 빈
一派丙火烈烈，加以丁火制金，有癸無根，貧
한환고
寒鰥孤</td></tr>
<tr><td>불득경신생수 수피토극 불위환고 필범목
不得庚辛生水，水被土剋，不爲鰥孤，必犯目
질심신지재
疾心腎之災</td></tr>
<tr><td>지성화국 무수 승도고빈
支成火局，無水，僧道孤貧</td></tr>
</table>

三夏己土，時値禾稼在田，急須甘露爲潤，取癸爲要，次用丙火，夏炎用丙何也，夏無太陽，禾稼不長，愈炎愈長，故無癸曰旱田，無丙曰孤陰

丙癸兩透，又加辛金發癸之源，富貴極品，戊出干則傷癸晦丙，不可不辨，或丙火上炎，支藏癸水，又見辛金生之，名水火旣濟，科甲有準，或有癸無丙亦好，卽不科甲，亦高才選拔之士，有丙無癸，有壬亦可，但不大發

或一派丙火烈烈，加以丁火制金，有癸無根，如七八月間之旱，則苗槁矣，貧寒鰥孤，有子難成，　有衣祿難久

或有甲木，又加丙丁重重，無滴水解炎，則偏枯已極，孤貧到老，卽有壬解，不得庚辛生水，水被土剋，不爲鰥孤，必犯目疾心腎之災，有庚辛生水，富貴非輕

如己巳 己巳 己巳 戊辰，乃富蓋都城，何也，己生初夏，丙多，戊己又多，妙得三庚生起辰中癸水，加之胎元庚申，如破碣之水，不爲旱田矣，故運行西北，橫財無數，得於六親，且多子有壽，非偶然也

或支成火局，無水，僧道孤貧，或癸透有源，富而有貴，壬透有源，富而不貴，且須好運方發，或見壬癸兩透，破丁火局，潤己爲濕泥，靈機四發，事理皆通，富貴皆從巧中得來，正謂死水不剋靈變，火土和濕爲佳

用癸者，金妻水子，用丙者，木妻火子

■ 未月 己土

<table>
<tr><td rowspan="8">未月</td><td rowspan="2">癸</td><td rowspan="2">丙, 支濕</td><td>調候不能無癸, 土潤不能無丙, 上格</td></tr>
<tr><td>→ 夏月의 뜨거운 계절에도 丙火를 用하는 것은 禾稼가 뜨거울수록 더 성장하기 때문이다. 이때 辛金이 癸水를 發하면 富貴가 極品에 이른다.</td></tr>
<tr><td>丙</td><td>辛, 支濕</td><td>水火既濟, 科甲有準, 貴格</td></tr>
<tr><td>壬</td><td>丙</td><td>有丙無癸, 有壬亦可, 但不大發</td></tr>
<tr><td></td><td>癸</td><td>有癸無丙亦好, 卽不科甲</td></tr>
<tr><td colspan="2" rowspan="3">敗</td><td>一派丙火烈烈, 加以丁火制金, 有癸無根, 貧寒鰥孤</td></tr>
<tr><td>不得庚辛生水, 水被土剋, 不爲鰥孤, 必犯目疾心腎之災</td></tr>
<tr><td>支成火局, 無水, 僧道孤貧</td></tr>
</table>

三夏己土, 時値禾稼在田, 急須甘露爲潤, 取癸爲要, 次用丙火, 夏炎用丙何也, 夏無太陽, 禾稼不長, 愈炎愈長, 故無癸曰旱田, 無丙曰孤陰

丙癸兩透, 又加辛金發癸之源, 富貴極品, 戊出干則傷癸晦丙, 不可不辨, 或丙火上炎, 支藏癸水, 又見辛金生之, 名水火既濟, 科甲有準, 或有癸無丙亦好, 卽不科甲, 亦高才選拔之士, 有丙無癸, 有壬亦可, 但不大發

或一派丙火烈烈, 加以丁火制金, 有癸無根, 如七八月間之旱, 則苗槁矣, 貧寒鰥孤, 有子難成, 有衣祿難久

或有甲木, 又加丙丁重重, 無滴水解炎, 則偏枯已極, 孤貧到老, 卽有壬解, 不得庚辛生水, 水被土剋, 不爲鰥孤, 必犯目疾心腎之災, 有庚辛生水, 富貴非輕

如己巳 己巳 己巳 戊辰, 乃富蓋都城, 何也, 己生初夏, 丙多, 戊己又多, 妙得三庚生起辰中癸水, 加之胎元庚申, 如破碣之水, 不爲旱田矣, 故運行西北, 橫財無數, 得於六親, 且多子有壽, 非偶然也

或支成火局, 無水, 僧道孤貧, 或癸透有源, 富而有貴, 壬透有源, 富而不貴, 且須好運方發, 或見壬癸兩透, 破丁火局, 潤己爲濕泥, 靈機四發, 事理皆通, 富貴皆從巧中得來, 正謂死水不剋靈變, 火土和濕爲佳

用癸者, 金妻水子, 用丙者, 木妻火子

■ 申月 己土

<table>
<tr><td rowspan="5">申月</td><td>병
丙</td><td>계
癸</td><td>병 화 온 토 계 수 윤 토 귀 격
丙火溫土, 癸水潤土, 貴格</td></tr>
<tr><td>병
丙</td><td>임
壬</td><td>임 병 양 투 무 계 이 도 현 직 혹 무 직 권 고 귀 격
壬丙兩透, 無癸, 異途顯職, 或武職權高, 貴格</td></tr>
<tr><td rowspan="2"></td><td>임
壬</td><td rowspan="2">무 병 자 일 방 능 사 의 식 충 족 이 이 소 유 부 이 불 귀
無丙者, 一方能士, 衣食充足而已, 小有富而不貴</td></tr>
<tr><td>계
癸</td></tr>
<tr><td></td><td>병
丙</td><td>무 임 계 가 도 사 문
無壬癸, 假道斯文</td></tr>
<tr><td></td><td colspan="2">패
敗</td><td>무 병 무 수
無丙無水</td></tr>
</table>

三秋己土, 萬物收藏之際, 內實外虛, 寒氣漸升, 須丙火溫之, 癸水潤之, 不特此也, 且癸能洩金, 丙能制金, 補土精神, 則秋生之物, 盛茂如春夏

先透癸, 次透丙, 自當雁塔題名, 權重百僚, 壬丙兩透, 無癸, 異途顯職, 或武職權高, 有丙火, 無壬癸, 假道斯文, 終無誠實, 有壬癸, 無丙者, 一方能士, 衣食充足而已, 小有富而不貴

或支四庫, 甲透者富, 乏甲者, 僧道貧賤, 或甲出見癸, 不見庚傷, 厚培元氣, 可期科甲, 不貴, 風土之薄也

或支成火局, 無水爲救, 奸詐凶惡之徒, 或丙透癸藏, 遇金生之, 頗有選拔, 不止衣衿, 加一壬輔癸, 富貴雙全, 且有慷慨才略, 見戊便遭凶厄, 且貧賤

三秋支成金局, 無丙丁出救, 此人單寒孤苦, 如得丙丁, 生己元神, 五福俱集, 富貴非輕, 卽風土不及, 亦不失巨族英才, 人中豪傑

總之三秋己土, 先丙後癸, 取辛輔癸, 九月土盛, 宜用甲木疏之, 餘須酌用

■ 酉月 己土

酉月	병 丙	계 癸	병화온토 계수윤토 귀격 丙火溫土, 癸水潤土, 貴格
	병 丙	임 壬	임병양투 무계 이도현직 혹무직권고 귀격 壬丙兩透, 無癸, 異途顯職, 或武職權高, 貴格
		임 壬 계 癸	무병자 일방능사 의식충족이이 소유부이불귀 無丙者, 一方能士, 衣食充足而已, 小有富而不貴
	계 癸	금국 金局	지성금국 계투 대부 支成金局, 癸透, 大富
		병 丙	무임계 가도사문 無壬癸, 假道斯文
	패 敗		무병무수 無丙無水

三秋己土, 萬物收藏之際, 內實外虛, 寒氣漸升, 須丙火溫之, 癸水潤之, 不特此也, 且癸能洩金, 丙能制金, 補土精神, 則秋生之物, 盛茂如春夏

先透癸, 次透丙, 自當雁塔題名, 權重百僚, 壬丙兩透, 無癸, 異途顯職, 或武職權高, 有丙火, 無壬癸, 假道斯文, 終無誠實, 有壬癸, 無丙者, 一方能士, 衣食充足而已, 小有富而不貴

或支四庫, 甲透者富, 乏甲者, 僧道貧賤, 或甲出見癸, 不見庚傷, 厚培元氣, 可期科甲, 不貴, 風土之薄也

或支成火局, 無水爲救, 奸詐凶惡之徒, 或丙透癸藏, 遇金生之, 頗有選拔, 不止衣衿, 加一壬輔癸, 富貴雙全, 且有慷慨才略, 見戊便遭凶厄, 且貧賤

三秋支成金局, 無丙丁出救, 此人單寒孤苦, 如得丙丁, 生己元神, 五福俱集, 富貴非輕, 卽風土不及, 亦不失巨族英才, 人中豪傑

總之三秋己土, 先丙後癸, 取辛輔癸, 九月土盛, 宜用甲木疏之, 餘須酌用

■ 戌月 己土

戌月	갑 甲	癸	구월토성 의갑목소지 차용계수 귀격 九月土盛, 宜甲木疏之, 次用癸水. 貴格
	갑 甲	병 지습 丙, 支濕	의갑목소지 차용계수 귀격 宜甲木疏之, 次用癸水. 貴格
		갑 甲	갑투 부격 甲透, 富格
		임 壬	무병자 일방능사 의식충족이이 소유부이불 無丙者, 一方能士, 衣食充足而已, 小有富而不
		계 癸	귀 貴
	계 癸	금국 金局	지성금국 계투 대부 支成金局, 癸透, 大富
		병 丙	무임계 가도사문 無壬癸, 假道斯文
	패 敗		무병무수 無丙無水

三秋己土, 萬物收藏之際, 內實外虛, 寒氣漸升, 須丙火溫之, 癸水潤之, 不特此也, 且癸能洩金, 丙能制金, 補土精神, 則秋生之物, 盛茂如春夏

先透癸, 次透丙, 自當雁塔題名, 權重百僚, 壬丙兩透, 無癸, 異途顯職, 或武職權高, 有丙火, 無壬癸, 假道斯文, 終無誠實, 有壬癸, 無

丙者, 一方能土, 衣食充足而已, 小有富而不貴

或支四庫, 甲透者富, 乏甲者, 僧道貧賤, 或甲出見癸, 不見庚傷, 厚培元氣, 可期科甲, 不貴, 風土之薄也

或支成火局, 無水爲救, 奸詐凶惡之徒, 或丙透癸藏, 遇金生之, 頗有選拔, 不止衣衿, 加一壬輔癸, 富貴雙全, 且有慷慨才略, 見戊便遭凶厄, 且貧賤

三秋支成金局, 無丙丁出救, 此人單寒孤苦, 如得丙丁, 生己元神, 五福俱集, 富貴非輕, 卽風土不及, 亦不失巨族英才, 人中豪傑

總之三秋己土, 先丙後癸, 取辛輔癸, 九月土盛, 宜用甲木疏之, 餘須酌用

■ 亥月 己土

亥月	丙	藏干, 丙	大地普照, 三冬己土, 非丙暖不生. → 冬月 己土는 濕泥로 寒凍하여 調候가 시급하다. 丙火를 尊神으로 삼고 癸水는 取하지 않는다.
	丙	甲, 支燥	土多, 取甲木疏之.
	丙	戊	透壬戊制, 硬軟相配, 富中取貴
	丁	藏干, 丙	透丁藏丙, 富貴無雙, 奇特之命
		寅	支藏一丙, 藏丙無制, 亦主衣衿
		巳	
	敗		丙火全無

三冬己土, 濕泥寒凍, 非丙暖不生, 取丙爲尊, 甲木參用, 不可用癸, 戊土惟初冬壬水旺, 用以爲制, 餘皆用丙, 無丙用丁, 但丁不能解凍除

寒, 不能火制, 丁多衣祿安然

或干透一丙, 支藏一丙, 加以甲透無壬, 科甲有准, 卽藏丙無制, 亦主衣衿

或多見壬水, 得戊透破之, 財破身榮, 富中取貴, 不見戊土, 富屋貧人, 凡三冬己土, 見壬水出干, 如水浸湖田, 尋常孤苦, 見火不孤, 見土不貧

或一派癸水, 不見比印, 作從財論, 反主富貴, 雖不科甲, 恩誥有之, 若見比劫爭財, 平常人物, 妻子主事, 從財者, 金妻水子, 子多

或一派戊己, 取甲制之, 甲透者富貴

或一派庚金, 雖用丙火, 還宜丁火爲助, 透丁藏丙, 富貴無雙, 奇特之命

■ 子月 己土

月	用神	條件	內容
子月	丙(병)	藏干(장간), 丙(병)	大地普照(대지보조), 三冬己土(삼동기토), 非丙暖不生(비병난불생). → 冬月(동월) 己土(기토)는 濕泥(습니)로 寒凍(한동)하여 調候(조후)가 시급하다. 丙火(병화)를 尊神(존신)으로 삼고 癸水(계수)는 取(취)하지 않는다.
	丙(병)	甲(갑), 支燥(지조)	土多(토다), 取甲木疏之(취갑목소지).
	丙(병)	戊(무)	透壬戊制(투임무제), 硬軟相配(경연상배), 富中取貴(부중취귀)
	丁(정)	藏干(장간), 丙(병)	透丁藏丙(투정장병), 富貴無雙(부귀무쌍), 奇特之命(기특지명)
		寅(인) 巳(사)	支藏一丙(지장일병), 藏丙無制(장병무제), 亦主衣衿(역주의금)
	敗(패)		丙火全無(병화전무)

三冬己土, 濕泥寒凍, 非丙暖不生, 取丙爲尊, 甲木參用, 不可用癸,

戊土惟初冬壬水旺, 用以爲制, 餘皆用丙, 無丙用丁, 但丁不能解凍除寒, 不能火制, 丁多衣祿安然

或干透一丙, 支藏一丙, 加以甲透無壬, 科甲有准, 即藏丙無制, 亦主衣衿

或多見壬水, 得戊透破之, 財破身榮, 富中取貴, 不見戊土, 富屋貧人, 凡三冬己土, 見壬水出干, 如水浸湖田, 尋常孤苦, 見火不孤, 見土不貧

或一派癸水, 不見比印, 作從財論, 反主富貴, 雖不科甲, 恩誥有之, 若見比劫爭財, 平常人物, 妻子主事, 從財者, 金妻水子, 子多

或一派戊己, 取甲制之, 甲透者富貴

或一派庚金, 雖用丙火, 還宜丁火爲助, 透丁藏丙, 富貴無雙, 奇特之命

■ 丑月 己土

丑月	丙	藏干, 丙	大地普照, 三冬己土, 非丙暖不生. → 冬月 己土는 濕泥로 寒凍하여 調候가 시급하다. 丙火를 尊神으로 삼고 癸水는 取하지 않는다.
	丙	甲, 支燥	土多, 取甲木疏之.
	丙	戊	透壬戊制, 硬軟相配, 富中取貴
	丁	藏干, 丙	透丁藏丙, 富貴無雙, 奇特之命
		寅 巳	支藏一丙, 藏丙無制, 亦主衣衿
	敗		丙火全無

三冬己土, 濕泥寒凍, 非丙暖不生, 取丙爲尊, 甲木參用, 不可用癸, 戊土惟初冬壬水旺, 用以爲制, 餘皆用丙, 無丙用丁, 但丁不能解凍除寒, 不能火制, 丁多衣祿安然

或干透一丙, 支藏一丙, 加以甲透無壬, 科甲有准, 卽藏丙無制, 亦主衣衿

或多見壬水, 得戊透破之, 財破身榮, 富中取貴, 不見戊土, 富屋貧人, 凡三冬己土, 見壬水出干, 如水浸湖田, 尋常孤苦, 見火不孤, 見土不貧

或一派癸水, 不見比印, 作從財論, 反主富貴, 雖不科甲, 恩誥有之, 若見比劫爭財, 平常人物, 妻子主事, 從財者, 金妻水子, 子多

或一派戊己, 取甲制之, 甲透者富貴

或一派庚金, 雖用丙火, 還宜丁火爲助, 透丁藏丙, 富貴無雙, 奇特之命

■ 庚金

生月	用神 一線	用神 二線	看法 摘要

*** Focus**

→ 剛金은 丁火로 鍛鍊하면 銳利해지고, 丁火는 甲木에 依支한다.

→ 三冬 庚金는 金寒水冷하여 丁火로 煅煉하고 丙火로 調候한다.

→ 夏月 庚金은 몹시 柔弱하여, 壬癸水의 藥으로 火病을 제거해야 妙해진다.

**** Notice**

→ 三秋 庚金은 丁火로 制해야 鐘鼎을 이루고, 壬水로 洩하는 相涵은 二線으로 논한다.

→ 戌月에는 戊土가 司令하여 丁甲이 아닌 甲壬을 取한다.

→ 酉月은 陽刃으로 丁丙의 官殺混雜으로 格局을 이룬다.

■ 寅月 庚金

寅月	丙	甲	先用丙以暖庚性, 次甲疏厚土, 令土勢不能埋金. 上格
		丙 甲	丙甲二字透一, 貢監生員
		甲	四柱多土, 甲透者貴. 貴格
	丁	己	寅甲引丁, 丁火有根, 無水爲病, 名官星有氣, 財旺生扶, 故以富貴推之
			→ 春月 庚金은 煉金하면 좋지 않으므로 이때는 印綬로 化해야 하는데, 戊土 偏印을 取하기는 어렵다. 死金은 흙에 덮이는 것을 싫어한다. 단 己土나 辰丑의 濕土는 이롭다.
	壬	庚, 火局	支成火局, 壬水出干, 有庚者主大富貴, 無庚者主小富貴
			→ 寅月에 庚金이 病宮의 水를 生하지 않으면 水原이 없고, 庚金이 絶되어 食神制殺하지만 剋洩交加되기 쉽다.
	敗		春金多火無制, 不夭則貧

正月木氣漸旺, 剋土土死, 不能生金, 且金之寒氣未除, 先用丙以暖庚性, 次甲疏厚土, 令土勢不能埋金

丙甲兩透, 科甲有准, 富貴非輕, 二者透一, 貢監生員, 丙藏, 異途顯職

或四柱多土, 甲透者貴, 甲藏者富, 若見庚金破甲, 富貴兩失

或四柱多丁出干, 加以戊己而無水者, 亦主富貴, 何也, 寅甲引丁, 丁火有根, 無水爲病, 名官星有氣, 財旺生扶, 故以富貴推之, 有火用

土, 土妻金子

或支成火局, 壬水出干, 有庚者主大富貴, 無庚者主小富貴, 無壬無癸, 殘疾之人

或甲被金傷, 無丁無丙, 常人, 或丙遭癸困, 無戊出制, 亦然

總之正月庚金, 用甲爲上, 丁火次之, 春金多火, 不夭則貧, 陽金最喜火煉, 煅煉太過, 反主奔流

■ 卯月 庚金

卯月	丁	甲	庚必有情於乙妹, 金有暗强之勢, 支下再見一庚, 制甲劈甲, 配得中和. 貴格
			如不見庚藏支合者, 雖丁甲兩透, 不過一方能人
		丁	丁透庚甲藏者, 貢監不少
		丙	無丁用丙庚甲藏者, 家富, 利於異途
			丁火甲庚俱全, 雖不出干, 可許衣襟
			有丁甲無庚者, 常人而已
		甲	一派甲木, 又忌見幇身以破財神, 不見比肩, 作從財論, 大富大貴
	敗		土重埋金

二月卯中乙木當權, 柱中自然有乙, 又有丁火, 得庚辰時, 庚必有情於乙妹, 金有暗强之勢, 與秋金相似

見丁在干, 又見甲透引丁, 支下再見一庚, 制甲劈甲, 配得中和, 科甲無疑, 合此不驗, 風土之薄也, 如不見庚藏支合者, 雖丁甲兩透, 不過一方能人, 蓋春丁氣甚正, 不旺不衰, 故用甲引丁, 又用庚劈甲, 官星乃爲有氣, 若乙木雖多, 旣慮合庚以助强, 又恐濕乙傷丁, 難爲丁母, 故有丁甲無庚者, 常人而已, 丁火甲庚俱全, 雖不出干, 可許衣襟, 丁

透庚甲藏者, 貢監不少, 無丁用丙, 家富, 利於異途

或一派甲木, 又忌見幫身以破財神, 不見比肩, 作從財論, 大富大貴, 見比富屋貧人, 從財者火妻土子

總之二月庚金, 專用丁火以抑其强, 次用甲木引丁, 又須用庚劈甲, 八字如無丁用丙火, 富貴多出於勉强, 卽有富貴, 亦是辛苦得來

死金嫌蓋頂之泥, 重見戊己, 如人壓伏之象, 須甲透爲妙

■ 辰月 庚金

辰月	갑 甲	정 丁	지파매금, 선용갑소토, 차용정화, 단련성기 只怕埋金, 先用甲疏土, 次用丁火, 煅煉成器. 귀격 貴格
	갑 甲	장간, 정 藏干, 丁	갑투정장, 공감생원 甲透丁藏, 貢監生員
	정 丁	장간, 갑 藏干, 甲	갑장정투, 이도현직 甲藏丁透, 異道顯職
			정갑구장, 불수경제, 부중취귀 丁甲俱藏, 不受庚制, 富中取貴
		갑 甲	유갑무정, 상인 有甲無丁, 常人
		정 丁	유정무갑, 우유 有丁無甲, 迂儒
	갑 甲	병 丙	유행오승오품 由行伍陞五品
	패 敗		무화, 비요즉빈 無火, 悲夭則貧
			임계개위병신 壬癸皆爲病神
			정갑양무. 하격 丁甲兩無. 下格

三月戊土司令, 不怕生寒, 只怕埋金, 先用甲疏土, 次用丁火, 煅煉成器, 庚金劈甲, 此不必用

如得丁甲兩透, 不見比劫破甲, 科甲有准, 但要運催, 甲透丁藏, 貢監生員可許, 甲藏丁透, 異途顯職, 丁甲俱藏, 不受庚制, 富中取貴, 刀筆起家, 有甲無丁常人, 有丁無甲, 迂儒, 丁甲兩無, 人下之人

或有甲無丁, 見一丙火, 由行伍陞五品, 又無壬癸困丙, 武職顯耀

或支成土局, 無木, 貧賤僧道, 見乙, 奸邪小人

總之三月庚金, 土旺金頑, 不可少丁, 戊多用甲, 無甲不能自立, 無丁不能成名, 二者缺一, 皆屬常人, 次看丙火, 無丁姑用丙, 壬癸皆爲病神, 庚金無火, 非夭則貧, 身弱才多, 富貴不久

又支成火局, 癸出天干制之, 富貴, 有丙丁出干, 見壬出制之, 方吉, 無水制火, 殘疾廢人, 或火局無比劫, 作從煞論, 富貴非輕, 但多夭耳

用甲者, 水妻木子, 用火者, 木妻火子

■ 巳月 庚金

巳月	壬	戊	先用壬水, 方得中和, 次取戊土, 丙火佐之, 三者高透, 富貴無雙. 貴格
巳月	癸	戊	→ 夏月 群金은 元武가 있어야 妙하다. 元武란 北方壬癸水로 水로 火를 制하여 土潤해지면 土가 金을 生하는 것이다.
巳月	壬	丙	主大富貴. 貴格
巳月	丙	藏干, 壬	名大而無其實
巳月		戊	無水晦光護金, 貢監
巳月		丙	一派丙火, 名假殺爲權, 不見壬水制之, 此人假淸高, 虛仁義, 刑妻剋子
巳月	丁	金局	變弱爲强, 丁透不見壬水, 爲富貴中人
巳月	敗		煆制太過, 到老奔波

四月庚金長生在巳, 巳雖有丙, 內有戊土, 丙不鎔金, 故不畏火炎, 但丙不可輕用, 宜先用壬水, 方得中和, 書曰羣金生夏, 妙用元武, 次取戊土, 丙火佐之, 三者高透, 富貴無雙, 或透一二, 亦主貢監衣衿

或一派丙火, 名假煞爲權, 不見壬水制之, 此人假淸高, 虛仁義, 棄

舊迎新, 刑妻剋子, 若得壬水出干制之, 主大富貴, 壬藏制之, 主小富貴, 但名大而無其實

或支成金局, 變弱爲强, 用丙無力, 須丁制爲貴, 丁透不見壬水, 爲富貴中人, 無丁無用之人, 或丁出三四, 煆制太過, 到老奔波

總之, 四月庚金, 雖壬丙戊俱無, 亦勿拘, 但看何病多, 卽用何藥先也, 妻子依用同前

劍戟成功, 入火鄕而反害, 金逢火已損, 再見火必傷, 庚辛火旺怕南方, 逢辰巳之鄕, 又爲榮斷

■ 午月 庚金

午月	壬	癸	專用壬水, 癸又次之. 貴格
	壬	支濕	壬透癸藏, 支見庚辛金, 富貴反掌
		藏干, 壬	壬藏支中, 又有支金生助, 定主選跋
			壬藏戊出, 木不能制, 常人
		癸	癸出見金, 亦好, 但富貴皆輕
	壬 / 癸	火局	雖不科甲, 亦主異途恩封
	敗		無水, 必非上格, 夭折孤貧

五月丁旺而烈, 庚逢敗地, 專用壬水, 癸又次之

壬透癸藏, 支見庚辛金, 富貴反掌, 切忌戊己出干制水, 便作常人, 或戊藏支, 又有木制, 亦不失 儒林之秀, 或金透天干, 壬藏支中, 又有支金生助, 定主選拔, 或壬藏戊出, 木不能制, 常人, 或癸出見金, 亦好, 但富貴皆輕, 異途乃利

或支成火局, 乏水者, 奔波無定, 見壬癸出干制火, 雖不科甲, 亦主異途恩封, 戊己出干, 又作常人, 支成火局, 無水須透戊己, 補庚洩火, 庶免夭折孤貧, 若土亦不透, 下賤廢人

或一派木火, 無傷印比劫, 作從煞論, 富貴非輕

總之五月庚金, 無水, 必非上格

■ 未月 庚金

<table>
<tr><td rowspan="4">未月</td><td>정
丁</td><td>갑
甲</td><td>선용정화 차취갑목 귀격
先用丁火, 次取甲木. 貴格</td></tr>
<tr><td></td><td>정
丁</td><td>유정무갑 수명
有丁無甲, 秀命</td></tr>
<tr><td></td><td>갑
甲</td><td>유갑무정 상인
有甲無丁, 常人</td></tr>
<tr><td colspan="2">패
敗</td><td>정갑전무 하천
丁甲全無, 下賤</td></tr>
</table>

六月三伏生寒, 金頑已極, 先用丁火, 次取甲木

丁甲兩透, 科甲淸顯, 忌見癸水傷丁, 有甲無丁, 常人, 有丁無甲, 有能秀才, 丁甲全無, 下賤, 蓋未月雖有丁火, 不出只如無有, 或未丁不被水傷, 貿易之流, 衣祿充足, 支中見水, 執鞭之士

或支成土局, 甲先丁後, 甲透者, 文章顯達, 富而且貴

或柱見多金, 有二丁出制, 異途顯達非常, 一丁出制, 刀筆之吏

總之六月庚金, 專用丁火, 甲木爲佐

■ 申月 庚金

申月	丁	甲	專用丁火煅煉, 次取甲引丁光. 上格
			→ 秋金은 銳利해야 가장 妙하다. 明理賦에 이르길, 剛金을 水가 洩하면 銳鋒이 꺾여 吉할 것 같지만, 이는 庚金의 성질을 모르기 때문이라고 했다. 따라서 寅月 甲木은 洩이 吉하고, 剋이 凶하나, 申月 庚金은 剋이 吉하고 洩이 凶하다.
		丁	有丁無甲, 秀士
	丙	甲	無丁, 則姑用丙. 富格
	丙 丁	水局	支成水局, 柱中卽有丙丁, 不見甲木爲根, 必主愚懦, 有甲, 貢監生員
		火局	富貴中人
		木局	金剛木明, 行商坐賈之人
		金局	金備申酉戌之地, 富貴無疑. 上格
		甲	有甲無丁, 常人
	敗		丁甲兩無. 下格

七月庚金司令, 剛銳已極, 專用丁火煅煉, 次取甲引丁光, 書口, 秋金銳銳最爲奇, 壬癸相逢總不宜, 如逢水火來成局, 試看福壽與山齊

如得丁甲兩透, 權重百僚, 有丁無甲, 秀士, 有甲無丁, 常人, 丁甲兩無, 下格, 無丁, 則姑用丙

或支成水局, 柱中卽有丙丁, 不見甲木爲根, 必主愚懦, 何也, 孟秋金旺生水, 困丙丁火, 豈能出人頭地, 見甲出引丁, 貢監生員, 甲藏不過一方能士, 稍有衣祿

或支成土局, 先甲後丁, 大富之人

支成火局, 富貴中人

支成火局, 無須再見, 甲木爲引, 蓋寅中自有甲木也

金剛木明, 行商坐賈之人, 金備申酉戌之地, 富貴無疑, 金神入火鄕, 逢陽刃, 富貴榮華

■ 酉月 庚金

申月	丁	甲	丁甲兩透, 又見一丙, 科甲顯官. 上格
			→ 酉月 庚金은 陽刃이 令을 잡아, 金氣가 最剛하고 秋氣가 깊어 寒氣가 심하다. 따라서 丁火로 煅煉하고 丙火로 調候하므로 官殺混雜이 오히려 貴한 것이다.
		藏干, 丙	陽刃不沖, 支藏一點丙殺, 名陽刃駕殺, 主出將入相
	丙	丁	丙火重重, 一丁出干, 支下藏甲, 亦主科甲仕宦, 丙出丁藏, 異途顯職
	甲	支燥	丙丁在支, 甲透而水不透者, 淸高到底, 衣衿能士
	壬 癸	金局	丙丁甲乙全無, 支會金局, 有水出干以洩金氣, 此命從革, 但常招凶事, 貴格
		金局	見丙丁乙, 名振四海. 上格
			→ 金聲玉振賦에 從革格이 乙丙丁, 三奇를 보면 千秋에 名聲을 날린다고 했다. 酉月 庚金이 三奇를 보면 필시 出將入相하는 命이 된다.
		敗	全無火氣

八月庚金, 剛銳未退, 仍用丁甲, 以丙佐之, 丙火不可少也

丁甲兩透, 又見一丙, 科甲顯官, 且月見一陽刃, 不冲, 支藏一點丙殺, 名陽刃架煞, 主出將入相, 耿介忠良, 如不驗, 風土之薄也

或丙火重重, 一丁出干, 支下藏甲, 亦主科甲仕宦, 丙出丁藏, 異途顯職

或丙丁在支, 甲透而水不透者, 淸高到底, 衣衿能士

或干無丁火, 疊見丙出, 此假煞重重, 有刃不能作從煞論, 常人而已, 卽有一丙透, 秀而不富

或丙丁甲乙全無, 支會金局, 有水出干以洩金氣, 盡行西北運, 不見火鄕, 此名從革, 爲人淸雅, 富中有貴, 但常招凶事, 若運入火鄕破格, 死不能延, 或柱中有火破格, 飄流孤苦, 爲僧作道, 運入木鄕, 衣食稍豊, 然總是近於九流技藝之士

或支見重重甲乙, 無用人也, 金旺木衰, 非火莫制, 不見丙丁, 必作藝術之流

■ 戌月 庚金

戌月	甲	壬	先用甲疏, 次用壬洗, 金自出矣. 貴格
	甲	藏干, 壬	甲透壬藏, 鄕魁
	壬	藏干, 甲	甲藏壬透, 廩貢
		甲	有甲無壬, 多能之士, 猶有學問
		火局	功名魁士 → 秋金의 水火는 局을 이루면 福壽가 두텁다.
		壬	有壬無甲, 平常之人
	敗		壬甲兩無, 僧道無能之人

九月戊土司令, 大懼土厚埋金, 先用甲疏, 次用壬洗, 金自出矣, 忌見己土混壬

甲壬兩透, 科甲有准, 忌見戊土己土, 或甲透壬藏, 鄕紳不少, 甲藏壬透, 廩貢堪謀, 有甲無壬, 多能之士, 猶有學問, 有壬無甲, 平常之人, 莫問衣衿, 壬甲兩無, 僧道無能之人

或支成火局, 功名魁士, 壓服一方, 不見癸水, 一榜可期

或四柱戊多生金, 全無甲壬者, 混濁朴拙, 卽有衣祿, 不能長久

或只一庚, 戊多無甲壬者, 愚蠢下賤, 必遭埋沒

■ 亥月 庚金

亥月	丁	丙	水冷金寒, 非丁不能造, 非丙不能暖. 貴格
			又見寅巳畜丙, 兩榜有准
	丁	藏干, 丙	水冷金寒愛丙丁, 支無子水, 一榜有之
	丙	藏干, 丁	丙透丁藏, 異途武職
	丙	甲	金溫水暖. 富格
	敗		全無丙丁. 下格

十月水冷金寒, 非丁不能造, 非丙不能暖

丙丁兩透, 支無子水通流, 一榜有之, 又見寅巳蓄丙, 兩榜有准, 或支中二子, 得己出制, 秀才貢士, 且有能力

若丙甲透而無丁者, 常人, 決無顯達, 丙透丁藏, 異途武職, 以上俱不能合, 庸俗常人

或無丁, 有丙透者, 大富

如金水混雜, 全無丙丁者, 下格, 或支成金局, 無火者, 僧道孤貧之命也, 書曰, 水冷金寒愛丙丁

■ 子月 庚金

子月	丙		有丙無丁甲, 富大貴小. 富格
	丁	甲	丁甲兩透, 丙在支中, 科甲有准, 卽無丙火, 亦有貢監生員
	丙	支燥	丙透丁藏, 異途顯達有丁無甲
	甲	藏干, 丁	丁藏有甲, 武學可虛
		丁	丁火無甲, 假貴眞富
		甲	有甲無丁, 尋常人物. 凡命
	戊	水局	支成水局, 戊透者大貴. 上格
			→ 仲冬 庚金이 水局을 보면 格局이 潤下로 변한다. 이는 午月 甲木이 火局을 보아 炎上이 되는 것과 마찬가지다. 따라서 戊土는 官이 되고, 丙丁火는 財가 되어 財旺生官하여 貴를 이루는 것이다.
		水局	支成水局, 不見丙丁, 此乃傷官格, 聰明淸雅, 衣祿常盈, 但子息艱難
	丙	癸	多作常人, 有能
	敗		不見丁甲丙. 下格

十一月天氣嚴寒, 仍先取丙照

丁甲兩透, 丙在支中, 科甲有准, 卽無丙火, 亦有貢監生員, 有丁無甲, 丁火無根, 假貴眞富, 白手成家, 有甲無丁, 尋常人物, 丙透丁藏, 異途顯達, 丁藏有甲, 武學可許

或丙透癸出, 多作常人, 有能, 或重見丙透, 可許一富, 但多勞碌鄙

俗, 或丙坐支寅, 見有一二, 富眞貴假, 見癸出干, 一介寒儒, 不見丁甲丙下格

或支成水局, 不見丙丁者, 此乃傷官格, 聰明淸雅, 衣祿常盈, 小富, 但子息艱難, 若戊透者大貴

或丙丁太多, 名官殺混雜, 書曰, 官殺混雜最無良, 又怕身輕有損傷, 如遇東南二運地, 焉能挨得過時光, 過於淸冷, 似有凄凉, 柱中一派金水, 不入火土之鄕, 主一生孤貧浪蕩, 難望有成也

■ 丑月 庚金

<table>
<tr><td rowspan="5">丑月</td><td rowspan="2">병
丙</td><td rowspan="2">정
丁</td><td>병정양투 재가갑목 대부대귀 상격
丙丁兩透, 再加甲木, 大富大貴. 上格</td></tr>
<tr><td>유병정무갑자 백수성가 이도현직
有丙丁無甲者, 白手成家, 異途顯職</td></tr>
<tr><td>병
丙</td><td></td><td>유병무정갑 부대귀소 부격
有丙無丁甲, 富大貴小. 富格</td></tr>
<tr><td>정
丁</td><td>갑
甲</td><td>유능수재 불부자귀
有能秀才, 不富自貴</td></tr>
<tr><td colspan="2">패
敗</td><td>여정갑병구무 즉지성금국 역무용지인
如丁甲丙俱無, 卽支成金局, 亦無用之人</td></tr>
</table>

十二月寒氣太重, 丑爲濕泥, 愈凍愈寒, 先用丙火解凍, 次取丁火煆金, 甲木亦不可少

丙丁兩透, 再加甲木, 大富大貴, 有丙無丁甲, 富大貴小, 有丁甲無丙者, 有能秀才, 不富自貴, 癸透便是常人, 但有衣祿耳, 有丙丁無甲者, 白手成家, 異途顯職, 刀筆達時

或支成金局, 無火, 僧道貧賤之人, 蓋巳中丙火會丑成金, 故爲下格, 如丁甲丙俱無, 卽支成金局, 亦無用之人

■ 辛金

生月	用神 一線	用神 二線	看法 摘要

*** Focus**

→ 辛金 珠玉은 四時를 막론하고 壬水를 用하여 淸高함을 나타낸다.

→ 辛金이 몹시 衰弱하면 濕泥로 보호해야 하므로 己土로 生扶한다.

→ 三冬 辛金은 丙火로 調候해야 壬水로 淘洗하는 效用이 제고 된다.

**** Notice**

→ 申月에는 胎元 亥水로 壬水가 지나치면 貴가 삭감되니 癸水를 보면 불리하다.

■ 寅月 辛金

寅月	己	壬	辛金失令, 取己土爲生身之本, 欲得辛金發用, 全賴壬水之功. 貴格
		壬	己壬缺一, 名君臣失勢, 富貴難全
		己	
		午	見申, 不止貢監生員, 異途更顯
			→ 午宮 丁을 申中 壬이 除去하면 己庚 印比가 남아 辛金을 도우므로 異途로 발전하는 것이다.
	壬	庚	庚發水源, 定主富貴顯達. 貴格
	丙	水局	支成水局, 丙透爲暖, 便主富貴
		水局	不見丙火, 金弱沈寒, 尋常人物
	敗		見壬, 無己庚者, 貧賤

正月陽氣舒昇, 寒氣猶有未除, 然正月建寅, 寅中有長生之丙, 可解寒氣, 但忌甲木司權, 辛金失令, 性愛濕泥滋養, 先取己土爲生身之本, 次用壬水淘洗, 方能顯辛金之用

己壬兩透, 支有庚金制甲, 不傷己土, 科甲顯宦, 己出天干, 甲藏寅支, 不科甲, 主異路恩榮, 或午中藏己, 申中藏壬, 不止貢監生員, 異途更顯, 或己壬缺一, 名君臣失勢, 富貴難全, 雖聰明過人, 正途難發達, 或用丙火, 不學武, 刀筆更利, 或見壬, 無己庚者, 貧賤

或支成火局, 卽有壬水己土, 不能承受, 蓋火剋辛金太過, 己雖生之無益, 常人而已, 若庚壬兩透, 壬以破火, 庚發水源, 定主富貴顯達

或支成水局, 不見丙火, 金弱沈寒, 尋常人物, 且早年困弱, 書曰, 金水性寒寒到底, 凄凉難免少年憂, 如丙透爲暖, 便主富貴

總之正月辛金, 先己後壬, 取庚救己爲佐, 丙火酌用, 用己火妻土子, 用壬金妻水子

■ 卯月 辛金

卯月	壬		壬水爲尊. 貴格
	壬	庚	庚發水源, 定主富貴顯達. 貴格
	壬	甲	壬甲兩透, 科甲富貴無疑. 貴格
		壬	一派壬水, 壬丙齊透, 方許大富大貴
			→ 辛金은 一派 壬水를 보면 氣勢가 盡洩되어 壬水로 논하므로 壬丙 光輝의 貴를 이루는 것이다. 이것은 三冬 辛金의 金水傷官 變格과 마찬가지다.
	敗		無壬. 下格

二月辛金, 陽氣發於外, 壬水爲尊, 見戊己便爲辛病, 有甲木制之, 辛金不致埋沒, 壬水不致混濁, 用神之淸, 如病得奇藥, 合此淸高雅秀, 翰林相位可期

或壬戊出干, 不見甲出, 此爲病不遇藥, 常人而已, 乙透破戊, 虛名聲, 假富貴, 雖主衣衿, 亦奸詐刻薄, 外盈內虛耳

或一派壬水, 名金水汪洋, 淘洗太過, 不得中和, 作事不能用力, 萬事不能承受, 合此, 男女俱不吉. 或支成木局, 洩壬之氣, 又無庚金助壬制木, 定主常人, 庚透主有富貴, 或見壬水, 重重戊制, 反吉

或支成火局, 名火土勢雜, 官印相爭, 金水兩傷, 貧賤下格 ,得二壬出制, 富貴反奇

總之二月辛金, 柱不成局, 壬甲兩透者, 科甲富貴無疑, 或壬藏亥支,

不見戊土出干, 有能有富秀才, 得申中之壬者, 異途名望, 或支有壬, 又甲壬出干, 富中取貴, 無壬者, 下格, 或見火多無壬而用癸, 常人, 其生剋之理, 與正月辛金皆同

辛金生於春季, 一派壬水, 而無丙火, 卽能顯達, 家無宿舂, 得壬丙齊透, 方許大富大貴

■ 辰月 辛金

辰月	임 壬	갑 甲	임 갑 양 투 부 귀 필 연 귀 격 壬甲兩透, 富貴必然. 貴格
	임 壬	장 간 갑 藏干, 甲	임 투 갑 장 름 공 불 실 壬透甲藏, 廩貢不失
	갑 甲	장 간 임 藏干, 壬	부 이 차 귀 이 도 경 현 富而且貴, 異途更顯
	패 敗		임 갑 개 무 빈 천 壬甲皆無, 貧賤

三月戊土司令, 辛承正氣, 母旺子相

所忌者, 丙出貪合也, 如月時見二丙出干, 名爲爭合, 雖人物尋常, 亦喜淸雅, 好交遊, 如年干見 癸破丙, 可許衣衿, 但日用有缺, 或支坐亥子丑, 癸水通源, 可以破丙解合, 便用亥中壬水, 雖不由科甲, 却不失祿位, 若戊出干破水局, 無甲破戊, 才學富足, 但爲寒蹇之士

或支見四庫, 名土厚埋金, 不見甲制, 愚頑之輩

總之三月辛金, 先壬後甲, 壬甲兩透, 富貴必然, 壬透甲藏, 廩貢不失, 甲透壬藏, 富而且貴, 異途更顯, 壬甲皆無, 平常之格

或四柱多火, 無一壬字, 名火土雜亂, 雖有甲亦不妙, 定爲僧道孤貧, 見癸可解其凶

或比劫重重, 壬癸淺弱, 主夭, 有甲出干則貴, 然無庚制方妙

■ 巳月 辛金

巳月	壬	甲, 金局	壬水淘洗, 兼有調候之用, 更有甲木制戊, 一淸澈底. 貴格
			→ 巳月 辛金은 壬癸水가 모두 透하면 傷官扶主格을 이루어 吉하다. 辰月과 巳月은 戊土가 當旺한 때라 土重하여 埋金될 염려가 있으므로 甲木은 病을 제거하는 藥으로 쓴다.
	癸	藏干, 壬	癸透壬藏, 富眞貴假
			壬癸皆藏, 戊己亦藏, 略富
	敗		支成火局木局, 生而不生, 從而不從. 下格
			壬癸俱無, 但見烈烈火攻, 僧徒貧賤

四月時逢首夏, 忌丙之爍, 樂水之濕

得支見金局, 壬水出干, 又甲出破戊, 名一淸澈底, 科甲富貴無疑, 癸透壬藏, 富眞貴假, 壬癸皆藏, 戊己亦藏, 畧富, 若壬癸俱無, 但見烈烈火攻, 僧道貧賤, 甲出制戊, 可主衣祿

或支成火局木局, 俱爲下格, 有制者吉, 無制者凶, 凡火旺無水, 取土洩之

或壬水藏亥支, 不見戊出, 衣衿顯達, 見戊常人, 有一甲透, 衣祿可求, 無戊, 壬癸出干, 主富, 異途堪圖, 或有甲無壬癸者, 則富不成實, 貴不成名, 壬癸甲俱無, 斯爲下品

■ 午月 辛金

午月	壬	己, 支濕	己無壬不濕, 辛無己不生, 故壬己竝用. 貴格
	癸	己	無壬用癸, 但癸力小, 異途功名
	壬	癸, 火局	壬出兼癸破火, 雖貢監生員
	癸	藏干, 壬	壬藏癸透者, 貢監生員
	癸	庚	食祿皇家, 雖異途亦顯
	敗		無水. 下格

五月丁火司權, 辛金失令, 陰柔之極, 不宜煅煉, 須己壬兼用, 何也, 己爲泥沙, 壬爲湖海, 己無壬不濕, 辛無己不生, 故壬己並用, 無壬, 癸亦可用, 但癸力小

若變成火局, 雖三癸出干, 難救車薪之火, 即居廊廟之上, 死不成名, 如壬出兼癸破火, 雖貢監生員, 有大才畧, 無壬破火, 癸水出干, 見戊合, 雖午中有己, 名燥泥成灰, 辛金亦必煅煉, 定爲僧道丐僕, 有一二重比肩, 不致孤獨

總之, 五月辛金, 壬癸己三者並用, 不可缺一, 壬己兩透, 支藏子癸, 不冲, 科甲, 且主權高貴顯, 即壬藏癸透者, 貢監生員不少, 或無壬而有己癸, 主異途功名, 或癸見庚金, 食祿皇家, 雖異途亦顯, 若土多見水, 用甲則吉

庚辛生於夏月, 要壬癸得地, 若木多火多, 不見金水, 逢金水運必敗

■ 未月 辛金

月			내용
未月	壬	庚	先用壬水, 取庚爲佐, 忌戊出. 貴格
		申	壬庚兩藏得地逢生, 亦主富貴
		甲	戊己出干, 得甲隔位制之, 亦主富貴
			→ 未月 辛金은 戊己土가 暗藏되어야 吉하다. 만일 透하면 戊己를 구분해서 논한다. 戊甲은 문제가 없으나 己와 甲은 필시 떨어져 있어야 한다. 己甲이 貼하면 合을 貪하여 己土를 剋하지 않고 土로 化하여 오히려 해롭다.
	庚	木局	支成木局, 獨壬不貴, 須得庚金發壬水之源, 富中取貴
	敗		用甲制土, 忌合忌庚

六月己土當權, 滋扶太過, 恐汚金不耀, 專用壬水爲妙, 次取庚金佐之

壬庚兩透, 科甲貴顯, 卽兩藏得地逢生, 亦主大富貴, 卽不由科甲, 恩封有之, 但忌戊己出干, 得甲隔位制之, 亦主富貴, 甲不隔, 反與己貪合化土, 爲土埋汚金, 混塞壬水, 定主貧賤, 固貴甲出制戊, 又慮庚出制甲, 亦主貧賤

或只有未中一己, 見了壬水, 便爲濕泥, 不可見甲, 甲出反作平人, 總以一壬一己, 見庚無甲, 方妙, 與五月用己壬同

或四柱丁己出干, 有申中壬水, 未中己土, 又干透庚, 科甲顯宦, 無壬便假

或支成木局, 獨壬不貴, 須得庚金發壬水之源, 乃主貴中取富, 富中取貴

總之, 用甲制土, 忌合忌庚, 用己壬兩字, 見庚又忌火破庚, 忌甲制己, 須細推之

■ 申月 辛金

申月	壬	戊	壬水爲尊, 不可用癸水. 貴格
			→ 申月 辛金에 癸水는 절대 不利하다. 申月에는 壬水가 적게 있어야 貴를 이루는데, 壬癸가 짝을 이루면 洩氣가 太過해진다.
	戊	水局	水多用戊. 貴格
			→ 申月 辛金이 水局을 보면 壬水를 體로 삼아 戊土가 있어야 貴格을 이룬다. 壬水가 汪洋하면 財官을 用하는 것이다. 그러나 己土는 泥沙로 좋지 않다.
		甲	壬少土多用甲. 貴格
	敗		壬癸多見無制

七月辛金, 値庚秉令, 不旺自旺, 且申中有自然壬水, 四柱不見戊土透, 胎元亦無戊制, 惟申中一戊, 爲壬隄岸, 合此清貴顯達, 但爲淸廉, 貴而不富, 切勿作癸爲用

或有土出干, 無甲, 爲有病無藥, 尋常人物, 有戊又有甲, 必主衣祿

或四柱得庚, 庚又得地, 急宜壬洩之

或一派金水, 得一位戊土, 主有富貴, 但不宜甲制之, 或一派壬庚癸辛, 無戊出干, 常人, 或壬癸多見, 干支亦三重戊土, 逢生坐實, 富貴之人

總之七月辛金, 壬少爲富, 書曰, 水淺金多, 號曰體全之象, 壬水爲尊, 戊甲酌用, 丙丁總不宜作用神

■ 酉月 辛金

酉月	壬	甲	壬透甲透, 不見戊己透出, 科甲顯宦, 且有經天緯地之才略. 上格
	壬	甲	戊己全無, 甲木洩壬, 此爲用神無力, 笑裏藏刀, 雖有餘積, 亦爲富不仁
		甲	如見戊己. 須甲制土.
	丁	金局	支成金局, 無壬, 須用丁火
	壬	金局	一淸到低, 文武兼備, 棟樑之材
		壬	一派辛金, 一位壬水, 無庚雜亂, 水淺金多, 體全之象, 富中取貴
			多見己土, 有壬有甲, 不賤不貴
	敗		壬見多戊
			→ 金聲玉振賦에 金水가 총명하나 土가 있으면 어리석고 나약하다고 했다. 다만 酉月 辛金에 一派壬水가 太旺하면 戊土로 制防해야 한다.
			一派己土, 汚沒無名, 僧道

八月辛金, 當權得令, 旺之極矣, 專用壬水淘之洩之爲貴, 故云金見水以流通

如見戊己生旺, 埋辛金, 混塞壬水, 則須甲木制之, 無甲便是有病無藥, 果壬透甲透, 不見戊己透出, 科甲顯宦, 且有經天緯地之才略, 如無戊亦不必用甲, 蓋有病方須用藥也, 或支藏戊, 又藏甲, 衣衿廩貢

或四柱辛金一點, 壬水亦一點, 但見甲木洩壬, 此爲用神無力, 常人, 且奸詐百出, 笑裏藏刀, 雖有餘積, 亦爲富不仁, 得庚制者, 反主仁義,

或一二點辛金, 一位壬水, 多見甲木, 得庚壬透者, 大富貴, 但不宜見丁, 或見丁在支, 不過清高風雅, 衣食饒裕, 卑無遠志, 或三四辛金, 一壬一甲, 不見庚金, 受祿萬鍾, 卽風土不及, 貢監生員不少, 異途亦可出仕, 或一派辛金, 一位壬水, 無庚雜亂, 又主富中取貴, 白手成家

或辛金二三, 壬水一位, 多見戊土, 制壬埋金, 此人愚懦, 雖有妻子, 不能爲其父夫, 見一甲破戊, 便可白手成家, 爲創立之人, 或一派壬水洩金, 無戊出制, 名沙水同流, 主貧苦奔波到老, 但好學不失儒業, 或支中藏戊止流, 其人頗有才略, 主有藝術動人, 家招仕宦

或干透二辛, 支成金局, 金性剛銳, 無壬水淘洩, 乃剛强取敗之流, 作濁穢, 好淸高, 金無秀氣, 須用丁火制之, 無火, 必作不良, 或爲僧道, 凶危可免, 亦善惡無憑, 得一壬透, 淘洩群金,名一淸到底, 宜文宜武, 邦家之才

或支成金局, 戊己透干, 壬透無火, 名白虎格, 運行西北, 不入東南, 富貴非常, 子星不多, 遇火運孤貧, 或時逢丙火, 雖有壬出, 亦屬平常, 蓋丙辛化合不逢時故也, 或丁透破局, 無癸出制, 貧賤非常, 癸透制丁, 先貧後富

或一二辛金, 一派己土, 汚沒無名, 僧道, 有壬有甲, 不賤不貴, 稍有能力, 或多見己土, 支見一甲, 一生厚重, 衣祿不虧, 或支藏庚丁, 主納粟奏名, 或一派乙木, 無甲無壬, 財多身弱, 終難發達, 見庚制乙, 可主小富貴, 但多奸詐, 如比劫太多, 亦屬貧賤

總之八月辛金太旺, 專用壬水, 次取甲木疏土, 水得流通爲妙, 金生秋月, 土重, 貧無寸鐵, 六辛日逢戊子時, 運喜西方, 陰若朝陽, 切忌丙丁離位, 庚辛局全巳酉丑, 位重權高

■ 戌月 辛金

戌月	壬	甲, 支濕	九月辛金, 火土爲病, 水木爲藥. 貴格
	壬	藏干, 甲	貢監生員
	甲	藏干, 壬	異途顯達
	丙	辰	眞化水, 大富大貴 → 霜降 후에는 水旺進氣하므로 水化를 논하는 것이다.
	敗		無甲戊壬

九月戊土司令, 母旺子相之時, 喜甲疏季土, 壬洩旺金, 先壬次甲

壬甲兩透, 支成水局, 科甲富貴無疑, 若一壬透, 無甲, 見二戊藏支, 常人, 或支中有甲制戊, 貢監生員, 或一甲出干, 壬水在支, 柱中多戊, 異途顯達, 若二甲出干以制多戊, 富大貴小, 刀筆更利

或辛日甲月, 年時兩透壬水, 支又見庚, 發水之源, 卽有四戊藏支, 亦能去濁留淸, 可許一榜, 若見戊戌月, 卽有甲藏支, 不能成名, 且損祖業

總之令土至有四五, 卽一甲出干, 難爲剋制, 必爲厚土埋金, 愚懦奔流, 若壬水出干, 洗土生甲, 雖不云貴, 終能勞碌致富, 但爲守錢奴耳

無甲, 得時月有貼身丙出化水, 稍富, 加辰字在支, 斯爲眞化水, 大富大貴

或木多土少, 但有戌中一戊, 又無一水者, 常人

或癸多出干, 雖無淘洗之功, 亦有淸金之用, 主有艱難富貴

或己透, 無壬有癸, 亦能滋生辛金, 稍有富貴, 但多己便止一濁富而耳, 不知淸雅之趣

總之九月辛金, 火土爲病, 水木爲藥, 專壬爲用, 佐以甲木, 丙火酌用

■ 亥月 辛金

月	天干	天干	內容
亥月	壬	丙	先用後丙, 名金白水淸, 貴格
			→ 古書에 金水傷官은 冬令을 가리키는 말이라고 했다. 辛金은 壬水와 丙火가 있어야 金白水淸이 된다.
	丙	藏干, 壬	丙透壬藏, 貢監鄕紳
	壬	藏干, 丙	丙藏壬透, 富大貴小. 富格
			壬丙兩藏, 不過秀士
	壬	戊	無丙有壬多戊. 富格
	丙	己	先丙次己. 貴格
	敗		無壬無丙

十月時値小陽, 陽氣初潛, 寒氣未盛, 先用壬水, 次用丙火暖壬溫辛

壬丙兩透, 金榜題名, 何也, 蓋辛金有壬水丙火, 名金白水淸, 又在亥月, 故科甲富貴無疑, 丙透壬藏, 貢監鄕紳, 異途猶可出仕馳名, 丙藏壬透, 富大貴小, 壬丙兩藏, 不過秀士

無丙有壬戊, 主富, 或四柱多壬無戊, 名金水汪洋, 定主貧賤, 或戊土出干, 以制當權壬水, 科甲無疑, 或戊藏寅巳, 秀才貢士

或甲多戊少, 因藝術致富, 或己多有壬戊, 壬水被困, 辛金被埋, 亦主困薄, 定作藝術終身, 而一生厚重, 如見甲不合, 便作富翁

或壬癸太多, 不見戊土制水, 丙火溫金, 奔流勞苦之人

總之十月辛金, 先壬後丙, 又或先丙次己, 須酌用之

■ 子月 辛金

子月	丙	支燥	冬月辛金, 不能缺丙火溫暖, 定許一榜. 貴格
	丙	壬	丙壬兩透, 不見戊出, 科甲顯宦. 貴格
	丙	甲	丙甲出干, 配得中和, 不止貢監衣衿
	壬	甲	壬多, 無戊無丙, 洩金太過, 定作寒儒, 用甲洩之方妙
			壬多, 甲乙亦多, 不見丙火, 乃寒儒秀士
		水局	丙戊兩透, 主大富貴, 無戊出制, 貧苦常人
			→ 子月 辛金이 水局으로 水旺金沈하면 辛金으로 논하지 않고, 壬水로 보아 丙戊를 취하니 變格이다.
			加干出庚辛, 不見戊土, 名潤下格, 富貴非常
	丁	金局	支成金局, 丁透定主科甲, 然必須甲引丁, 方可許此
			無丙

十一月子中癸水得令, 爲寒冬雨露, 最忌癸水出干, 凍金而困丙火

得丙壬兩透, 不見戊出, 科甲顯宦, 即壬水藏支, 有丙透溫金而暖水, 定許一榜

或壬多有戊, 丙甲出干, 配得中和, 不止貢監衣衿, 或壬多, 無戊無丙, 洩金太過, 定作寒儒, 用甲洩之方妙, 或壬多, 甲乙亦多, 不見丙火, 乃寒儒秀士

或支成水局, 加以丙透, 有二戊出干, 主大富貴, 無戊出制, 貧苦常人

或又亥子丑水潤下通源, 加干出庚辛, 不見戊土, 名潤下格, 富貴非常, 運喜西北, 忌東南地, 或無庚辛出干, 而干見乙己, 又無丙戊, 必爲僧道

或支成金局, 丁透定主科甲, 然必須甲引丁, 方可許此

總之冬月辛金, 須丙溫暖爲妙

■ 丑月 辛金

丑月	병 丙	임 壬	비병불능해동 해동수불성빙 방가용임도 非丙不能解凍, 解凍水不成氷, 方可用壬淘 세 귀격 洗. 貴格
	병 丙	장간 임 藏干, 壬	임병일투일장 공감의금불소 壬丙一透一藏, 貢監衣衿不少
	임 壬	장간 병 藏干, 丙	
		병 丙	유병무임 부진귀가 有丙無壬, 富眞貴假
	병 丙	계 癸	병다무임유계 유능상인 丙多無壬有癸, 有能常人
	패 敗		무병 無丙

十二月氣寒水凍, 先丙次壬, 非丙不能解凍, 解凍水不成冰, 方可用壬淘洗

丙壬兩透, 淸雅富貴, 廊廟之材, 或壬丙一透一藏, 貢監衣衿不少, 或有丙無壬, 富眞貴假, 有壬無丙, 僧道孤貧, 或丙多無壬有癸, 有能常人, 市中貿易之流

或火重逢, 須以癸己爲君, 丙丁爲臣, 亦主衣祿豊裕, 一生安樂

故十二月辛金, 俱先丙次壬, 戊己又次之

■ 壬水

生月	用神 一線	用神 二線	看法 摘要

*** Focus**

→ 春月 壬水는 庚辛金으로 水原을 發하지 못하면 枯渴될 염려가 있다.

→ 夏月 壬水는 壬癸水의 比劫으로 幫身한 다음, 金으로 水原을 發한다.

→ 汪洋한 壬水를 戊土로 制防하면 福壽가 완전해진다.

→ 壬水는 대개 甲木, 丙火, 戊土, 庚金의 陽干과 좋은 짝을 이루어 富貴를 나타낸다.

**** Notice**

→ 卯月에는 물이 湛深하므로 먼저 戊土로 막은 다음에 辛金을 쓴다.

→ 巳月에는 巳中 戊土가 癸水를 合해 오는 것을 경계하여 壬水를 先用한다.

→ 午月에는 午中 丁火가 壬水를 合해 오는 것을 경계하여 癸水를 先用한다.

→ 申月에는 庚金을 制하기 위해 丁火를 取하니 戊丁을 用한다.

→ 酉月의 金白水淸은 戊己土가 病이므로 甲木을 用神으로 삼는다.

■ 寅月 壬水

寅月	경 庚	무 戊	경 무 투 병 생 재 인 주 부 귀 은 영 귀 격 庚戊透, 丙生在寅, 主富貴恩榮. 貴格
	경 庚		일 경 투 무 파 공 감 의 금 불 소 一庚透無破, 貢監衣衿不少
	경 庚	병 丙	무 비 겁 자 불 필 용 무 귀 격 無比劫者, 不必用戊. 貴格
		화 국 火局	수 화 기 제 단 양 불 봉 시 명 리 개 허 水火旣濟, 但兩不逢時, 名利皆虛
	패 敗		무 경 병 무 無庚丙戊

正月壬水, 汪洋之象, 淵淵不息, 旣失其令, 亦無泛濫之虞, 蓋水性秉弱故也, 先用庚金發水之源, 次取丙火以除寒氣, 又次取戊土以止其流, 不致汪洋無度

得庚丙戊三者齊透天干, 鳳池桃浪之客, 或庚戊透, 丙生在寅, 亦主富貴恩榮, 卽一庚透無破, 貢監衣衿不少

凡壬日無比肩羊刃, 不必用戊, 專以庚金爲尊, 丙火爲佐, 或見比劫庚辛, 是弱極復生之象, 當以戊土爲制, 戊透科甲, 戊藏秀才, 異途更顯, 且事理通達, 但無祖業, 俱屬自創, 此格須兩透方合

或戊多有透有藏, 得一甲出干, 名一將當關, 群邪自伏, 光輝難掩, 權位非輕

或支成火局, 水火旣濟, 但兩不逢時, 名利皆虛, 好談無心, 輕諾寡信

用庚者, 土妻金子, 用丙者, 木妻火子, 妻賢子肖, 用戊者, 火妻土子, 妻賢子肖, 百事百成

■ 卯月 壬水

卯月	戊(무)	辛(신)	戊辛兩透(무신양투), 科甲有准(과갑유준). 貴格(귀격)
	戊(무)	藏干(장간), 辛(신)	恩封可期(은봉가기), 不止貢監衣衿(부지공감의금)
			戊辛兩藏(무신양장), 定主秀才(정주수재)
	戊(무)	庚(경)	戊庚兩透(무경양투), 富貴(부귀)
	戊(무)	藏干(장간), 庚(경)	庚藏小富(경장소부)
		庚(경)	庚透大富(경투대부)
	庚(경)	木局(목국)	支成木局(지성목국), 庚金透干(경금투간), 科甲名顯(과갑명현), 庚藏異途(경장이도)
		戊(무)	比肩重重(비견중중), 又須戊土(우수무토). 貴格(귀격)
			→ 戊土(무토)로 流水(유수)를 막으면 福壽(복수)가 완전해진다.
	敗(패)		水盛無戊(수성무무)
			木盛無庚(목성무경)
			火盛無壬(화성무임)

二月寒氣悉除, 清流湛深, 不可用火, 專取戊土爲隄岸, 辛發其源

戊辛兩透, 科甲有准, 或戊土出干, 辛藏於酉, 恩封可期, 不止貢監衣衿, 或戊辛兩藏, 無甲丁透干, 定主秀才

或無戊辛有庚, 富貴, 庚透大富, 庚藏小富

或支成木局, 庚金透干, 科甲名顯, 庚藏異途

或支有木生多火, 爲木盛火炎, 宜取比肩帮身, 一滴可潤萬里, 富貴無疑, 或一派木多, 獨日干一壬, 又無庚金發源, 壬水洩弱, 雖儒士亦傍人度日, 無火用壬, 衣祿常人

或比肩重重, 又須戊土, 書曰, 土止流水福壽全, 若戊不見, 名水泛木浮, 一生辛苦, 再行水運, 爲水身亡, 或甲乙重重無比肩者, 此依人度日, 全無作爲, 若見庚辛, 飢寒可免

凡二月壬水, 先戊次辛, 又次取庚金

■ 辰月 壬水

辰月	甲	庚	甲疏季土, 次取庚金發水源. 貴格
	甲	藏干, 庚	秀才品格
	庚	藏干, 甲	甲藏寅亥, 定主衣衿
	甲	癸	癸出滋甲, 異途職高
		藏干, 甲	獨甲藏支, 不過一富
		藏干, 庚	獨庚藏支, 不過常人
			無甲剛暴, 無庚固執
	敗		無甲無庚

三月戊土司權, 恐有塞河壅海之患, 先用甲疏季土, 次取庚發水源

甲庚俱透, 科甲顯宦, 甲透庚藏, 亦是秀才品格, 名位不少, 甲藏寅亥, 有庚定主衣衿, 如癸出滋甲, 異途職高, 獨甲藏支, 不過一富, 獨庚藏支, 不過常人, 無甲剛暴, 無庚固執

或時出丁火, 化壬爲木, 次用庚辛, 有火無水, 常人

或支成四庫, 無甲透剋制, 名殺重身輕, 終身有損, 得二甲透干, 不見己土, 定主富貴

凡木旺用金, 終身有用之命, 水旺多見庚金者, 乃無用之人, 須丙制之方妙

■ 巳月 壬水

巳月	壬	辛	壬辛兩透, 科甲有準. 貴格
	壬	庚	科甲有準. 貴格
	癸	辛	加以甲透, 定主廩貢衣衿, 無甲者富貴門下閒人
			→ 甲木이 없으면 巳中 戊土가 癸水와 合하여 火財로 化하고, 火氣가 辛을 制하여 財旺身弱하므로 부잣집의 한가한 사람으로 남에게 의지하여 살아가는 것이다. 戊土는 靜翕動闢하는 성질이 있어 上下로 合하려는 屬性이 강렬하다.
		火局	作棄命從財, 因妻致富
		水局	支成水局者, 大貴
	敗		有庚無壬癸, 奔流下賤
			無壬水辛金者, 貧賤鄙夫

四月巳宮, 丙火司權, 壬爲火土所燥, 專取壬水, 爲比助身强, 次取辛金發水源, 忌與丙火合化, 又以庚金爲佐

壬辛兩透, 科甲有準, 或去比留劫, 癸辛出干, 加以甲透, 定主廩貢衣衿, 無甲者富貴門下閒人, 百事不能承受

如火多水少者, 作棄命從財論, 因妻致富, 癸透無壬, 主有殘疾

或四柱多金, 逢生坐實, 壬水變弱爲强, 用巳中戊土制之, 科甲異途俱顯, 若見一甲藏寅, 與巳相刑, 名土木交鋒, 小兒疾積, 大人暗病, 雖多金亦畏火矣, 名利皆虛, 終無創立

或多甲乙, 宜用庚金, 庚透者貴, 庚藏者常人

或四柱全無丁火, 多見壬癸, 聰明顯達, 支成水局者, 大貴

有庚無壬癸, 奔流下賤, 無壬水辛金者, 貧賤鄙夫, 惟合外格取貴

■ 午月 壬水

午月	癸	辛	癸辛爲用最淸. 貴格
			→ 午月 壬水에서 癸水를 先用하는 것은 午中 丁火가 壬水를 合해 오는 것을 경계하기 때문이고, 巳月에는 巳中 戊土가 癸水를 合해 오는 것을 경계하여 壬水를 先用하는 것이다. 그러나 化合이 완전하지 않은 한 모두 취한다.
	癸	庚	庚癸兩透, 科甲有準. 貴格
	壬	庚	庚壬兩透, 有才略, 有權位. 貴格
		庚	有庚無癸常人
		火局	全無金水, 不作從財論, 名財多身弱, 富屋貧人
			→ 從이 不可한 게 아니다. 다만 陽이 陰을 從하면 格局이 純粹하지 않아 上格으로 논하지 않을 뿐으로 財多身弱과 동등하게 보긴 어렵다. 八法關鍵에는 伏象의 전형으로 설명되어 있다.
	敗		無金無水

五月丁旺壬弱, 取庚爲君, 癸爲臣, 無庚不能蓄源, 無癸不能傷丁

庚癸兩透, 科甲有準, 庚壬兩透, 有才畧, 有權位, 有庚無癸常人

或支成火局, 全無金水, 不作從財論, 名財多身弱, 富屋貧人, 或木多有火無水, 僧道之命

總之辛金爲用最淸, 庚金次之

■ 未月 壬水

未月	辛	甲, 支濕	壬水怯弱, 以辛金發水源, 甲木疏土. 貴格
			→ 大暑 전에는 午月과 같이 印比를 用하고, 大暑 이후에는 金水進氣하니 比劫을 一線으로 用하지 않는다.
	甲	藏干, 甲	甲藏辛透, 衣衿廩貢
	甲	藏干, 辛	辛藏甲透, 異途顯達
	庚	壬	庚壬兩透無傷, 才高位顯. 貴格
	壬	藏干, 庚	壬出庚藏無傷, 有能秀才
			一派己土, 名假殺, 笑裏藏刀, 仍乏衣食, 用甲乙制之, 有衣食而無奸詐
	敗		無庚辛
			己土濁壬

六月己土當權, 壬水怯弱, 先用辛金蓄源, 次用甲木制己

辛甲兩透, 科甲富貴, 或甲藏辛透, 衣衿廩貢, 辛藏甲透, 異途顯達

或庚壬兩透無傷, 才高位顯, 卽壬出庚藏無傷, 有能秀才, 見火破之, 雖淸高亦主困窮

或一派己土, 名假煞, 笑裏藏刀, 日夜害人, 仍乏衣食, 用甲乙出干制之, 有衣食而無奸詐

凡土坐生旺之位, 雖用甲乙制之, 却是金妻水子, 或支成木局, 洩水太過, 當用金水爲貴, 金爲妻, 水爲子

總之辛甲爲尊, 庚金次之

■ 申月 壬水

月			
申月	戊	丁	專用戊土, 次取丁制庚左之. 上格
	丁	辰戌	宜用辰戌之土, 不可用申中受病之土. 貴格
	戊	藏干, 丁	凜貢恩封可期. 貴格
		寅	丙戊兩藏, 富中取貴
		巳	
		戊	多壬用戊, 假殺化權. 威命
			→ 假殺이란 두 가지 경우를 가리킨다. 하나는 官多하면 化殺하여 眞殺이 아닌 것을 말하고, 또 하나는 身旺하고 殺이 적으면 殺이 官의 작용을 하므로 권위가 있다는 말이다.
		甲	多戊甲制, 富格
	敗		戊丁全無

七月壬水, 倚母當令, 變弱爲强, 專用戊土, 次取丁制庚佐之, 但宜用辰戌之土, 不可用申中受病之土

戊透, 加丁透年干, 科甲顯宦, 或戊透天干, 丁藏午戌, 廩貢恩封可期, 但忌見癸水, 斯成化合, 或支見寅戌, 年干丁火無傷, 可許衣衿, 或丙戊兩藏, 富中取貴

或四柱多壬, 無又透干, 名假殺化權, 閬苑仙人, 支藏甲, 亦可不忌, 但甲多, 又是常人, 有庚居申, 但衣祿無虧, 或多戊出干, 得一甲透制之, 畧有富貴, 無甲, 到老困窮

或一派甲木, 又見比多, 無庚出干, 離鄉別井, 衣祿隨緣, 申中庚金, 雖有難救

七月壬水, 專用戊土, 丁火爲佐

■ 酉月 壬水

酉月	甲		金白水清之時, 忌戊己爲病, 甲透, 壬性澈低澄清, 科甲顯宦. 貴格
			→ 申月 壬水는 沖奔하는 성질이 있어 戊土를 用하나 酉月은 敗地로 旺하지도 弱하지도 않다. 이때는 金水가 相生하여 金白水清이므로 戊己土가 있으면 病이 된다. 따라서 甲木을 用神으로 삼는다.
		藏干, 甲	有甲藏支, 支中無庚, 亦主衣衿
		戊	壬多透干, 支有申亥, 不用甲而用戊, 此亦主衣衿
	庚	甲	壬水無根, 庚甲兩透. 貴格
	敗		無甲
			無戊多壬, 人清才濁, 終主困窮

八月辛金司權, 金白水清之時, 忌戊己爲病, 專取甲木

甲透, 壬性澈底澄清, 科甲顯宦, 或見戊, 有甲透多, 去濁留清, 沙水有交歡之象, 金自白而水自清, 科甲無疑, 得甲透時干名文星, 堪入翰林, 見庚在支破, 常人, 即有甲藏支, 支中無庚, 亦主衣衿

或壬多透干, 支有申亥, 此不用甲而用戊, 蓋亥中雖有甲破戊, 申中又有庚破甲, 此亦主衣衿, 且有富足才能, 或無戊多壬, 人清才濁, 終主困窮

無甲, 用金發水之源, 名獨水二犯庚辛, 號口體全之象

總之八月壬水, 專用甲木, 用甲者, 水妻木子

■ 戌月 壬水

戌月	甲(갑)	丙(병)	以甲制戌中戊土, 丙火爲佐. 貴格 (이갑제술중무토 병화위좌 귀격)
	甲(갑)	丁(정)	丁透見甲, 略有富貴 (정투견갑 략유부귀)
	丙(병)	戊(무)	壬水汪洋, 見一戊出干, 正謂一將當關. 貴格 (임수왕양 정위일장당관 귀격)
		戊(무)	無丙用戊, 常人 (무병용무 상인)
	敗(패)		庚透無丁, 便作貧賤 (경투무정 변작빈천)
			無甲無丙 (무갑무병)

九月亥水進氣, 其勢將旺, 見一派壬水, 得一甲而破戌戌, 又見一戊出干, 斯用丙火, 合此富貴清雅之品, 正謂一將當關, 羣邪自伏, 見丙, 便主衣祿, 畧可處世

或一派戊土, 無一己一庚雜亂, 獨有甲透時干, 定主玉堂淸貴, 卽甲透月干, 定主科甲, 若支藏己土, 亦可一榜, 雖風土不及, 亦主廩貢, 或庚透無丁, 便作貧賤, 或丁透見甲, 畧有富貴

或無丙用戊, 常人, 用土者, 金妻水子

總之九月壬水, 專用甲木, 次看丙火, 戊土須酌用之

■ 亥月 壬水

亥月	戊(무)	丙(병)	財滋弱殺, 名利雙全. 貴格 (재자약살 명리쌍전 귀격)
	戊(무)	庚(경)	戊庚兩透, 科甲顯宦. 貴格 (무경양투 과갑현환 귀격)
	庚(경)	甲, 木局(갑 목국)	支成木局, 又甲透, 有庚制者, 富貴 (지성목국 우갑투 유경제자 부귀)
		水局(수국)	不見戊己, 名潤下格 (불견무기 명윤하격)
		丙(병)	有丙無戊常人 (유병무무상인)
		戊(무)	有戊無丙, 衣祿無餘, 但常遭跌失, 不能聚財 (유무무병 의록무여 단상조질실 불능취재)
	敗(패)		丙戊全無 (병무전무)

十月亥水當令, 用戊爲尊

若壬辰日, 又見辰時, 壬有浩瀚之勢, 須戊透天干, 庚制甲, 不傷戊土, 戊庚兩透, 科甲顯宦, 或甲出制戊, 不見庚救, 反致困窮, 戊藏無制, 主生員, 或有戊庚無甲, 不但富貴, 且多福壽

或支成木局, 又甲透, 有庚制者, 富貴, 無庚, 常人

或支成水局, 不見戊己, 名潤下格, 運入西北大富貴, 入東南者, 貧賤蕭條

或見丙戊兩出, 運行火土, 名利雙全, 有丙無戊常人, 有戊無丙, 衣祿無餘, 但常遭跌失, 不能聚財

總之十月壬水, 專用戊丙, 庚金次之

■ 子月 壬水

子月	戊	丙	水旺宜戊, 調候宜丙, 丙戊必須兼用. 貴格
			丙戊藏支, 解凍止流, 功名顯達非常, 但須運好
		戊	有戊無丙, 不過處世有道, 名利難全
		丙	有丙無戊, 好謀無實之
		水局	支成水局, 不見丙火, 卽有戊土而不得所, 常人而已
		火局	身旺財旺, 大富
	丁	己	亦主權重位高
	敗		陽刃無官殺

十一月壬水, 陽刃帮身, 較前更旺, 先取戊土, 次用丙火

丙戊兩透, 科甲富貴, 且才能德業無雙, 或有戊無丙, 不過處世有道, 名利難全, 有丙無戊, 好謀無實之

或支成水局, 不見丙火, 卽有戊土而不得所, 常人而已, 或丙戊藏支, 解凍止流, 功名顯達非常, 但須運好, 運左便非

或支成火局, 一富而已

或比見月時, 丁出年干, 常人, 或支見四庫, 又主富貴, 或壬日見二丁出年月時干者, 名爲爭合, 主名利難成

或壬午日丁未時, 雖非科甲, 亦主權重位高, 何也, 蓋用子中癸水, 名用神得地, 與戊丙並用

■ 丑月 壬水

丑月	丙		上半月專用丙火, 有丙, 名利兩全. 貴格
	丙	甲	下半月用丙, 甲木爲佐, 科甲之貴. 貴格
	丙	辛	丙辛俱透, 科甲富貴
		戊	見戊制水, 可許衣衿, 且有祿壽
			丙藏常人
		金局	不見丙丁, 名金水沈寒寒到低, 一世孤貧, 見火解寒方可
	敗		無丙定作單寒

十二月壬水, 旺極復衰, 何也, 上半月癸辛主事, 壬水稍旺, 專用丙火解凍, 下半月己土主事, 故丙火爲先, 徐用甲木爲佐, 術士不察, 例作旺推, 殊不知上半月壬癸只旺十二日, 下半月土, 則有十八日也, 俱作旺推, 安能有驗, 故有丙, 名利兩全

丙辛俱透, 科甲富貴, 無丙定作單寒, 丙透甲出, 科甲之貴, 然四柱無壬, 方妙, 或四柱有工, 丙藏常人, 見戊制水, 可許衣衿, 且有祿壽

或支成金局, 不見丙丁, 名金水沈寒寒到底, 一世孤貧, 見火解寒方可

臘月壬水, 用丙火, 或甲木爲佐, 用火者木妻火子, 用戊者不可無丙

金旺, 卽丙透遇辛, 亦不爲妙, 見丁頗吉

或丁出時干, 化合成木, 月支又見丁火, 無癸破格, 亦富貴

水旺居垣須有智, 水土混雜必愚頑, 壬癸路經南域, 主健, 富貴堪圖, 又云, 有水木傷官格, 財官兩見始爲歡

■ 癸水

生月	用神 一線	用神 二線	看法 摘要

*** Focus**

→ 癸水는 柔弱하여 庚辛金의 生助를 기뻐하며, 戊己土의 剋을 만나면 本性을 잃게 된다.

→ 癸水는 氣候에 따라 雨露와 雪霜 등으로 形象이 달라지므로 각기 구분해서 살펴야 한다.

**** Notice**

→ 申月에는 印綬가 生하지 않아도 무방하므로 丁火를 用하고 甲木으로 佐한다.

→ 丑月에는 丙火가 得祿하고, 壬水가 出하면 水輔陽光으로 富貴가 極品에 이른다.

■ 寅月 癸水

寅月	辛	丙	用辛生水爲源, 丙不可少, 名陰陽和合, 萬物發生, 富貴非常. 貴格
	庚	丙	無辛用庚. 貴格
	丙	藏干, 辛	貢監生員
	辛	藏干, 丙	辛透丙藏, 恩封顯職
			丙辛皆藏, 富中取貴
	辛	壬, 火局	辛金受困, 有壬富貴
	丙	辰	眞從化格, 富貴無兩
	敗		辛丙俱無, 定主貧賤

正月癸水, 値三陽之候, 爲雨露之精, 雨露之性至弱, 專取辛金發源, 次取丙火照暖, 名陰陽和合, 萬物發生

得丙辛兩透, 科甲富貴非常, 蓋癸爲雨露, 能成亥子江河也

或支成火局, 辛金受困, 有壬富貴, 無壬貧賤, 或丙透天干, 辛藏酉丑, 亦主貢監生員, 辛丙俱無, 定主貧賤, 或辛透丙藏, 恩封顯職, 丙辛皆藏, 富中取貴

或月透戊土, 得丙辰時, 年干透丙丁, 不透比劫, 眞從化格, 富貴無兩, 見刑冲, 常人

或支成水局, 丙透無壬, 衣祿常人, 見丙火重重, 不由科甲, 亦主廩貢名士, 此火妻土子也

總之正月癸水, 辛金爲主, 庚金次之, 丙亦不可少, 無庚辛, 雖有丙丁, 亦無用之人, 若火土多, 定主殘疾

用辛者土妻金子

■ 卯月 癸水

<table>
<tr><td rowspan="7">卯月</td><td rowspan="2">庚</td><td rowspan="2">辛</td><td>乙木司令, 專用庚金, 辛金次之, 科甲富貴. 貴格</td></tr>
<tr><td>→ 卯月 癸水에 庚辛金을 함께 用하는 것은 乙庚 相合하기 때문이다.</td></tr>
<tr><td>庚</td><td>藏干, 辛</td><td>庚透辛藏, 異途位高</td></tr>
<tr><td>辛</td><td>藏干, 庚</td><td>辛透庚藏, 生員廩貢</td></tr>
<tr><td></td><td></td><td>庚辛兩藏, 富中取貴, 異途顯達</td></tr>
<tr><td colspan="2">敗</td><td>無庚辛貧賤</td></tr>
</table>

二月癸水, 不剛不柔, 但因乙木司令, 洩弱無神, 專用庚金爲妙, 辛金佐之

庚辛俱透, 無丁出干者, 科甲富貴, 無庚辛貧賤常人. 或庚透辛藏, 異途位高, 辛透庚藏, 生員廩貢, 庚辛兩藏, 富中取貴, 異途顯達, 刀筆名高

或庚辛太多, 得己丁兩透, 作大貴論

或支成木局, 時月又有木出干, 此洩水太過, 窮困多災, 卽運入西方, 亦不甚淸泰, 無用之人

■ 辰月 癸水

<table>
<tr><td rowspan="5">辰月</td><td>丙</td><td></td><td>上半月專用丙火, 名陰陽承藹. 貴格</td></tr>
<tr><td rowspan="2">丙</td><td>辛</td><td rowspan="2">穀雨後雖用丙火, 還宜辛金佐之, 無辛, 用庚蓄源, 又須無傷, 方主富貴</td></tr>
<tr><td>庚</td></tr>
<tr><td>甲</td><td>土局</td><td>支坐四庫, 又須甲透, 方可許富貴</td></tr>
<tr><td colspan="2">敗</td><td>無丙無金</td></tr>
</table>

三月癸水, 要分淸明穀雨, 淸明後火氣未熾, 專用丙火, 名陰陽承藹, 穀雨後雖用丙火, 還宜辛金佐之, 富貴, 次看何神高透無傷, 便可定科甲大小, 如辛卯 壬辰 癸未 丙辰, 生上半月, 專用丙, 故作朝廷卿士, 若生下半月, 丙雖不可少, 然必須庚金蓄源, 又須無傷, 方主富貴, 上半月木妻火子

或支成水局, 一己出干, 有丙無甲, 乃假煞爲權, 亦貴, 有甲破己, 常人

或支坐四庫, 又須甲透, 方可許富貴, 無甲者僧孤貧

或支成木局, 無金氣, 乃傷官生財, 主有智學財祿, 且有衣衿, 但早年多滯, 而無實財耳

下半月, 土妻金子

總之, 三月癸水專用丙辛, 而己甲須酌用

三月癸水, 從化者多, 得化者榮祿, 不化者平常

■ 巳月 癸水

巳月	辛	壬	四柱又無午丁, 富貴極品. 上格
			→ 巳月은 火旺하여 午宮 丁火에도 辛金이 녹을 우려가 있어 辛壬이 透해도 藏干의 丁을 보면 破格이 된다.
		藏干, 辛	辛藏無丁, 貢監衣衿
	庚	壬	無辛, 庚亦可用, 庚壬兩透, 刦印化晉, 大富大貴
			→ 巳月 癸水가 庚壬을 보면 弱變强이 되어 巳宮 丙戊를 취한다. 즉 꺼리는 것이 길하게 되니 奇格이다. 刦印化晉에서 晉은 離上坤下의 卦로 火地晉을 가리켜 火土를 말한다.
		敗	全無金水

四月癸水, 喜見辛母, 無辛, 庚亦可用, 但不自然

如辛出干, 四柱又無午丁, 加以壬透, 富貴極品, 若有丁藏破格, 貧苦常人, 見壬貧不太甚, 辛藏無丁, 貢監衣衿, 或見癸制丁, 衣祿充足, 但有刑妻之禍, 擇配須硬命者吉

或一派火土無辛, 卽有己生庚, 不能無水, 又無比肩羊刃, 名火土熬癸, 非損目, 便損精, 有禍可無惡疾

若庚壬兩透, 制火潤土, 有根源矣, 名劫印化晉, 大富大貴, 見丁剋庚合壬喪母, 斷作廢人

或有庚無丁, 卽無壬, 亦儒林秀士, 但迂而不顯

凡無辛用庚, 雖富不貴, 必異途得官, 故專用辛爲尊

■ 午月 癸水

<table>
<tr><td rowspan="9">午月</td><td rowspan="2">庚</td><td>壬</td><td rowspan="4">庚辛爲生身之本, 但丁火司權, 金難敵火, 宜兼用比劫, 方得庚辛之用. 上格</td></tr>
<tr><td>癸</td></tr>
<tr><td rowspan="2">辛</td><td>壬</td></tr>
<tr><td>癸</td></tr>
<tr><td>庚</td><td rowspan="2">支濕</td><td rowspan="2">金透, 支成申子, 廩貢衣衿, 惟支見一水, 不過巨富</td></tr>
<tr><td>辛</td></tr>
<tr><td>壬</td><td>庚, 火局</td><td>二壬一庚同透, 永食天祿, 衣錦腰金</td></tr>
<tr><td></td><td>己土</td><td>一派己土, 無水無甲出制, 作從殺論, 富貴非輕</td></tr>
<tr><td colspan="2">敗</td><td>無金無水</td></tr>
</table>

五月癸水, 至弱無根, 本喜庚辛爲生身之本, 乃丁火司權, 庚辛雖能滋癸, 而不能與丁爲敵, 反怯丁也, 須用比肩劫財, 方得庚辛妙用

如庚辛兩透, 壬癸出干, 定主鐘鼎名家, 身伴君王, 或金透, 支成申子, 廩貢衣衿, 無水出干, 惟支見一水, 雖透庚辛, 不過巨富, 故曰, 水源會夏天, 貴輕富自然, 又曰, 金水會夏天, 富貴自天來, 運行火土地, 名利總無邊

或支成火局, 不名炎上, 無壬, 定作僧道煢獨, 若二壬一庚同透, 永食天祿, 衣錦腰金

或一派己土, 無水無甲出制, 作從煞論, 富貴非輕, 凡從煞見刑冲破害, 貧賤之格

總之五月癸水, 庚辛壬參酌並用可也

■ 未月 癸水

<table>
<tr><td rowspan="8">未月</td><td rowspan="2">庚(경)</td><td>壬(임)</td><td rowspan="4">上半月金神衰弱(상반월금신쇠약), 火氣炎熱(화기염열), 宜比劫幇身(의비겁방신), 同五月(동오월). 上格(상격)</td></tr>
<tr><td>癸(계)</td></tr>
<tr><td rowspan="2">辛(신)</td><td>壬(임)</td></tr>
<tr><td>癸(계)</td></tr>
<tr><td>庚(경)</td><td></td><td rowspan="2">大暑後(대서후), 下半月無比劫亦可(하반월무비겁역가), 忌丁透與在未者(기정투여재미자), 富貴(부귀)</td></tr>
<tr><td>辛(신)</td><td></td></tr>
<tr><td>庚(경)</td><td>辛(신)</td><td>有丁見庚辛透者(유정견경신투자), 便推富貴(변추부귀)</td></tr>
<tr><td colspan="2">敗(패)</td><td>無庚辛(무경신)</td></tr>
</table>

六月癸水, 作兩節推, 上半月庚辛無氣, 下半月庚辛有氣, 凡六癸日, 人多推此月不驗, 何也, 不知未中有乙, 與己同宮, 欲破不破, 癸水不能從煞, 專用庚辛爲主, 上半月雖有庚出干, 却金畏火炎, 須有比劫助金, 方許科甲富貴, 無比劫常人, 至下半月, 庚辛有氣, 卽無比劫不忌, 有丁見庚辛透者, 便推富貴, 然亦忌丁透與在未者, 皆不秀也

■ 申月 癸水

申月	丁	支燥	庚金得祿，必丁火制金爲用，丁火以通根午戌未爲妙，富中取貴
	癸		癸雖死申，然申中有庚，名絶處逢生，卽如以癸作用，運行申酉地，不死
	丁	甲	丁透帶甲，名有焰之火，爲人必光輝難掩，富貴非輕
	丁	庚	丁透無甲，又無壬癸出制，卽有一二庚金在柱，貢監衣衿不少
	敗		無丁

七月癸水，正母旺子相之時，癸雖死申，然申中有庚，名絶處逢生，弱中變强，卽如以癸作用，運行申酉地，不死，蓋庚旺故也，庚金秉令剛頑，必取丁火爲用，以制多金

或丁透帶甲，名有焰之火，爲人必光輝難掩，富貴非輕，或丁透無甲，又無壬癸出制，卽有一二庚金在柱，貢監衣衿不少，得二丁制金更吉，若金多而無丁制貧賤

得一丁居祿於午，名獨財得位，富中取貴，或丁居未戌無力，亦不過常人，稍有能人，逢冲歲運必發，或柱有戊未，或二戊二未，又甲出干，無水，又不作富貴推矣，或一丁藏庫，干支見甲多，無水常人

■ 酉月 癸水

酉月	신 辛	병 丙	신금위용 병화좌지 명수난금온 여병신격위동 辛金爲用, 丙火佐之, 名水暖金溫, 如丙辛隔位同 투 주과갑유준 귀격 透, 主科甲有準. 貴格
		병 丙	병투신장 불과공감의금 丙透辛藏, 不過貢監衣衿
			무기태다 색수매금 정시평상인 戊己太多, 塞水埋金, 定是平常人
	패 敗		무병 無丙

八月酉辛虛靈, 非頑金可比, 正金白水淸之時, 取辛爲用, 丙火佐之, 名水暖金溫

如丙辛隔位同透, 主科甲有準, 卽風土不及, 亦不失異途封職, 或丙透辛藏, 不過貢監衣衿

或柱中戊己太多, 塞水埋金, 定是平常人

■ 戌月 癸水

戌月	신 辛	갑 지습 甲, 支濕	신갑양투 지유자계 과갑현환 귀격 辛甲兩透, 支有子癸, 科甲顯宦. 貴格
	신 辛	갑 甲	무계 부지수재 無癸, 不止秀才
	갑 甲	계 癸	갑계양투 부귀비경 甲癸兩透, 富貴非輕
		갑 甲	유갑무신계상인 有甲無辛癸常人
	패 敗		무신갑계 빈천 無辛甲癸, 貧賤

九月戊土司權, 癸水失令無根, 專用辛金, 次用癸甲, 有辛, 水乃得母, 有癸, 木乃有根

辛甲兩透, 支有子癸, 科甲顯宦, 甲癸兩透, 富貴非輕, 或有辛甲無癸, 不止秀才, 有甲癸無辛, 富大貴小, 有甲無辛癸常人, 三者俱無, 貧賤之格

或甲透無癸, 見壬, 亦主秀才, 或有甲癸, 無火土者, 皆主才學壽考

總之九月癸水, 要見辛方吉, 癸辛有用方妙

■ 亥月 癸水

亥月	庚	辛	亥中甲木長生, 洩散元神, 宜用庚辛, 庚辛兩透, 不見丁傷, 科甲富貴. 貴格
	庚 辛	木局	無丁而見木局, 主異途得職
	戊	壬	水多用戊, 或己透戊藏, 與戊透制水者, 清貴而富
		丁	金多用丁, 或一派金, 得丁出干, 名利兩全. 貴格
	敗		全無火氣

十月癸水, 最忌支成木局, 洩散元神, 故旺中有弱, 專用庚辛生發

庚辛兩透, 不見丁傷, 科甲富貴, 或干透丁火, 支成木局, 木旺火相, 制住庚辛, 不能生水, 單寒之極, 或無丁而見木局, 主異途得職, 入西方運能顯

若一派壬子, 無戊, 名冬水汪洋, 奔波到老, 或己透戊藏, 與戊透制水者, 清貴而富

或四杜多火, 名財多身弱, 貧賤到老

或一派金, 得丁出干, 名利兩全, 無火, 僧道孤貧

■ 子月 癸水

子月	丙	辛	丙火解凍, 辛金滋扶, 丙透辛透, 金溫水暖, 科甲顯宦. 貴格
	丙		二丙出干, 當推富貴, 但貴不及富耳
			→ 二丙은 干支에 각각 하나씩 있는 것으로 이해해도 무방하다. 대개 丙과 寅巳로 成格된다.
	敗		全無丙火

十一月癸水, 嚴寒冰凍, 癸祿庚死, 金水無交歡之象, 專用丙火解凍, 不致變雨爲雪, 結露爲霜, 方用辛金滋扶, 然無丙火, 辛亦不妙, 如丙透辛透, 金溫水暖, 兩兩相生, 科甲顯宦, 此理至驗

或一派壬癸, 無丙照暖, 貧賤之士, 如運行火地, 主吉利, 或一派水, 無火出干, 支亦多壬, 孤貧下賤,雖見火運, 不吉,如見二丙出干, 當推富貴, 但貴不及富耳

或一派戊土, 名殺重身輕, 貧夭之人

如辛年丙月癸日, 有火者主恩榮寵錫, 繞膝芝蘭, 無火者, 損資得貴, 位重當朝

用火者, 木妻火子, 用辛者, 土妻金子

■ 丑月 癸水

丑月	丙	支燥	專用丙火解凍. 貴格
	丙	壬, 支燥	二丙出干, 支藏多壬, 或時透壬水, 名水輔陽光. 上格
			一丙一壬出干, 貢監
	丙		有丙無壬, 不過靈變生員
		火局	庚壬不透, 無妻子, 得一金一水透, 主有衣祿
		金局	丙透得地, 名地溫水暖, 雖不發科甲, 亦能拔萃超群
	敗		全無丙火

十二月癸水, 落地成冰, 萬物不能舒泰, 專用丙火解凍

得二丙出干, 支藏多壬, 或時透壬水, 不見月上丁火, 名水輔陽光, 科甲富貴極品. 或一丙一壬出干, 貢監, 或有丙無壬, 不過靈變生員, 有壬無丙, 又見戊透, 奔流之輩

或有丙透, 支見子丑, 又一癸出干, 名雲霧有根, 遮蔽陽光, 卽有丙透, 不能解凍, 平常之人, 或丙遭辛合, 須見丁制, 乃吉

或一派癸己會黨, 年干透丁, 名雪夜燈光, 科甲無疑, 但夜生者貴, 無丁火, 便是孤貧

或見水局, 水寒不流, 無丙, 亦是常人

或支成火局, 庚壬不透, 無妻子, 得一金一水透, 主有衣祿

或支成金局, 丙透得地, 名地溫水暖, 彼此相生, 雖不發科甲, 亦能拔萃超群, 丙藏, 才學雖富, 終不成名, 且無承受

或見木局洩癸, 無金, 殘疾之人, 有金, 雖難讀書, 必多靈變, 加以創立成家, 亦以丙火爲用

李修 先生 活動 年表

1965년 釜山 출생

1999년 역학계 데뷔

스포츠조선 '오늘의 운세' 연재

2000년 운세 역학 포털사이트 '애스크퓨처닷컴(www.askfuture.com)' 런칭

중앙일보 이코노미스트, 한국경제신문 고정 칼럼니스트

한국경제TV MC 및 패널리스트

- 이코노미스트, "이수 선생의 四柱-테크"
- 한국경제신문, "명사들의 사주 산책"
- 한국경제TV, '국민주식고충처리반'
- 한국경제TV, "동양학으로 보는 증시 예단"

2001년 한국능률협회, 최고 경영자 과정 세미나 초빙 강연

'이수문파(李修門派)' 창건

코리아타임즈(The Korea Times) 칼럼니스트

- 코리아타임즈, 중앙데일리 "매년 國運 예측" 기고
- 이코노미스트, "벤처CEO 추명(推命) 탐방 시리즈"
- 한국경제신문, "십간론 증시 예측"

2002년 이코노미스트, '이수 · 고승덕' 하계 투자 컨설팅 세미나

중앙일보 '오늘의 운세' 연재

증시 사이트 '팍스넷' 투자분석가(전문 애널리스트) 활동

서울경제신문 '오늘의 재운' 연재

- 한국경제TV, '投資와 命理'

- 한국경제TV, "동양학으로 그려본 2002년 주가 그래프"

2003년 스포츠조선 계열사 SCFM 대표이사 취임

스포츠조선 칼럼니스트

- 스포츠조선, "재테크와 역술"

- 이코노미스트, "CEO 풍수학"

- 월간중앙, "이수의 명리학 강의 – 세기적 인물의 사주학적 운명"

2004년 원광대학교 동양학 대학원 명리학 강의

머니투데이 칼럼니스트

-'매직다우, ^DJI 등락 주간 예측' 연재

- 한국경제TV, '건강충전, 풍수-테크'

2005년 AskFuture USA Inc. 설립

적천수(滴天髓) 스펙트럼-1

초판 1쇄 2006년 4월 12일

초판 2쇄 2018년 8월 8일

지은이 이 수(李 修)

펴낸이 장석홍

펴낸곳 도서출판 장서원

주소 서울 용산구 원효로 1가 48-15

전화 703-5362 팩스 713-7436

등록 제 03-01213호

E-mail moonumsa@hanmail.net

정가 30,000원